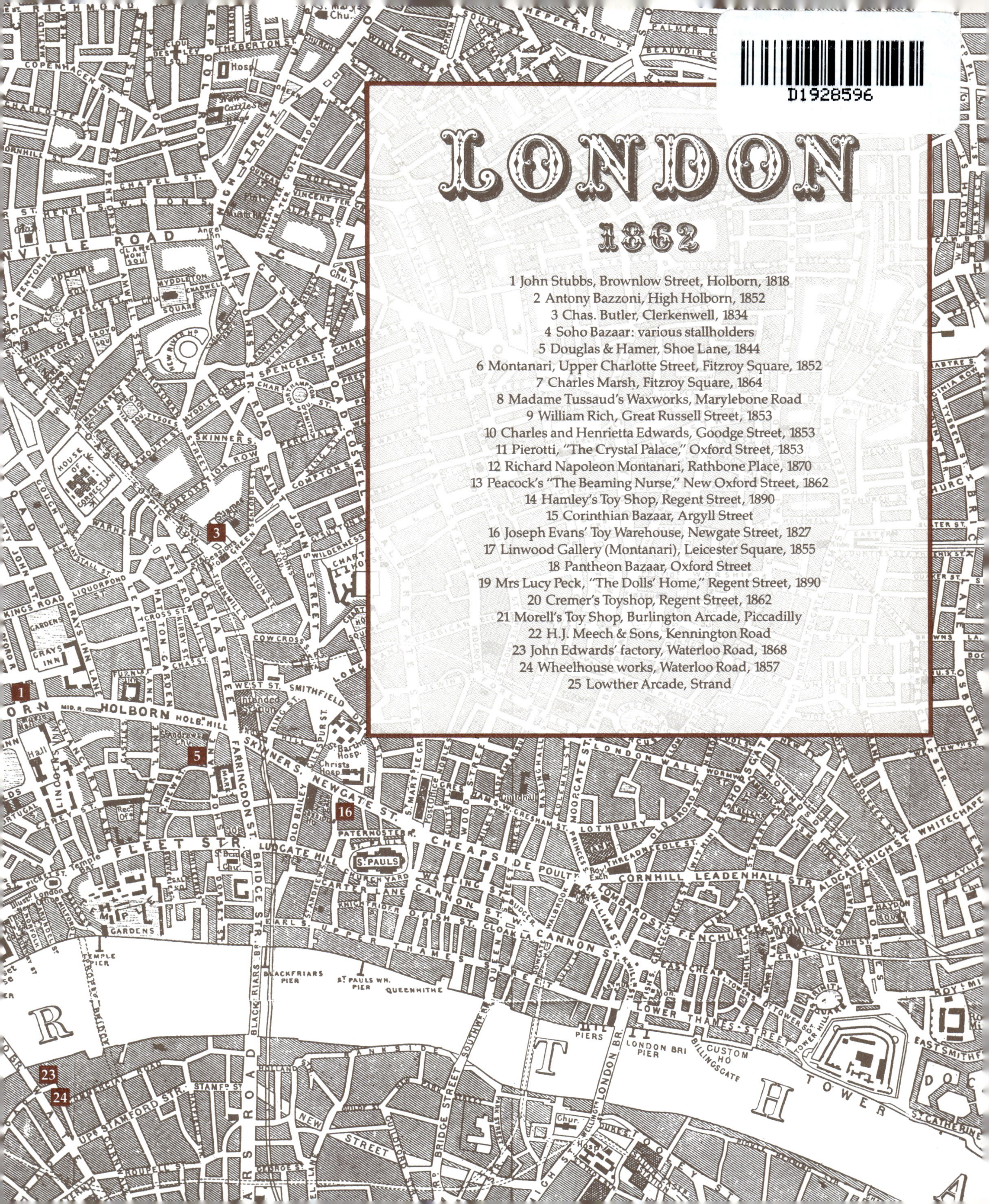

LONDON

1862

1 John Stubbs, Brownlow Street, Holborn, 1818
2 Antony Bazzoni, High Holborn, 1852
3 Chas. Butler, Clerkenwell, 1834
4 Soho Bazaar: various stallholders
5 Douglas & Hamer, Shoe Lane, 1844
6 Montanari, Upper Charlotte Street, Fitzroy Square, 1852
7 Charles Marsh, Fitzroy Square, 1864
8 Madame Tussaud's Waxworks, Marylebone Road
9 William Rich, Great Russell Street, 1853
10 Charles and Henrietta Edwards, Goodge Street, 1853
11 Pierotti, "The Crystal Palace," Oxford Street, 1853
12 Richard Napoleon Montanari, Rathbone Place, 1870
13 Peacock's "The Beaming Nurse," New Oxford Street, 1862
14 Hamley's Toy Shop, Regent Street, 1890
15 Corinthian Bazaar, Argyll Street
16 Joseph Evans' Toy Warehouse, Newgate Street, 1827
17 Linwood Gallery (Montanari), Leicester Square, 1855
18 Pantheon Bazaar, Oxford Street
19 Mrs Lucy Peck, "The Dolls' Home," Regent Street, 1890
20 Cremer's Toyshop, Regent Street, 1862
21 Morell's Toy Shop, Burlington Arcade, Piccadilly
22 H.J. Meech & Sons, Kennington Road
23 John Edwards' factory, Waterloo Road, 1868
24 Wheelhouse works, Waterloo Road, 1857
25 Lowther Arcade, Strand

Mary Hillier · Wachspuppen

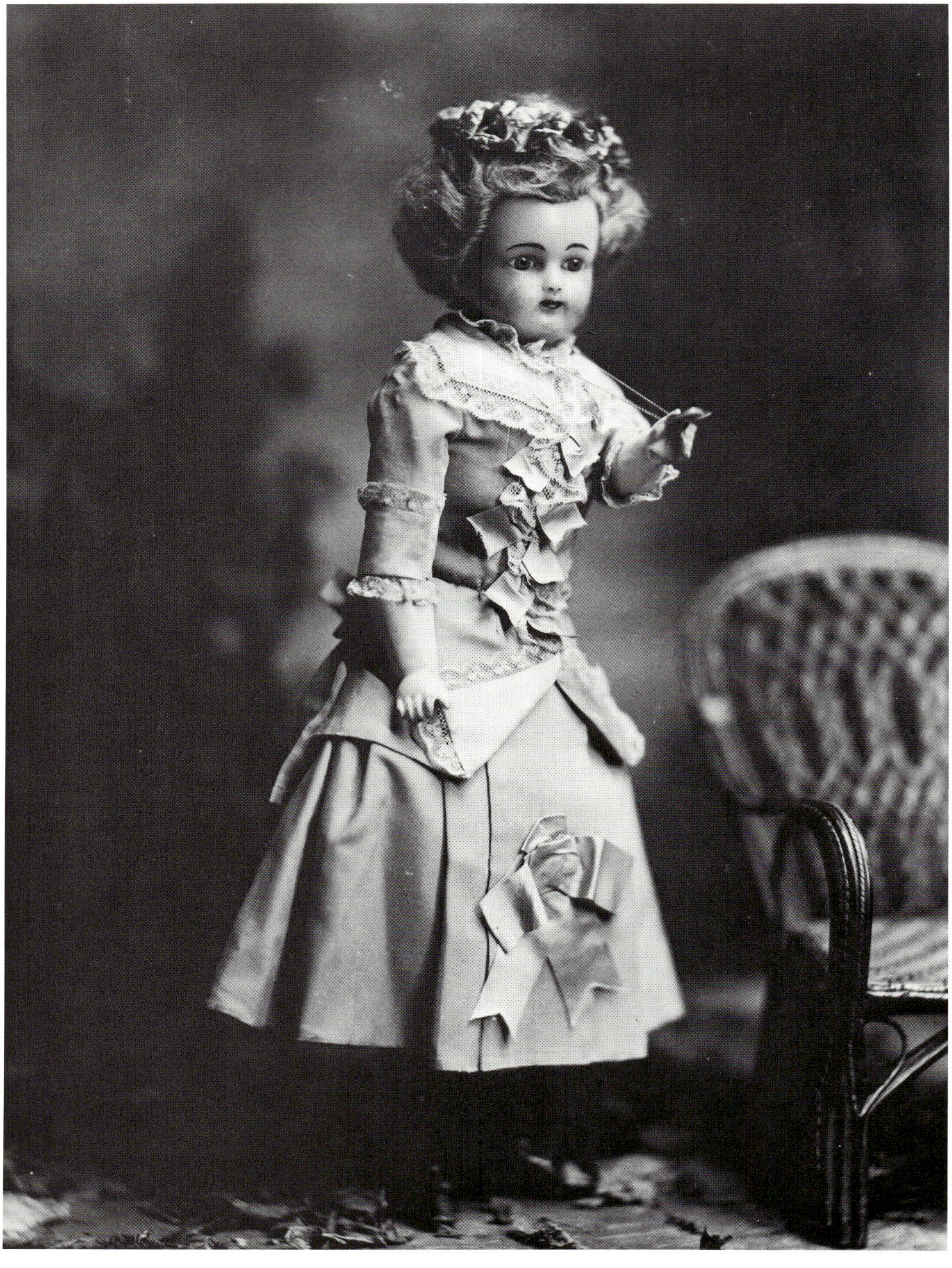

WACHS PUPPEN

MARY HILLIER

Laterna magica

Titelbild «Violet». Vermutlich von einem Amerikaner in Paris für seine Nichte gekauft. (State Historical Society of Wisconsin)

Titel der englischen Originalausgabe:
«The History of Wax Dolls»

Übersetzung: Wolfgang Hartmann

Satz: Satz + Buch W. Hartmann, 8035 Gauting

ISBN 3-87467-328-6

Printed in Hongkong.

Inhalt

Vorwort

Die Vorsatzblätter dieses Buchs geben einen Ausschnitt eines Londoner Stadtplans von 1862 wieder, dessen Original einem Führer der damaligen Weltausstellung beigegeben war. Damals waren viele bedeutende Wachspuppenmacher tätig, deren Häuser er ebenso zeigt wie die Läden und Märkte, die ihre Erzeugnisse verkauften. Mit dem Auto kann man sie alle an einem Vormittag abfahren, denn sie beschränken sich auf einen recht begrenzten Raum. Ich wollte mit meinem Buch einigen dieser verblaßten Namen aus der Vergangenheit, deren Arbeiten man immer noch hoch bewundert und eifrig sammelt, wieder Gestalt verleihen. Ich habe versucht, die Londoner Szene wieder lebendig werden zu lassen, die ihren Erfolg begünstigt hatte. Ich hoffe dem Leser gefällt es, daß diese Geschichte erzählt wird und daß mit ihr Licht auf ein Gewerbe fällt, das nur von sehr kurzer Dauer war: die Herstellung jenes beliebten viktorianischen Spielzeuges, der Wachspuppe. Ich habe insbesondere versucht, die Bedeutung der Königskinderpuppe aufzuzeigen und den Einfluß, den die große Familie der Königin Victoria auf die Ausbildung einer Grundform von Babypuppen hatte.

Ein solches Buch kann ohne die Ermutigung und den Rat eines ausgedehnten Kreises von Freunden, Sammlern und Museumskuratoren nicht zustandekommen. Ich möchte all denen danken, die mir bei meinen Recherchen geholfen, mir Puppen und Fotografien geliehen und sich für meine Theorien interessiert haben. Es werden nach und nach immer mehr Fakten bekannt werden, und immer mehr schöne Exemplare werden die Puppengalerie zieren. Mein besonderer Dank gilt: Marianne Bodmer, Zürich; Heather Bond; Betty Cadbury und der Leitung von Sudbury Hall; Bunny Campione von Sotheby's London; Dorothy S. Coleman; Faith Eaton; Jo Clay Gerken; M. A.V. Gill vom Tunbridge Wells Museum; Margaret Glover; Caroline Goodfellow am Bethnal Green Museum, London; Vivien Greene; Lorna Liebemann vom Wenham Museum, Massachusetts; Joan Severa, Historisches Museum, Wisconsin; Betty Simson für das Ausleihen ihres kostbaren «Tussaud»-Babys; Kay Staniland vom Museum of London. Ich schulde E. J. Pyke ganz besonderen Dank für die Erlaubnis, mich auf sein umfassenes Werk über Wachsbildner (*A Biographical Dictionary of Wax Modellers* [Biographisches Lexikon der Wachsbildner], Oxford University Press 1973) zu beziehen. Wer etwas über den historischen Hintergrund erfahren möchte, sollte dieses Buch lesen. Ich danke ebenfalls für das Interesse und die Hilfe, die ich bei Nachfahren einiger Puppenmacher fand: Fräulein Irene Pierotti, Frau Norman-Smith (Enkelin von Frau Lucy Peck) und mehreren Angehörigen der Familien Meech und Edwards.

Schließlich möchte ich meinen Fotografen für ihre Fachkenntnis und Hilfsbereitschaft danken: Richard Merrill (Saugus, Massachusetts, USA), Nick Nicholson (Hawkley Studio Associates Ltd), Graham Strong und Derrick Witty.

Alice mit Liebesbrief. Diese hübsche Wachsgußpuppe aus der Mitte des 19. Jahrhunderts hat ein reizendes bedrucktes Musselinkleid mit braunem Muster und einen dazu passenden Strohhut an. Sie trägt ein Medaillon und den handgeschriebenen Original-Liebesbrief. War sie ein Geschenk für ein Kind oder für ein junges Mädchen? Das Verschen lautet:
Du süßes Püppchen,
Ich hab Dich so gern,
Ach, wärst Du mein Weibchen,
Ich nähme dich gern.
Leider ist über die Herkunft der Puppe nichts weiter bekannt, sie ist jedoch sorgfältig gepflegt, und nichts deutet darauf hin, daß mit ihr gespielt worden wäre. So war sie vielleicht doch eher als romantisches Erinnerungsstück gedacht. Ca. 50 cm.
(Tunbridge Wells Museum)

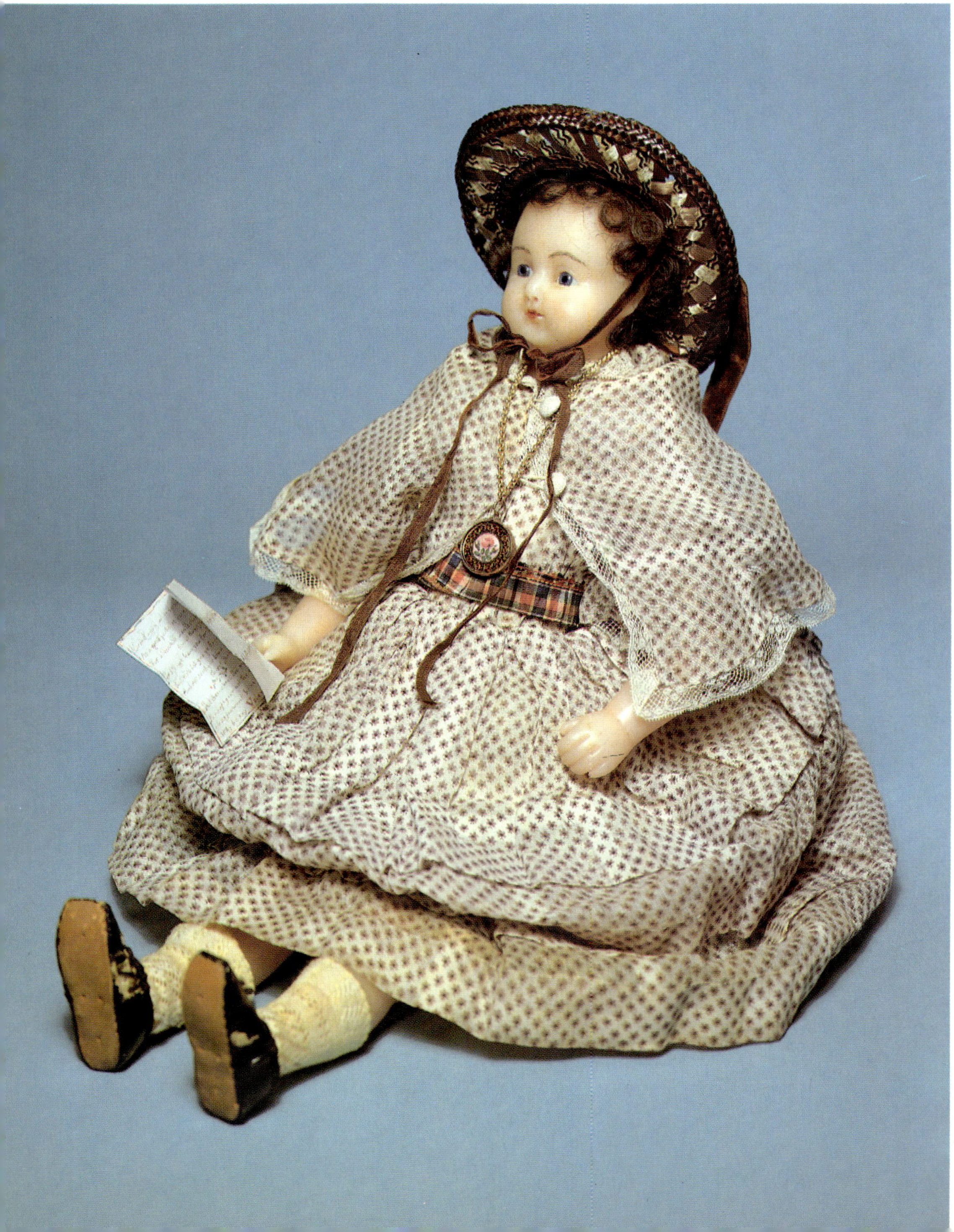

Die Anfänge der Wachsbildnerei

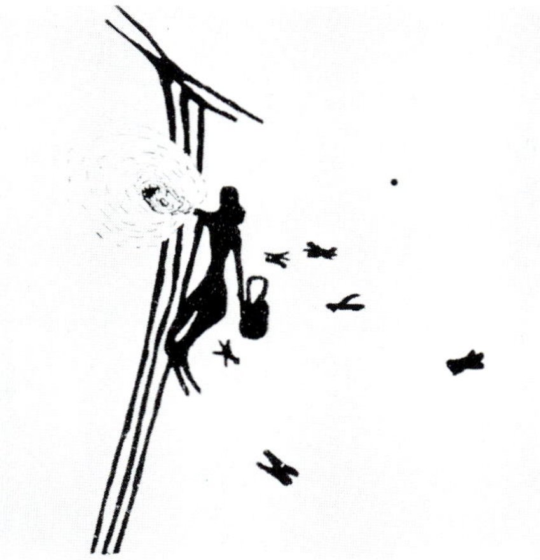

Felszeichnung aus den Höhlen von La Arana, Spanien, mit der Darstellung eines steinzeitlichen Honigsammlers. Nach einer Originalkopie von «W. K.» (1921)

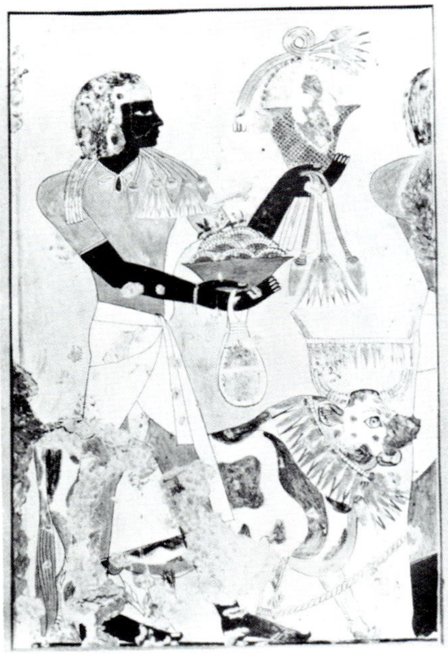

Ägyptisches Wandgemälde aus dem Grabmal des Rekhmi-Re in Theben, das Opfer einer Honigwabe darstellend. (Metropolitan Museum of Art, New York)

« ‹Fange beim Anfang an› , so sprach der König bedeutsam, ‹und mache weiter, bis du ans Ende kommst; dann hör auf.› » (*Alice im Wunderland*, Lewis Carroll) Nun, Alice im Wunderland hätte als Kind ihrer Zeit zweifellos die Wachsgußpuppen der viktorianischen Epoche gekannt. Sie lebte (beziehungsweise entstand) zur Blütezeit der Wachsfigurenmacherei, um die Mitte des 19. Jahrhunderts, als die schönsten Wachspuppen hergestellt wurden. (Das berühmte Buch von Lewis Carroll erschien 1865.) Unser Buch handelt vornehmlich von solchen Puppen und ihren Herstellern, aber um den Boden für Alice und alle anderen Beteiligten zu bereiten, müssen wir uns zum Anfang, zum Grundmaterial zurückwenden, dem Bienenwachs.

Imkerei scheint erstmals in Ägypten ernsthaft betrieben worden zu sein. Bei Ausgrabungen in Sakkara gegen Ende des 19. Jahrhunderts entdeckte man in einem Tempel Wandmalereien, die wohlorganisierte *apiarii* (Imker) darstellen: Männer, die Bienenstöcke leeren, Vorratskrüge mit Honig füllen und versiegeln und mit Honigwaben beladene Schmuckschalen tragen. Grabfunde haben uns gezeigt, daß man Wachs zum Formen mancher Ushabti verwendete (Totendiener, die als künstliche Dienstboten für das Leben nach dem Tode gedacht waren) und daß sowohl Honig als auch Wachs zur Einbalsamierung Verwendung fanden.

Die meisten frühen Zivilisationen hielten den Honig für heilig und die Bienen für Geschöpfe göttlichen Ursprungs. Die Übersetzung eines ungewöhnlichen ägyptischen Papyrus im Britischen Musuem lautet:

Der Gott Re weinte, und seiner Augen Tränen
  fielen zur Erde und wandelten sich zur Biene.
Ihre Wabe baute die Biene und wirkte emsig an jeglicher Blüte.
Also ward Wachs und Honig geschaffen aus den Tränen des Gottes Re.

Das alles scheint mit unserem Thema wenig zu tun zu haben, aber sowohl die praktischen Methoden der Imkerei als auch die religiösen Vorstellungen in bezug auf Bienen und Honig hatten unmittelbaren Einfluß auf die europäische Wachsbildnerei.

Man schreibt den Ägyptern auch die Erfindung der *cire perdue*, das heißt der Methode der verlorenen Form, beim Guß von Bronzefiguren zu, auch formten sie Wachsbildnisse von ihren Göttern. Die Griechen und die Römer, die die Imkerei von ägyptischen Siedlern übernahmen, stellten Wachsporträts her und gebrauchten Schmelztechniken zum Malen mit farbigem Wachs. Sie schufen aus Wachs Porträtbüsten ihrer Vorfahren und, wie man wohl annehmen darf, auch Kinderpuppen, denn sie fertigten ja auch Puppen aus Holz, Ton und Stoff. Weil Wachs jedoch ein empfindlicheres Material ist, sind uns keine Beispiele davon erhalten geblieben.

In der Frühzeit des Christentums scheint die Kirche den Glauben an die mystische Natur der Biene und ihrer Produkte übernommen zu haben. «Die Bienen stammen vom Paradies, und um der Sünde des Menschen willen kamen sie von dort, und Gott legte seinen Segen auf sie und darum kann keine Messe gelesen

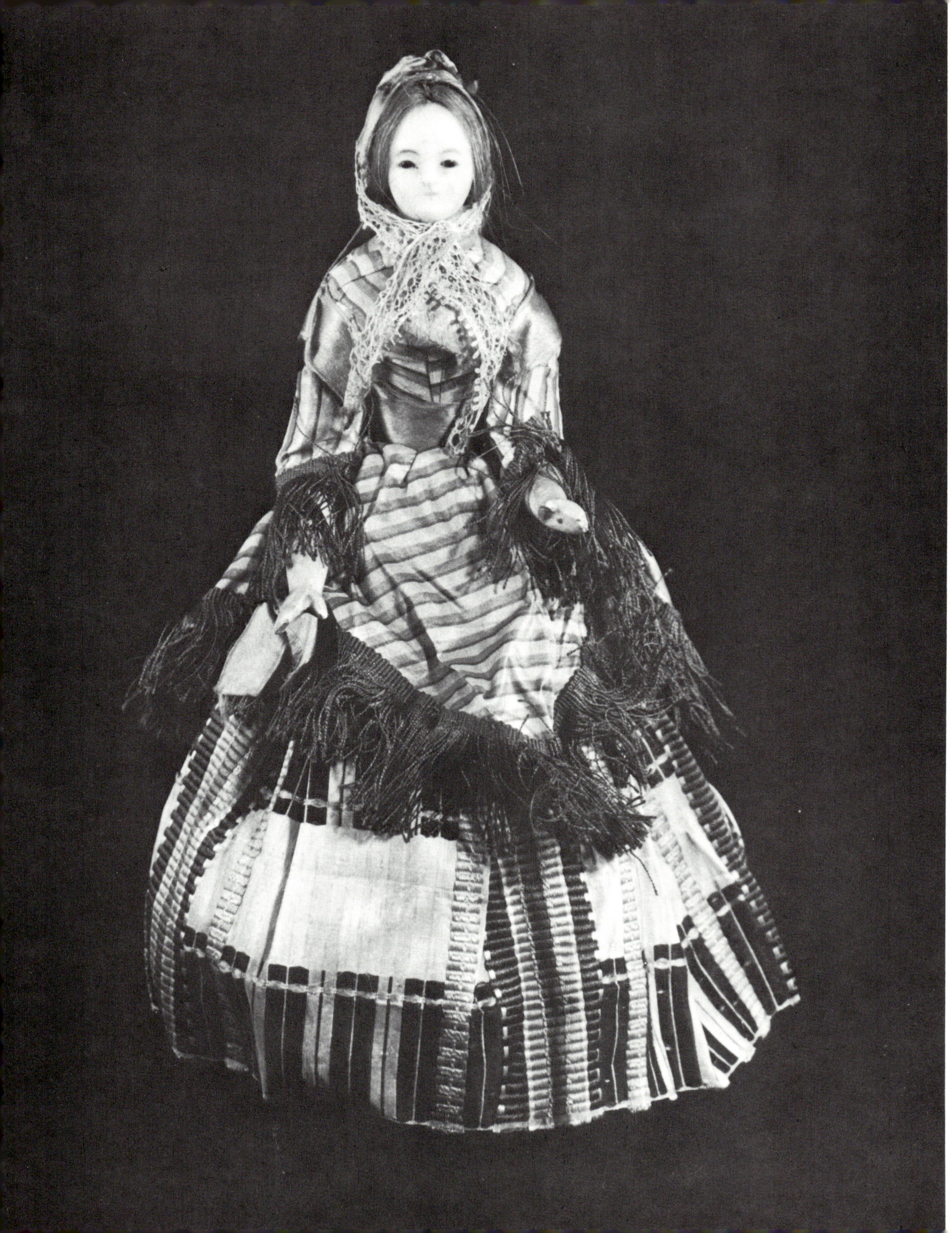

Gegenüber Deutsche Handarbeitspuppe. Wachsgesicht auf Holz, kleine schwarze Glasaugen, Echthaar, Holzkörper mit Drehzapfengelenken an Armen und Beinen. Sie trägt ein kariertes Seidenkleid und einen Umhang mit Fransen. Um 1860. 33 cm. (Bethnal Green Museum of Childhood)

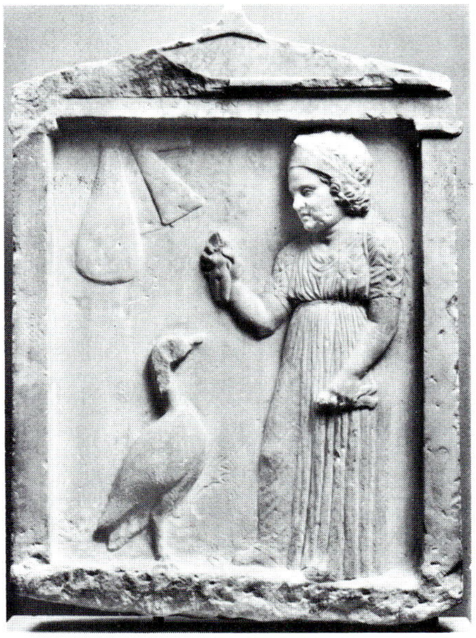

Rechts Marmorgrabstein eines attischen Puppenmachers, 320–310 v. Chr. 76 cm. (Glyptothek, München)

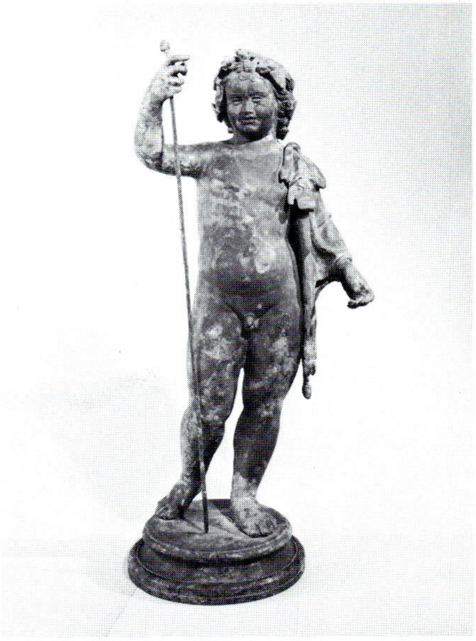

Rechts außen Bronzefigur aus Pompei: Bacchus als Knabe. Nach der Methode der verlorenen Form gegossen. Bilder und puppenähnliche Kinderfiguren waren in der Antike beliebt und waren oft Zeichen der Knabenverehrung oder hatten religiöse Bedeutung. Manche waren auch aus Wachs geformt.

Junger Freund, kannst du mir sagen,
Was werd' ich zu zahlen haben
Für das kleine Wachsgebild
Nach Paphias' Knaben Bild?

(Oden des Anakreon, Ode XI)
Das alte Paphias an der Westküste Cyperns war das Zentrum des Kultes der Aphrodite, die hier nach ihrer Geburt aus den Wogen das Land betreten haben soll. Ihr war der Tempel geweiht, und das Bild, das die Ode erwähnt, war wohl ein Liebessymbol, denn ihr Sohn war Eros. (British Museum)

werden ohne das Wachs», heißt es in einer Handschrift aus dem Jahre 950. Tatsächlich sprach man den Bienenvölkern Heiligkeit zu, weil man an ihre Entstehung durch Jungfernzeugung glaubte, und das Leben im Bienenstock wurde als Vorbild für Fleiß und Ordnung hingestellt.

Jahrhundertelang war nur Bienenwachs zur Herstellung von Altarkerzen zugelassen; man ließ reines, flüssiges Wachs an langen Dochten hinunterrinnen, bis die sich anlagernden Schichten dick genug waren. Mönche und Nonnen brachten die Kunst der Imkerei voran, und nicht nur für Kerzen fand das Wachs Verwendung, sondern auch für Votivgaben, was Schnitzerei und Modellieren beförderte. Kirchen in den tief religiösen Gegenden Italiens und Süddeutschlands waren unglaublich vollgestopft mit Wachsabbildern von Händen, Füßen und Augen, zurückgelassen von Menschen, die um Gottes Hilfe in ihrer Krankheit flehten. Die berühmte Familie Surauer aus Wasserburg am Inn war weithin bekannt für ihre wächsernen Votivtafeln, die in Modeln aus Birnbaum-, Walnuß- oder Zwetschgenholz gegossen waren. Dieses Handwerk, das sich im 16. Jahrhundert entwickelt hatte, wurde bis in die letzten Jahre des 19. Jahrhunderts ununterbrochen vom Vater an den Sohn weitergegeben. Das Modellieren von Krippenfiguren und Altarfiguren geht ebenfalls auf kirchliche Unterweisung zurück, und im weiteren Verlauf des Buches werden wir sehen, wie solche Arbeiten mit der Puppenmacherei zusammenhängen.

Dem christlichen Glauben an die Heiligkeit der Bienen und ihrer Gaben stand ein dunkler Glauben um das Wachs gegenüber. Handgeknetete Wachsfigürchen wurden schon sehr früh in der schwarzen wie in der weißen Magie verwendet. Plato spricht von Zauberei und dem Formen von «Liebes»-Amuletten, und hundert Jahre später erwähnt der griechische Dichter Theokrit einen Zauberspruch gegen einen treulosen Liebhaber:

Mit Geistes Hilf schmilzt das Gebilde hin
O wäre, daß
Aus Myndia Delphis in Liebesglut zerging
So ohne Maß …

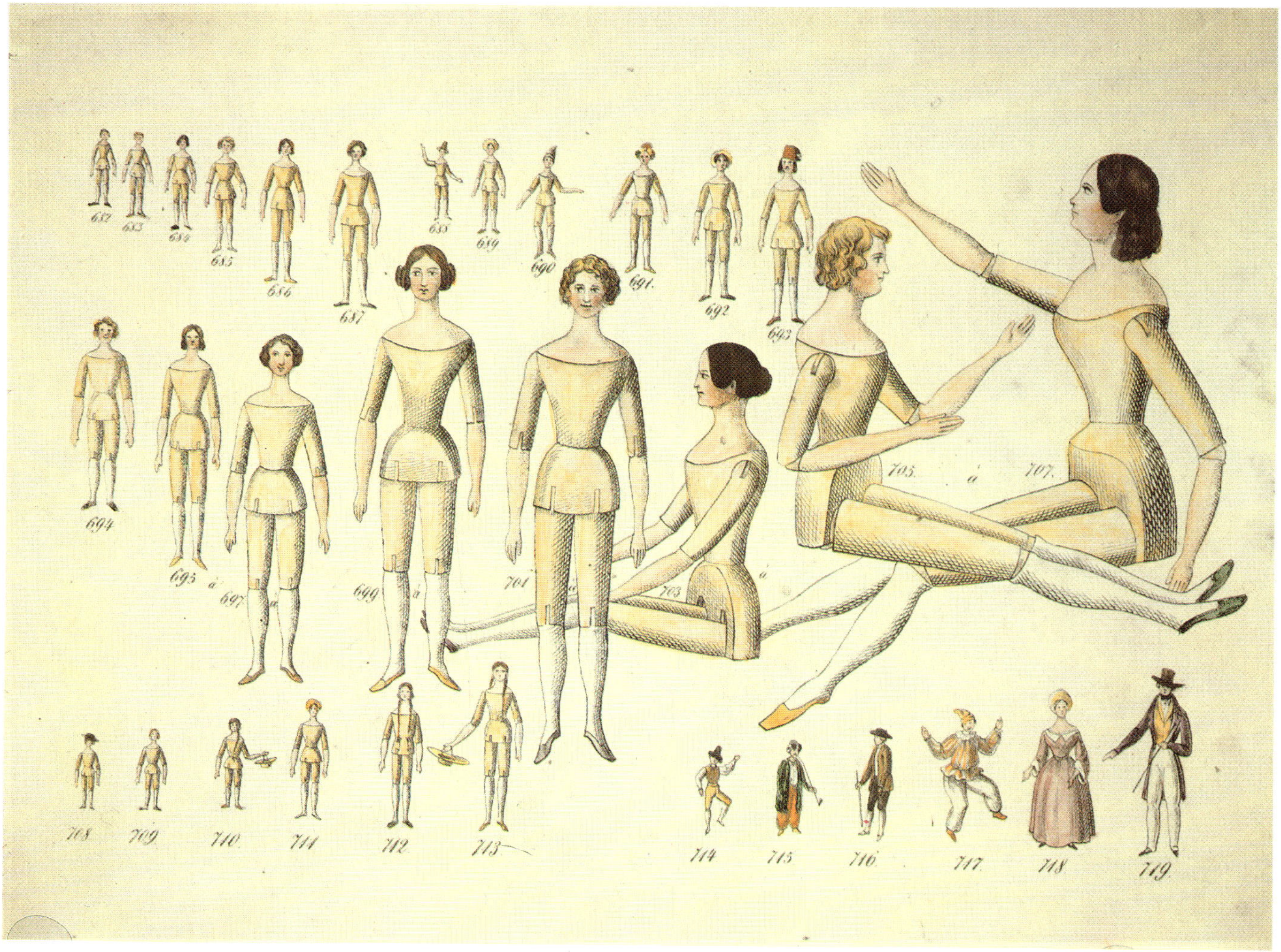

Oben Deutscher Puppenkatalog um 1840: Varianten von Puppen mit Drehzapfengelenken, Köpfe mit Wachsüberzug, Einzelheiten zu Frisur und Kleidung etc. (Mary Hillier)

Rechts Kleine deutsche Puppe. Composition mit Wachsüberzug, hölzerne Arme und Beine mit Drehzapfen, durch Drahtzug bewegte Augen. Aus dem Besitz einer Tochter Königin Viktorias. 1840/50. 25 cm. (Bethnal Green Museum of Childhood)

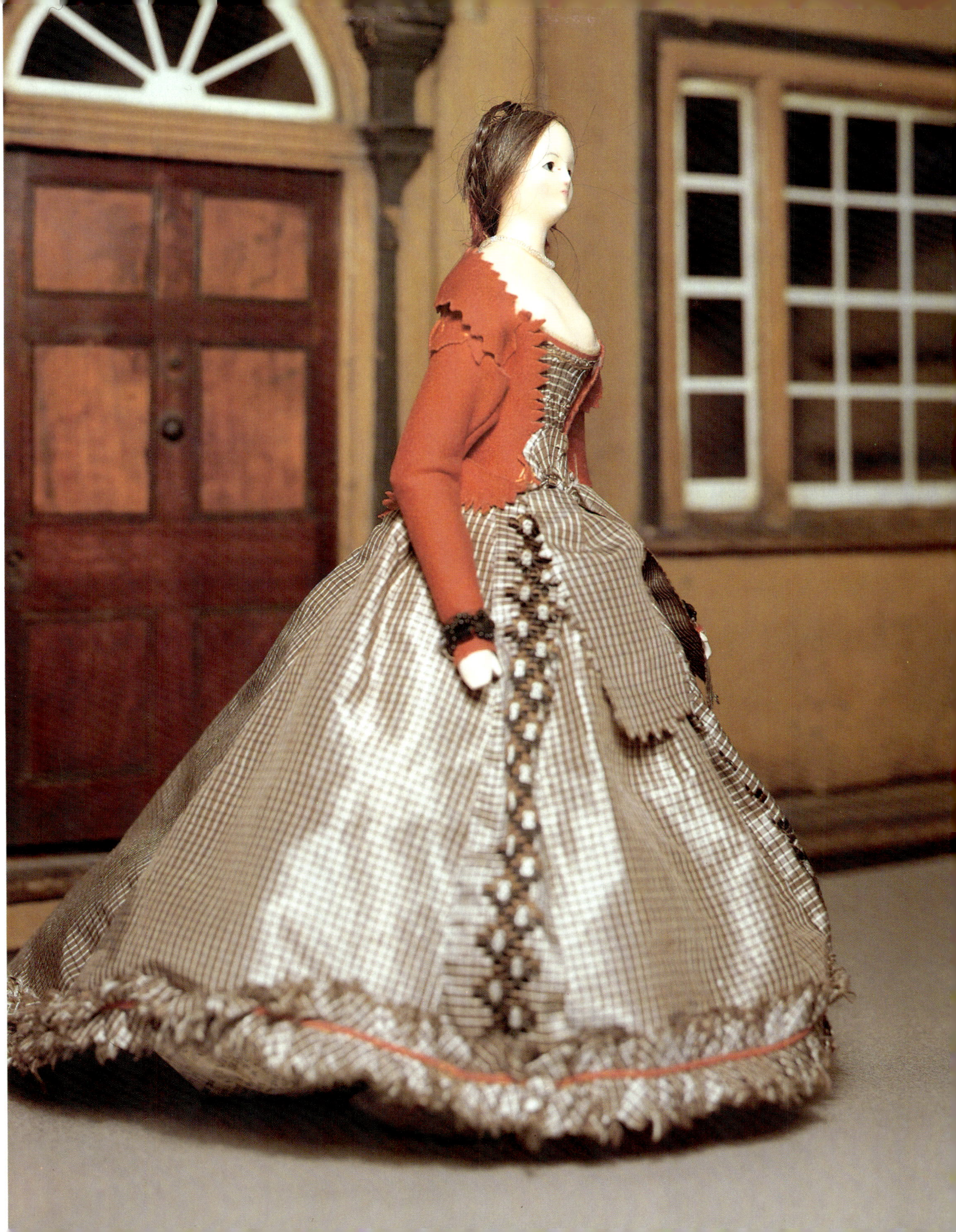

Das Abgründige daran ist die Hexerei beziehungsweise der «Fetischzauber», bei dem Unheil, Verletzung, ja sogar der Tod dem Abbild des verhaßten Feindes zugefügt wurden. Wachs eignete sich dazu offenbar sehr gut, es war leicht zu beschaffen, konnte auch von Ungeübten leicht geformt werden, man konnte es mit Nägeln und Nadeln durchbohren, foltern und verbrennen. Solche Handlungen konnten schwere Folgen für diejenigen haben die daran glaubten, und es gibt zahlreiche Zeugnisse von Menschen, die allein deswegen krank wurden, weil sie Opfer solcher Praktiken zu sein meinten. Hexen, die sich solcher Handlungen schuldig machten, wurden verbrannt oder auf andere Weise zum Tode gebracht. Der vielleicht berühmteste Fall ereignete sich 1445, als die Herzogin von Gloucestershire eines solchen Verbrechens gegen den König von England Heinrich VI. angeklagt wurde. Sie selbst kam in den Kerker, ihre drei Komplizen wurden hingerichtet. Im 17. Jahrhundert wurden in Amerika viele als Hexen wegen Fetischzaubers angeklagt; dort hatten vermutlich europäische Einwanderer diesen Aberglauben verbreitet. Der letzte Hexenprozeß fand 1712 statt, doch auch danach dauerten solche Bräuche noch insgeheim fort.

Noch 1839 gibt Lady Charlotte Bury in ihren Memoiren einen Augenzeugenbericht vom Kneten einer Wachsfigur durch die Prinzessin von Wales, die wenig liebenswerte Fürstin Caroline von Braunschweig, im Jahre 1814: «Wie gewöhnlich fügte sie recht artige Hörner hinzu. Dann nahm sie drei Nadeln aus ihrer Kleidung und bohrte sie durch und durch, darauf steckte sie die Figur zum Schmoren und Schmelzen ins Feuer.» Möglicherweise hegte dieses wenig zartfühlende Mädchen einige Erinnerungen an Bräuche ihrer Heimat, und sie hatte wohl Grund genug, ihrem Mann gram zu sein.

Die Wissenschaft begann sich mit der Imkerei zu befassen. So beobachtete und erkannte man im 17. Jahrhundert die Beziehung zwischen Bienenkönigin und Drohnen. Der Fleiß der Bienen und ihr Leben und ihre Aufgaben im Bienenvolk galten den Menschen nach wie vor als Vorbild. Am 5. Mai 1665 schrieb Sa-

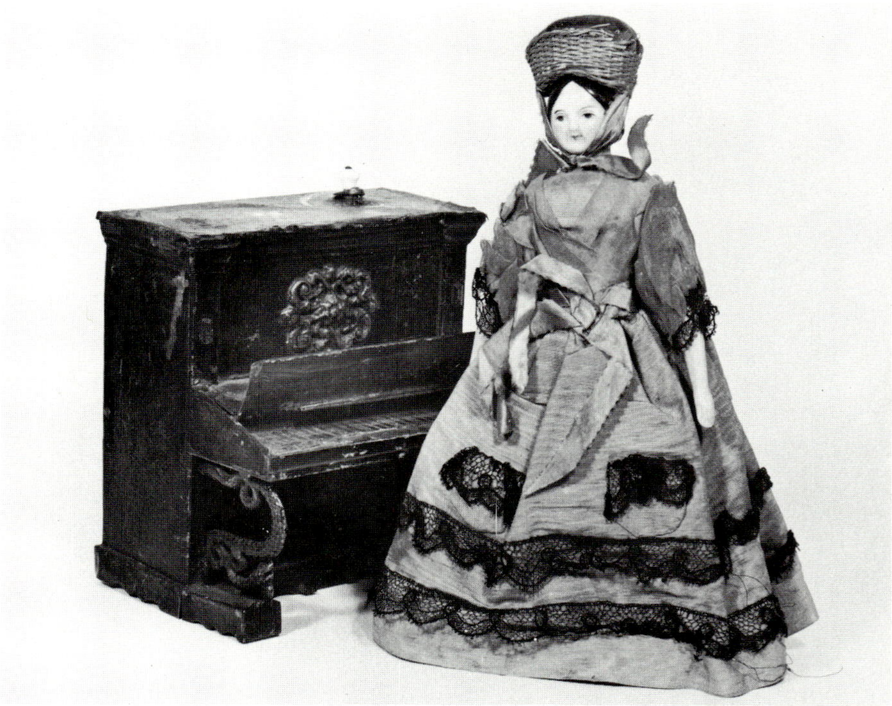

Mrs. Valentines *Home Book of Pleasure and Instruction* (Hausbuch zur Freude und Belehrung), das 1867 erschien, wendet sich an erwachsene Mädchen. Mrs. Valentine schlägt Anziehpuppen in fremden oder historischen Trachten als Anschauungsmaterial beim Lernen vor, erwähnt aber auch die «sehr hübschen Damenbegleiterinnen und Nähtischfreundinnen zur Aufbewahrung von Nadel, Faden und Fingerhut», ähnlich den hier gezeigten Exemplaren. Sie führt geeignete Typen auf, wie die «*French Cantinière* (Serviererin in einem Ausschank oder einer Bar), ein Schulmädchen aus einer Armenschule, ein altes Marktweib mit Korb, ein Milchmädchen mit seinen Kannen oder eine alte Dame mit goldenen Ohrringen und Haube». Alle waren mit Taschen zur Aufnahme von Nadeln etc. ausgestattet. (Mrs. Hutchinson)

Genau wie Puppen aus anderen Materialien aller Art, einschließlich der billigen hölzernen aus Deutschland, aus Porzellan oder Composition, wurden auch Wachspuppen zur Darstellung von Typen verwendet. Besonders beliebt waren die Trödlerpuppen mit ihren Bauchläden voller Kram – ein vertrauter Anblick im Alltag des 19. Jahrhunderts. Die Züge von alten Männern und Frauen waren mit Knetwachs leicht auszubilden. Es gibt selbstgemachte Exemplare, deren Wachskopf einfach auf einen Holzklotz gesetzt wurde, um den man dann den üblichen roten Umhang und die bauschigen Kleider einer Marktfrau legen konnte.
Die Puppe rechts ist die Abbildung einer «Federputzhexe» aus *The Girl's Own Toy Maker* (Selbstgemachtes Spielzeug für Mädchen), London 1860. Der Text dazu lautet: «Man beschaffe sich eine braune Wachspuppe, womöglich mit einem Altweibergesicht. Man befestige etwas auf dem Rücken, damit sie krumm erscheint, und winde um die Beine Lappen, die als Unterröcke und zum Abwischen von Schreibfedern dienen. Man kleide sie mit einem altmodischen Baumwollkleid und für den Mantel schneide man ein Stück roten Stoff zu, etwas länger als breit, dazu ein Koller aus demselben Material und reihe den Umhang daran; danach schneide man einen Umhang aus, der lang genug ist, um die Schultern zu bedecken, und nähe diesen an den Halsausschnitt des vorigen Stücks, binde es ordentlich, ebenso den Mantel; um den Hals binde man ein rotes Bändchen, nachdem man zuvor zwei Löcher für die Arme ausgeschnitten hat. Man fältle etwas Spitze für ein Häubchen und mache einen großen Schutenhut aus schwarzer Seide mit hoher altmodischer Kante, in den man dann das Häubchen steckt, und zwar nahe dem Hutrand, worauf man ihn am Kopf der Puppe annäht. Man nehme ein Körbchen, lege es mit glänzendem rosa Baumwollstoff aus und fülle es mit kleinen Nadelkissen usw. und hänge es der Alten über den Arm. In die Hand gebe man ein Zweiglein als Krückstock. Die fertige Puppe ist ein hübsches und nützliches Schmuckstück für den Schreibtisch oder, wenn sie sehr wohlgelungen ist, ein hübsches Nippfigürchen für den Kaminsims oder die Anrichte. (Mary Hillier)

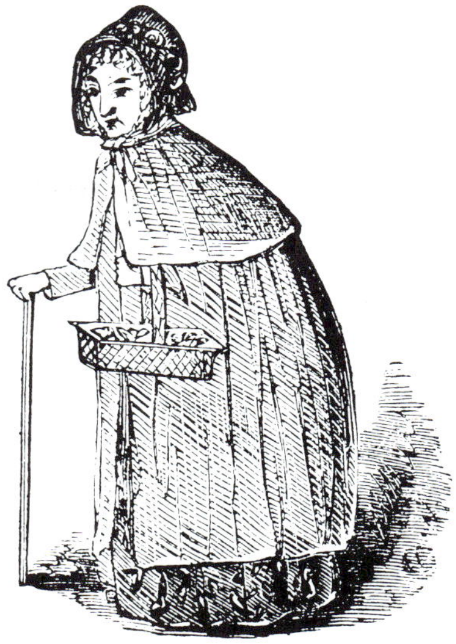

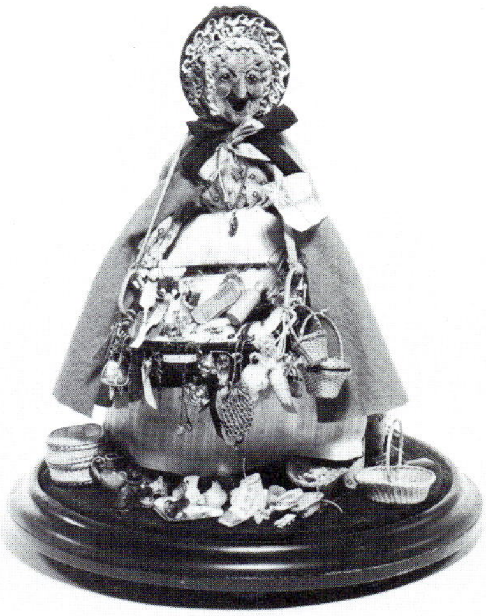

Oben Englische Trödlerpuppe aus Wachs. 1850. 23 cm. (Sotheby's)

muel Pepys in sein berühmtes Tagebuch: «Nach dem Essen waren wir bei Mr. Evelyn, er selbst jedoch war verreist, so machten wir einen Spaziergang durch den Garten (Deptford); sein Besitz ist einfach wundervoll. Neben anderen Raritäten nennt er einen Bienenstock sein eigen, jedoch solcherart mit Glas umgeben, daß man betrachten konnte, wie die Bienen ihren Honig machen und ihre Waben fertigen; es war eine helle Freude, dies zu sehen.» Der Geist dieser Epoche war auf wissenschaftliche Forschung ausgerichtet. Das spiegelt sich in den handwerklichen Fertigkeiten derer wider, die sich mit Wachs künstlerisch betätigten und ihre Fertigkeit in der Wachsbildnerei vervollkommneten – in der Wachsbildnerei, die der eigentliche Ursprung der Puppenmacherei ist.

Mit zunehmender Volksbildung verschwand allmählich auch der alte Aberglauben. Im 17. und 18. Jahrhundert bestaunte man in Europa medizinische und anatomische Ausstellungen, die oft sogar Organe in Tätigkeit zeigten. Museen entstanden, in denen Automaten und Wachsfiguren historischer Persönlichkeiten ausgestellt wurden. Viele dieser beliebten und erfindungsreichen Stücke bedurften der Fähigkeiten der Wachsbildner, und daraus entwickelte sich schließlich das besondere Handwerk der Fertigung von Wachspuppen als Kinderspielzeug.

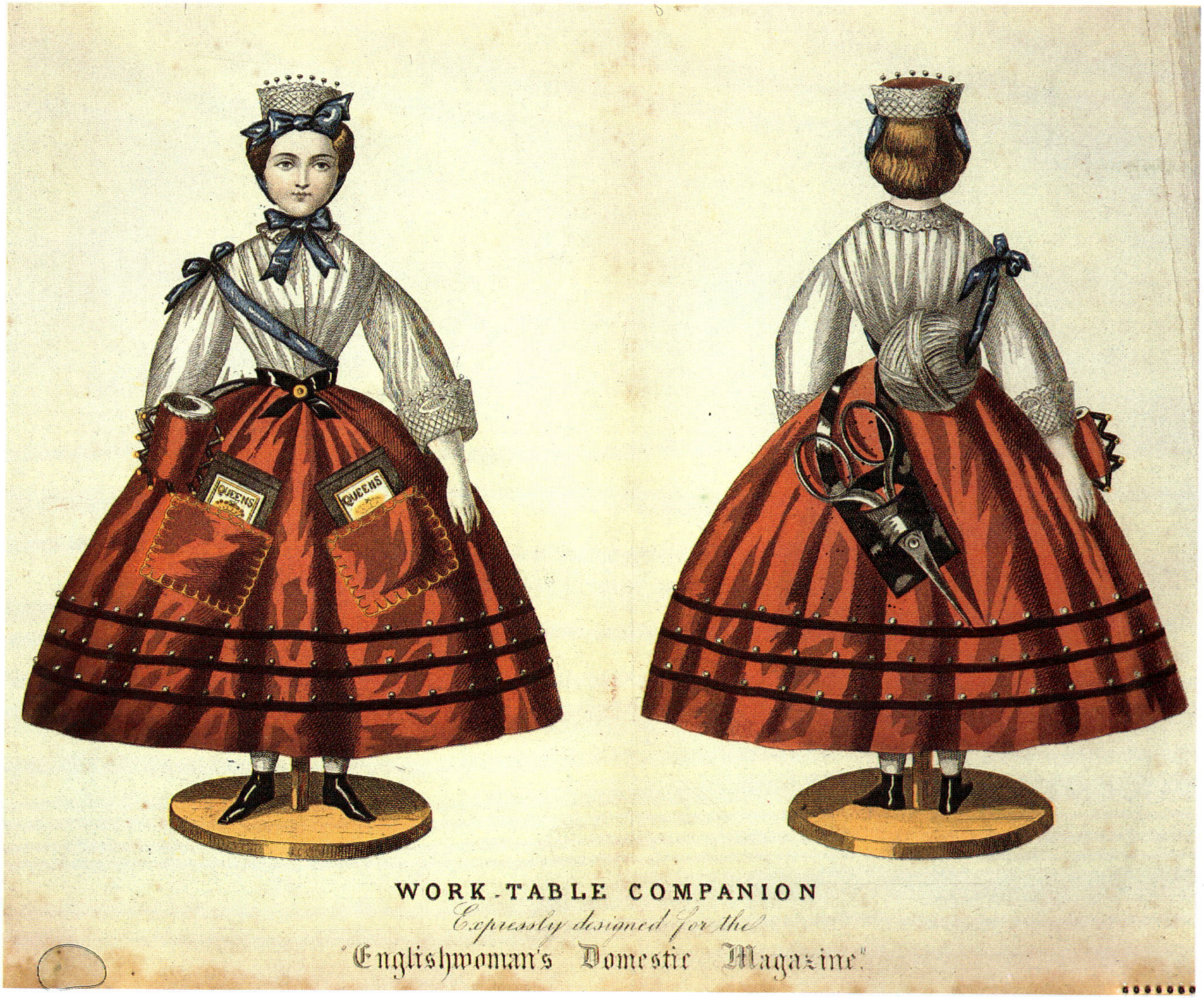

Oben Darstellung einer Handarbeitspuppe, die als «Nähtischhelferin» zur Aufbewahrung von Nähutensilien verwendet wurde. Aus *Englishwoman's Domestic Magazine*, 1860. (Mary Hillier)

Rechts Englische Trödlerpuppe aus Wachs. 1810. 25 cm. (Marianne Bodmer, Zürich)

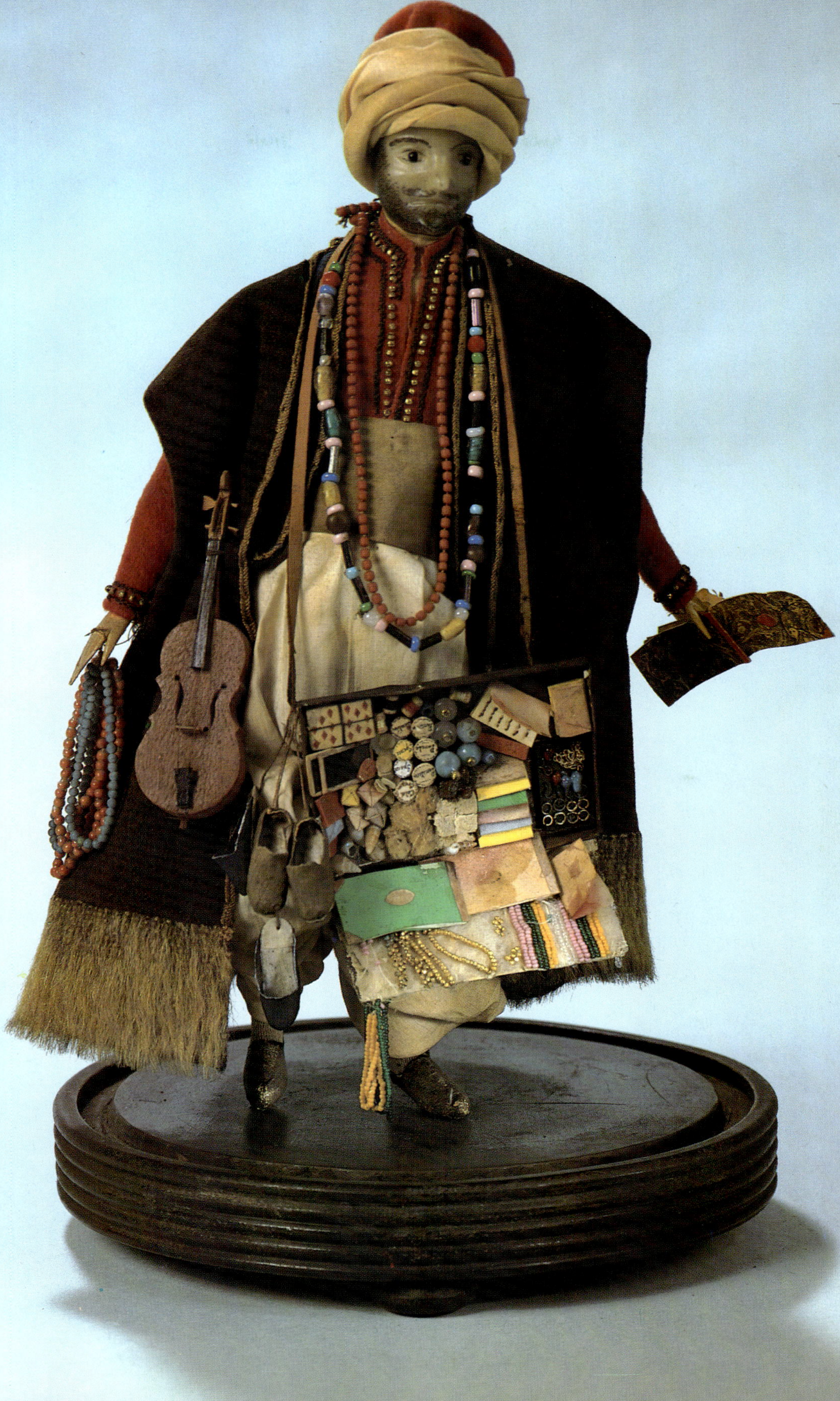

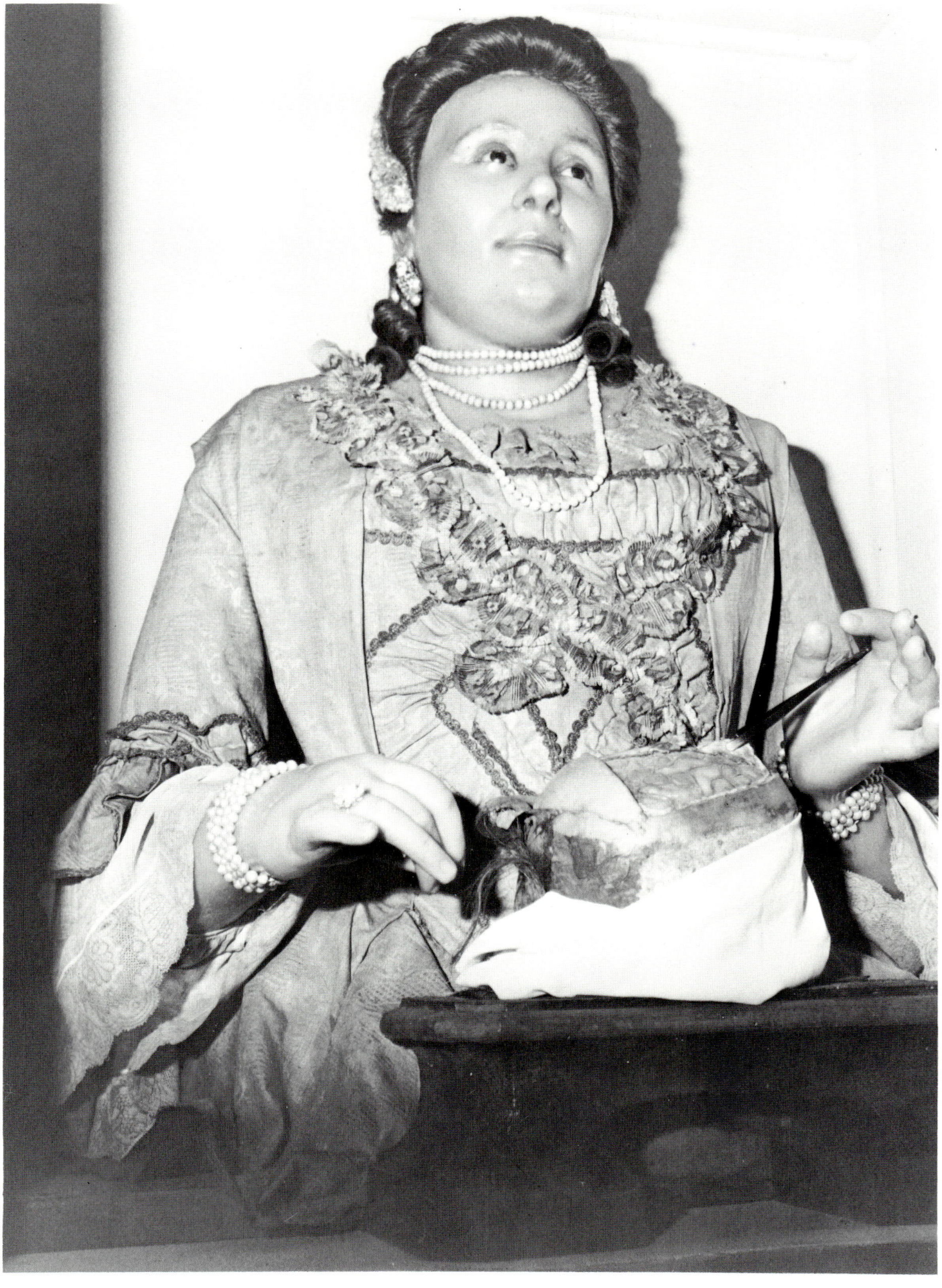

Lebensgroße Wachsfiguren

Lebensgroße Porträtpuppe der Wachskünstlerin Anna Morandi Manzolini. (Instituto di Anatomia Umana Normale, Bologna)

Kunstvolle lebensgroße Wachsfiguren prominenter Persönlichkeiten dürften zuerst im Italien des 15. Jahrhunderts hergestellt worden sein. Echthaarperücken, geblasene Glasaugen, Farbschattierungen in den ausgeprägten Gesichtszügen trugen zur Ähnlichkeit mit dem Modell ebenso bei wie dessen eigene Kleidung, sein Schmuck und seine übrige Ausstattung.

Giorgio Vasari bemerkte 1550 in seinen «Lebensbeschreibungen der berühmtesten Architekten, Maler und Bildhauer», daß «die Kunst, obgleich sie bis in unsere Zeit lebendig geblieben, nichtsdestoweniger im Niedergang begriffen ist». Er konnte das wohl beurteilen, denn damals waren die guten Bildnisse, die nun schon lange zerstört sind, noch in den Kirchen zu sehen. Die Benintendi aus Florenz beispielsweise waren für solche Arbeiten über mehrere Generationen bekannt. Vasari berichtet, daß kein Geringerer als der Maler Andrea del Verocchio (1436–1488), Schüler Donatellos und Lehrer Leonardos, Orsini Benintendi bei der Anfertigung dreier lebensgroßer Figuren des berühmten Lorenzo de Medici half. Lorenzos Bruder kam bei einam Attentat im Jahre 1478 ums Leben, er selbst wurde nur verwundet und ließ die Figuren als Danksagung an Gott für seine Rettung aufrichten. Eine davon stellt ihn sogar mit einem Verband um den Hals dar, um die Verletzung anzuzeigen. Vasari schildert Benintendis Technik:

> Er machte das Skelett innen aus Holz, mit gespaltenem Schilf durchzogen, welches dann mit Wachstuch beschichtet wurde, so wundervoll gefaltet und arrangiert, daß man Besseres und Naturgetreueres nicht finden konnte. Dann formte er die Köpfe, Hände und Füße aus etwas dickerem Wachs, jedoch innen hohl, dem Leben nachgebildet und mit Ölfarben bemalt, mit allem Haarschmuck und mit allem anderen, was nötig war, so lebensecht und wohlgeformt, daß sie nicht mehr bloße Wachsfiguren waren, sondern vielmehr wirklich lebende Menschen zu sein schienen.

Man muß daraus den Schluß ziehen, daß sich der Künstler einer Art Wachsgußmethode bediente, bei der zuvor ein Abbild aus Ton geformt wurde. Besonders interessant ist die Feststellung, daß er wachsgetränkten Stoff verwendete. Eine ähnliche Methode fand bei einigen frühen Krippen Anwendung; die aufgetragene Wachsschicht sollte den Faltenwurf erhalten und die Stoffe vor dem Verrotten schützen.

Andere berühmte Künstler der Renaissance verwendeten Wachs aus ganz unterschiedlichen Gründen. Leonardo persönlich (1452–1519), der Neuerungen auf allen möglichen Gebieten brachte, soll auch als erster Versuche mit naturgetreuen anatomischen Modellen gemacht haben, um die Funktionen des menschlichen Körpers zu veranschaulichen. Wachs kann geprägt und gefärbt werden und hat eine verblüffende Ähnlichkeit mit den Strukturen menschlicher Haut und menschlichen Gewebes. Verrochio erwarb seine Fertigkeiten in der Werkstatt von Benintendi. Der große Benvenuto Cellini, der Meister der Bronzeskulptur, erwähnt in seinen Notizbüchern die Verwendung von Wachs nach der Methode der verlorenen Form zum Guß von Groß- und Kleinplastiken. Berühmte Arbeiten seiner Hand blieben erhalten, darunter «Perseus mit dem Haupt der Medusa» und hervorragende Porträtmedaillons. Cellini nahm es mit dem Gesetz nicht immer sehr genau, und so schildert er mit einigem Stolz wie er bei einem Gefängnisaufenthalt seinen Mithäftlingen das Nachmachen von Zellenschlüsseln nach Wachsabdrücken beibrachte.

Der Bildhauer Michelangelo arbeitete die verkleinerten Entwürfe seiner Großskulpturen aus Wachs, und wie Cellini verbrauchte er Unmengen davon für den Bronzeguß. In einem Brief berichtet er, daß er 720 Pfund Wachs gekauft habe, und rühmt sich, es zu einem Spottpreis erhalten zu haben, obwohl »es nicht die Art dieser Bologneser ist, auch nur einen *quattrino* nachzulassen.« Während des ganzen 16. Jahrhunderts versuchten sich Künstler an Wachsarbeiten. Bei Neapel unterwies eine Schule in der Anfertigung der in Kirchen sehr begehrten Altar- und Krippenfiguren aus farbigem Wachs, und in Bologna befaßten sich immer mehr Künstler mit wächsernen Porträtfiguren.

Ebenfalls in Bologna führte Angelo Pio (1690–1769) das Modellieren naturgetreuer Wachsporträts ein. Er verwendete Glasaugen und Echthaar und stattete seine Puppen mit richtigen Gewändern und Accessoires aus, um sie möglichst lebensnah wirken zu lassen. Pio darf zu Recht zu den Vätern der Wachskabinettfigur gezählt werden, da seine Methoden, seine Modelle «wie im Leben» abzubilden, später von vielen anderen übernommen wurden. Er war ein Schüler Ferraris, der die Schule lebensgroßer Modellskulptur prominenter Persönlichkeiten begründet hatte. Ganz offensichtlich wurden Fertigkeiten von Generation zu Generation weitergegeben, wie beispielsweise in der Puppenmacherfamilie Pierotti (siehe Seite 74–82). Überraschenderweise ist die hochberühmte Bildhauerin Anna Morandi (1716–1774) für unser Thema noch wichtiger als Pio. In ihrem Geburtsort Bologna trat sie schon sehr früh in ein Atelier ein, wo sie Zeichnen und Bildhauerei lernte. Dort traf sie auch Giovanni Manzolini, ebenfalls Künstler, und heiratete ihn 1740. Die beiden wirkten mit Ercole Lelli zusammen, der wegen seiner anatomischen Modelle berühmt wurde, die in Zusammenarbeit mit der medizinischen Fakultät von Bologna entstanden. Als der Erzbischof von Bologna den Wert dieser Modelle für die medizinische Forschung erkannte, beauftragte er, damals schon Papst Benedikt XIV., die drei, auf seine Kosten ein ganzes Museum damit einzurichten. Als Manzolini 1755 starb, gewährte Benedikt XIV. Anna eine lebenslängliche Rente. Ihre hervorragenden Arbeiten, die ihren außerordentlichen Ruf begründeten, sind glücklicherweise dank einflußreicher Schutzherrschaft alle in der Akademie der Wissenschaft erhalten geblieben. Manzolini verwendete lebensechte Farben und soll ein geheimgehaltenes Verfahren zur Wachshärtung erfunden haben. Seine Figuren sind eindrucksvoll und erschreckend zugleich, derart wirklichkeitsnah, daß einem angst werden kann angesichts des Abbildes eines Neugeborenen, an dem noch Nabelschnur und Mutterkuchen hängen. Man muß jedoch auch bedenken, wie wertvoll derartige Lehrhilfen für die Medizin der damaligen Zeit waren.

1776 wurde die Sammlung in ihr prunkvolles Gebäude gebracht, wo die Selbstporträt-Büsten von Anna Morandi und ihrem Gatten blicken von ihren Nischen mit berechtigtem Stolz auf ihr Werk blicken. Die Hirnwindungen, das Innenohr, der Aufbau des Auges und die Nerven wurden hier gezeigt, alles nach eingehenden anatomischen Studien detailgetreu ausgeführt. Die Modelle zeugen von unglaublicher Kunstfertigkeit, die nunmehr in Wachsfigurenkabinette ganz Europas Eingang finden sollte und in die Skulptur jener lebensechten Figuren, die, so hieß es oft, eigentlich nur das Fehlen des Atems vom Menschen unterschied.

Anna Morandi erhielt Einladungen aus ganz Europa, sogar aus Rußland, doch weigerte sie sich stets, diesen Einladungen Folge zu leisten und ihre Kunst zu lehren. Trotzdem versuchten viele, es ihr gleichzutun; anatomisch-pathologische Sammlungen waren mehr als nur wissenschaftlicher Bedarf, für die Allgemeinheit waren sie geheimnisvoll und aufregend.

Unter der Anleitung von Chirurgen entstanden Wachsmodelle, die die Funktion innerer Organe oder des Blutgefäßsystems ebenso geschickt wie kunstvoll darstellten. Obwohl sie eigentlich nur als Lehrmaterial gedacht waren, fanden diese Modelle zu guter Letzt doch ihren Weg in die Museen. Das Ruysch Museum mit anatomischen Wachsmodellen des Holländers Frederick Ruysch (1638–1731) stand bei Peter dem Großen in hoher Gunst; er kaufte es 1717 mit allem Drum und Dran. Der berühmte Philippe Curtius, der Lehrmeister der Madame Tussaud, war eigentlich Arzt und übte die Wachsbildnerei anfangs, um 1760, nur zur Herstellung anatomischer Modelle aus (siehe Seite 51).

Im London des 18. Jahrhunderts gab es verschiedene Ausstellungen solcher Arbeiten. Der Chirurg Desnoues zeigte sein Werk in Rackstrows Museum, ehe es für die Universität von Dublin gekauft wurde. Benjamin Rackstrow selbst (um 1717 bis 1772) stellte in der Londoner Fleet Street sein Statuenwerk aus, das bis zu seinem Tode berühmt blieb. Eine der Hauptattraktionen war die Figur einer im achten Monat schwangeren Frau. Dem Handzettel zufolge konnten Herz- und Lungentätigkeit und der Blutkreislauf einwandfrei beobachtet werden; es muß sich demnach um eine mechanische Figur gehandelt haben. Andere Stücke waren wohl nicht ganz jugendfrei, denn Männer und Frauen wurden, wie Anzeigen zu entnehmen ist, nur getrennt eingelassen, was doch einen deutlichen Hinweis auf die Tendenz dieser Ausstellung gibt. Rackstrows Schau, die neben seinen anatomischen Modellen alle möglichen Kuriositäten beinhaltete, war sehr beliebt. Es gab dort naturgetreue Wachsnachbildungen von Mißgeburten, eines Zwerges und eines Riesen zum Beispiel. Damit stand er in Konkurrenz zu einem anderen berühmten Wachsfigurenkabinett in der Fleet Street, dem der Mrs. Salmon (siehe unten).

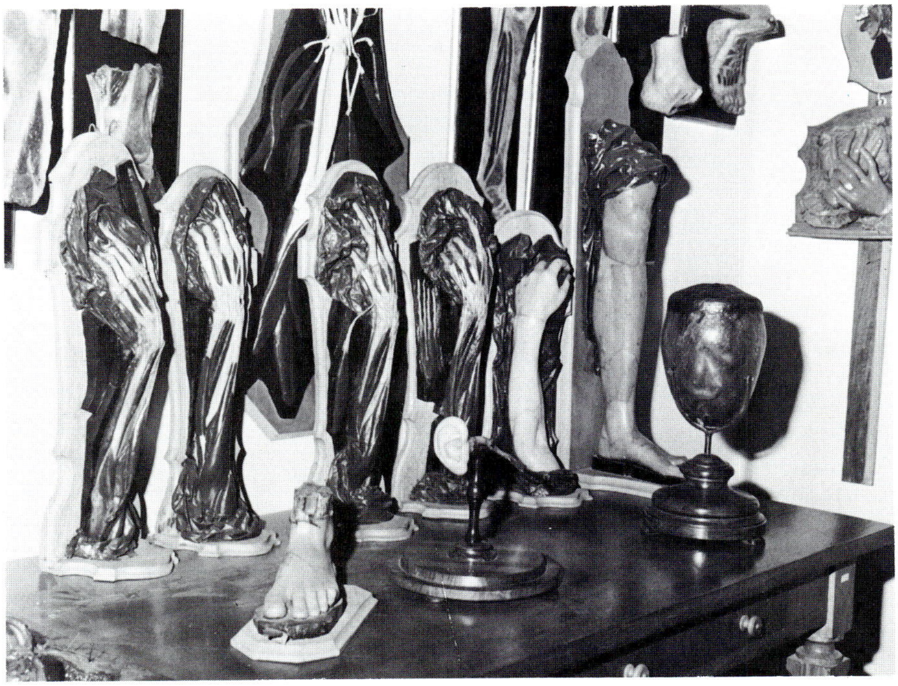

Anatomische Wachsarbeiten (Organe, Glieder, Schnitte) der Manzolinis. (Instituto di Anatomia Umana Normale, Bologna)

Heute, da Zeitungen und Fernsehen über alles berichten, kann man sich kaum mehr vorstellen, wie aufschlußreich diese altmodischen Wachsfiguren für die Masse der Betrachter waren. Hier standen sie zur Schau, die Großen ihrer Zeit, lebensgroß, in echten Kleidern und stilgerecht: legendäre Führer wie Oliver Cromwell oder später dann Wellington, Nelson und Napoleon, Helden der Vergangenheit und die königliche Familie. Man schauderte vor den Abbildern von Schuften, Dieben und Mördern, Schurken, deren Anblick einem das Blut in den Adern gefrieren ließ – genau wie in der Sensationspresse oder den Videoschockern von heute.

Eines der ersten Wachsfigurenkabinette in London zeigte im Jahre 1685 der Schweizer Johann Schalch (1623–1704). Schalch hatte viele Reisen durch Europa unternommen und war bekannt für seine optischen Apparate und als Hersteller von Glasaugen. Er arbeitete für die königliche Familie und fertigte im Jahre 1694 eine Totenmaske Königin Marias II. an. In einer szenischen Darstellung porträtierte er Maria Stuart auf dem Totenbett. Er war ein echter Schausteller, hielt seinem Publikum gerne Vorträge und nannte sich mit geziemender Bescheidenheit «Das Achte Weltwunder».

So wie es später auch die berühmte Madame Tussaud zu tun pflegte, reisten während des 18. Jahrhunderts viele fahrende Schausteller mit Wachsfigurenkabinetten übers Land, wenn auch weit weniger erfolgreich. Häufig findet man Frauen unter ihnen; eine Frau in der Truppe wahr wohl unbedingt nötig für all die Näharbeiten, Reparaturen und die Ausstellung selbst.

Eine Persönlichkeit, über die wir gerne mehr wüßten, ist Mrs. Salmon (1650 bis 1740), die sich selbst als Spielzeugmacherin und Wachsbildnerin anpries. Ihre Werkstatt befand sich zuerst in der Nähe der St. Martinskirche und dann in der Fleet Street. Einige der Figuren, die sie und ihr Mann ausstellten, sollen von dem jungen Bildhauer Thomas Besnier stammen, der in England als Sohn französischer Eltern geboren wurde und schon 1693 starb. Nach dem Tode ihres Mannes heiratete Mrs. Salmon wieder und betrieb als Mrs. Steers eine eigene Schau. Machte sie nebenbei vielleicht auch Puppen? Sie gab bekannt, daß sie Formen und Glasaugen liefern und auch «die ganze Kunst» lehren könne. Ihre Tableaus stellten so ausgefallene Motive dar wie «Margaret, Gräfin von Heningbergh, auf einem Prunkbett liegend, mit ihren dreihundertfünfundsechzig Kindern, alle zugleich geboren und auf die Namen John und Eliszabeth getauft, verursacht durch die unüberlegte Beschwörung einer alten Bettlerin». Der Künstler William Hogarth bestätigt, daß die Ausstellung wirklich vergnüglich war; er erinnert sich, daß er als Lehrling «oft zur alten Mutter Salmon hinüberschlenderte, um einen Blick auf die lustigen Stücke zu werfen». Schade daß er davon nichts gemalt hat! Nach Mrs. Salmons Tod stellte eine gewisse Mrs. Clark deren Wachsfiguren aus, bis sie selbst im Jahre 1812 verstarb. Schließlich gingen die Stücke verloren, wurden gestohlen oder zerstört.

Mrs. Salmon stellte ständig am selben Ort aus, es gab aber auch viele fahrende Wachsfigurenkabinette der Art, wie sie Dickens, zweifellos aus eigener Anschauung, im «Raritätenladen» beschreibt. Vor dem der Madame Tussaud (mit dem wir uns auf Seite 51 eigens befassen) war das Royal Waxwork («Königliches Wachsfigurenkabinett») eines irischen Ehepaars, Mr. und Mrs. Sylvester, eines der bekanntesten. Sie arbeiteten zwischen 1780 und 1794 in Dublin und Edinburgh, sind aber verschiedentlich auch in Hull, Norwich und London verzeichnet. Sie zeigten die Ganzfigur einer schlafende Venus und prominente Persönlichkeiten wie Franklin, Voltaire sowie Mitglieder der königlichen Familie Frankreichs und warben damit, Arbeiten an Ort und Stelle auszuführen: «Jede Dame und jeder Herr, die ein Bildnis ihrer selbst in Wachs zu haben wünschen, mögen

Lebensgroße Modelle der Herzogin Katherine von Buckingham († 1743) und ihres Sohnes Robert, Marquis der Normandie. Unbekannter Künstler.
(Sammlungen der Westminster Abtei)

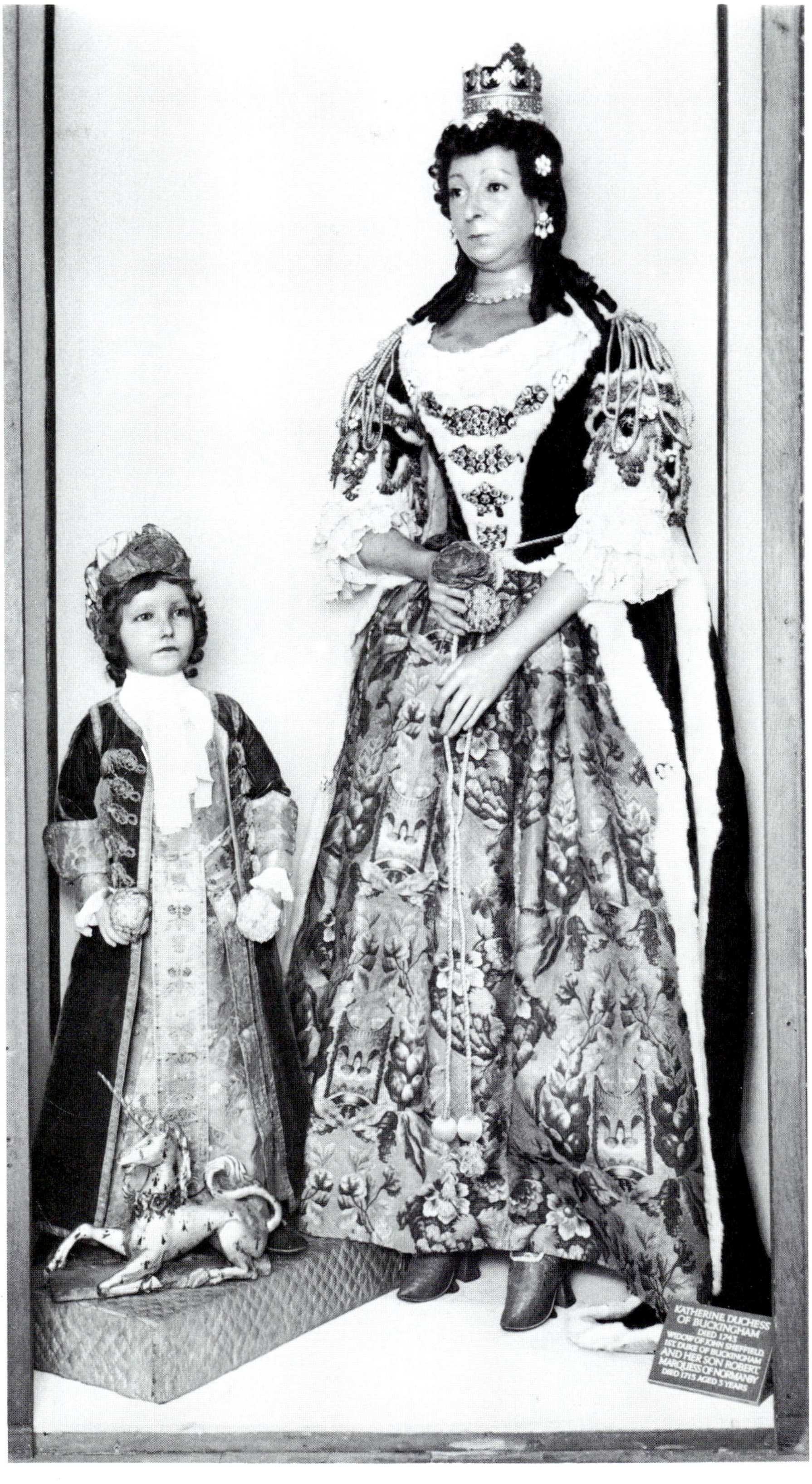

Gegenüber Die eigenartige Gruppe von fünf Wachsköpfen und ein Sortiment Hände tauchten als Los in einer Puppenauktion auf. Die Köpfe sind auf dicke Zapfen montiert, die handgeschriebene Etiketten mit der Aufschrift «Nelson» und einer Nummer tragen. An den gegossenen Händen finden sich Reste von Stoffmanschetten, was auf einen Stoffkörper mit Wachskopf und -händen schließen läßt. Das wichtigste Indiz für ihre Identität ist der lange, wohlgeformte Arm um dessen Handgelenk eine Hand greift. Ich bin sicher, daß die Gruppe ursprünglich die Sterbeszene Nelsons im Unterdeck der *Victory* darstellte. Das betreffende bekannte Bild, das Arthur William Davis 1806 malte (rechts), als die *Victory* mit dem Leichnam des Admirals von Trafalgar heimkehrte, hängt im National Maritime Museum in Greenwich.

Die Personen, die den Sterbenden umgaben sind wiederzuerkennen, und dieses kleine Wachsfigurentableau ist wohl mit aller Sorgfalt zur Darstellung eben dieser Szene ausgearbeitet worden. Leider fehlt die Hauptfigur des Nelson. Drei der Köpfe haben braune Augen, zwei blaue, und zwei sind grauhaarig. Im Gemälde scharen sich weitere Figuren besorgt um die ins Licht der Laterne gerückte zentrale Gruppe, um deren Darstellung es dem Modellierer vermutlich einzig ging. Die Gruppe könnte Teil einer Wanderschau gewesen sein, und die Köpfe waren wohl abnehmbar und mit den numerierten Zapfen auf eine Figur zu setzen. Die Köpfe messen etwa 12½ cm, die Arme 20 cm. Wie die Wachsgußpuppen haben sie eingepreßte Haare und Glasaugen.

Interessant, daß 1891, als die Königliche Schiffahrtsausstellung im Königlichen Militärhospital gezeigt wurde, kein Geringerer als John Theodore Tussaud, der Enkel von Madame Tussaud eine lebensgroße Darstellung von Nelsons Tod modellierte. Die Gruppe enthielt auch eine Wachskamee mit dem Bild Nelsons und eine weitere mit dem eines Politikers aus dem frühen 19. Jahrhundert. Die Gruppe stand in einem Modell der *HMS Victory* in Originalgröße, wo Spanten und Lampenlicht zur Dramatik der Szene beitrugen. Ein zeitgenössischer Bericht in den *Illustrated London News* merkt etwas säuerlich an, es sei «für den guten Geschmack ein etwas zu realistischer und sensationslüsterner Effekt» gewesen. «Anstelle dieses geschmacklosen Wachsfigurenkabinetts wäre der Ankauf des hervorragenden Gemäldes selbst eher akzeptabel gewesen.» Die blutbefleckte Uniform und die bleichen Wachsgesichter müssen den Besuchern ans Herz gegangen sein; damals wie heute konnte sich der Name des Helden von Trafalgar hören lassen.

Die kleinen Wachsköpfe hier sind älter, und ich wüßte gerne etwas über ihre Geschichte. Wie im Gemälde sind die Charaktere gut unterschieden: Kapitän Hardy im Hintergrund, grauhaarig und voller Mitgefühl, der Kaplan Dr. Scott, Nelsons Brust massierend, der Zahlmeister Busby, der dem Sterbenden das Kopfkissen stützt, und am ergreifendsten Chevallier, Nelsons treuer Offiziersbursche, grauhaarig, der sich besorgt um Beistand an den Chirurgen Dr. Beatty wendet. Dieser hält Nelsons Handgelenk umfaßt, um den Puls zu fühlen. In dem Stich der *Illustrated London News* hält außerdem ein Matrose die Lampe.
(Köpfe und Hände: Mary Hillier)

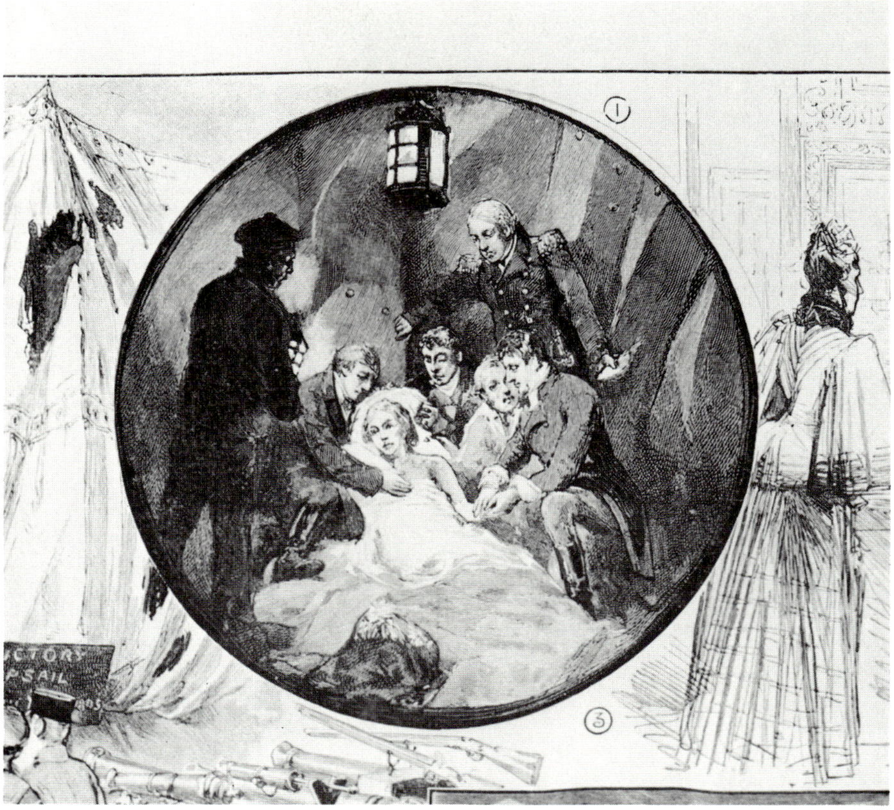

bitte am Ausstellungsplatz vorsprechen.» Mit der Erklärung: «Sollten die Porträts nicht die verblüffendste und treffendste Ähnlichkeit aufweisen, so wird der Inhaber nichts für seine Aufwendungen verlangen», bewiesen sie immerhin einiges Vertrauen in die eigenen Fähigkeiten.

Als der Bildhauer Joseph Nollekins zu einigen Reparaturen an der Westminster Abtei herangezogen wurde, interessierte er sich für eines der wohl ältesten Wachsfigurenkabinette der Welt, das «Lumpenregiment», wie es die Schuljungen von Westminster nannten. Er weigerte sich, für dessen Besichtigung auch noch Geld zu bezahlen, und meinte, dann wolle er doch lieber gleich bei Mrs. Salmon vorbeischauen. Die Figuren, von denen hier die Rede ist, waren nun tat-

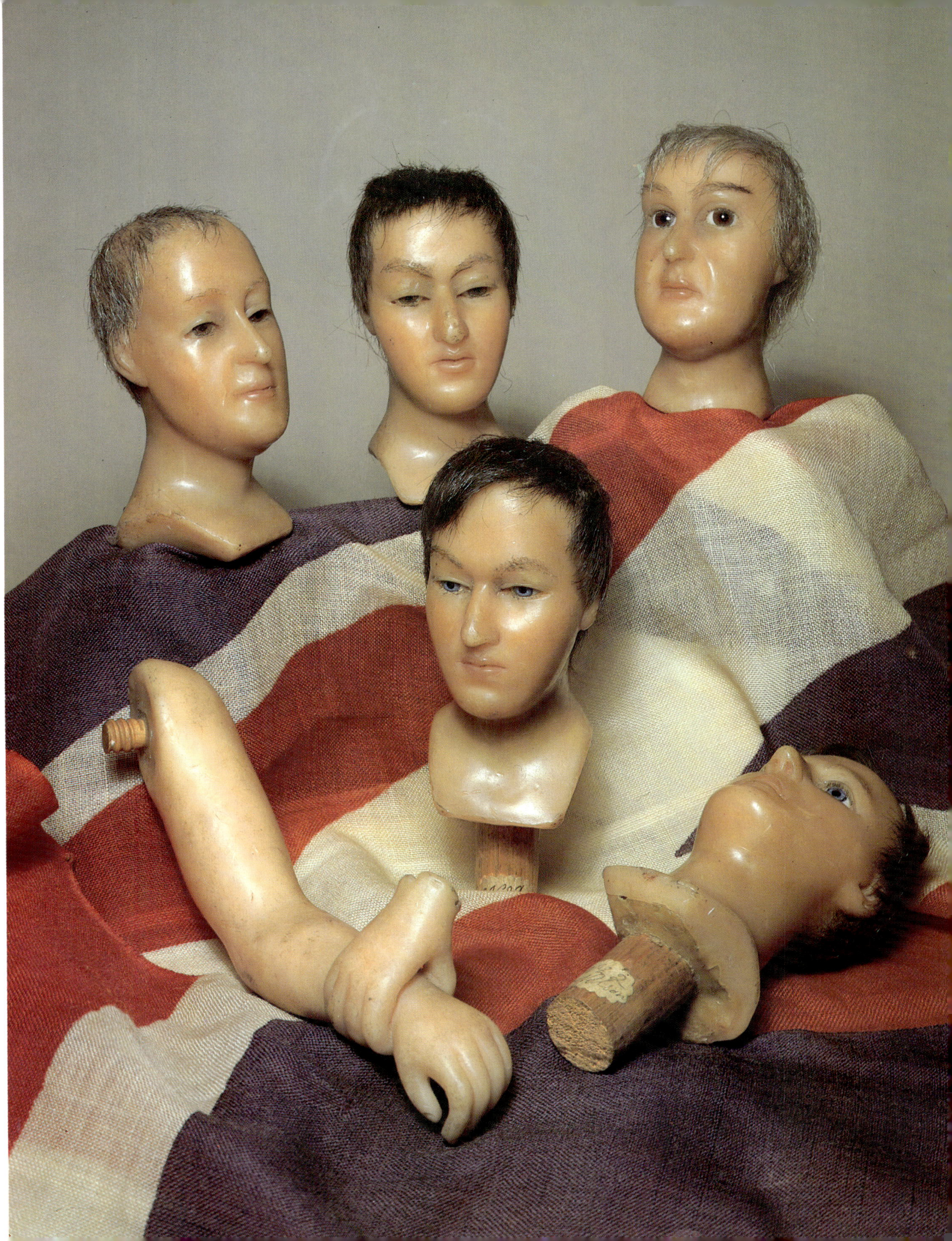

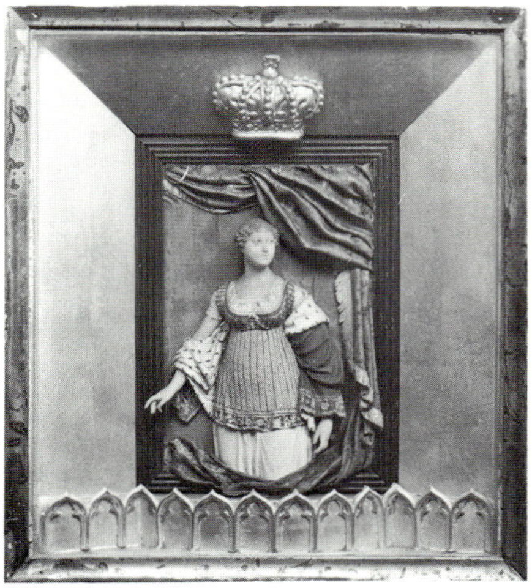

Wachsporträt Charlotte Prinzessin von Wales. Samuel Percy 1817. In geschnitztem, vergoldetem Originalrahmen. (E. J. Pyke)

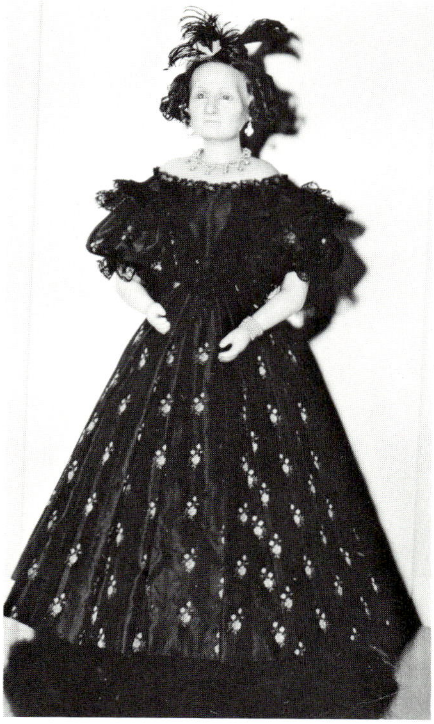

Wachsfigur der Marquise von Blandford. Richard Cockle Lucas 1832. 45 cm. (E. J. Pyke)

sächlich sehr alt. Es war früher Brauch gewesen, beim Tode eines Königs oder einer Königin eine Totenmaske aus Gips abzunehmen und danach eine lebensgroße, festlich gekleidete Figur mit Wachsgesicht und -händen zu fertigen. Man verwendete sie für die prunkvolle Aufbahrung auf einer schwarz ausgeschlagenen Bühne («herse»), die den Sarg beim Leichenzug begleitete. Da einige dieser Figuren seit dem 14. Jahrhundert unbeachtet in der Abtei gelegen hatten (darunter auch die Edwards III., der im Jahre 1377 verstorben war), befanden sie sich in erbärmlichem Zustand, andere waren gestohlen, und Nollekins war der Meinung, sie sollten allesamt weggeworfen werden. Man bewahrte sie trotzdem auf, und so sind sie heute noch zu besichtigen. Nach dem Zweiten Weltkrieg wurden sie wieder hervorgeholt, und 1949 begannen umfangreiche Konservierungs- und Restaurierungsmaßnahmen. Man stellte dabei fest, daß für diese frühen Figuren echte Haare verwendet wurden, daß sie auf kunstvoll geschnitzte Holzrahmen gearbeitet und die Körper mit Stroh oder Seegras ausgestopft waren. Fachleute injizierten Konservierungsmittel, um den bröckelnden Gips zusammenzuhalten, und entfernten den Staub der Jahrhunderte. Diese Figuren wieder zum Leben zu erwecken, war ein bewegendes Erlebnis, und nun stehen sie stolz in einer Reihe mit späteren Figuren wie der Nelsons von Catherine Andras und den schönen Porträts Wilhelms III. und Marias II. von Mrs. Goldsmith, die ja im Jahre 1702 auch die Herzogin von Richmond gemäß deren testamentarischer Verfügung abbildete.

Im 18. Jahrhundert waren die Fertigkeiten der Wachsbildner sehr gefragt, und wirklich talentierte Künstler erfreuten sich beachtlicher Erfolge. Einen der berühmtesten, Joachim Smith, der auch Entwürfe für den Keramiker Josiah Wedgwood lieferte, beauftragte Königin Caroline mit einer Kleinplastik ihres neugeborenen Sohnes, des Prinzen von Wales und späteren Königs Georg IV. Sie bewahrte das Figürchen auf ihrem Toilettentisch auf. Der *London Chronicle* beschreibt es 1763 folgendermaßen:

> Eine Ganzkörperplastik, nackt, etwa vier Zoll [ca. 10 cm] groß, auf einem purpurnen Samtkissen liegend, in der Haltung eines unbekleideten Kleinkindes: den linken Fuß angezogen, den rechten ausgestreckt, der rechte Arm weist nach oben, während der linke am Körper anliegt, darin hält es sein Hemdchen, das wohl von seinem rechten Arm herabgerutscht ist und es lose umgibt.

Die hübsche Statuette lag unter einem Glassturz. Sie war in natürlichen Farben gehalten, «nicht bemalt, sondern gemischt eingefärbt, so daß die Farben ineinander übergehen und natürliche Zartheit aufweisen». Dieses Kleinod ist wohl verlorengegangen, eine Kamee jedoch blieb erhalten, die Zeugnis von der Fertigkeit des Künstlers gibt. Sie zeigt den kleinen Prinzen von Wales im Alter von etwa drei Jahren und befindet sich heute noch in der königlichen Sammlung.

Ein kommerzieller Aspekt der Wachsbildnerei erweist sich auch in einer Anzeige, die der gefeierte Künstler Samuel Percy (1750–1820) veröffentlichte, als er 1787 auf dem Weg nach Brighton die elegante Stadt Tunbridge Wells passierte.

> Mr. Pery, Farbwachsmodelleur, erlaubt sich, mit allem Respekt dem hohen und niederen Adel bekanntzugeben, daß er nunmehr angekommen sei und für einige Zeit auf seinem Wege nach Brighthelmstone [Brighton] Bestellungen auf Porträts entgegennehmen werde, und zwar in der Wandelhalle, wo eine Anzahl von Mustern nach Lebenden und Toten zu besichtigen ist, wobei seine Fähigkeiten in dieser Grafschaft und dem ganzen Königreich so wohlbekannt sind, daß es in dieser kurzatmigen Zeit keiner weiteren Lobpreisungen seiner selbst bedarf, als die, ihn dem hohen und niederen Adel im allgemeinen bekannt zu machen.

Es verdient festgehalten zu werden, daß Percy bereits als junger Mann sehr erfolgreich war. Seine Arbeiten waren von erlesener Qualität, und er berechnete eineinhalb Guineas für einen Kopf aus farbigem Wachs und eine Guinea für einen rein weißen. Auch er arrangierte schöne Tableaus komplett mit Figuren. Besonders kostbar ist das Porträt der unglücklichen Prinzessin Charlotte, die Königin von England geworden wäre, wenn sie nicht 1817 im Kindbett gestorben wäre. Das Bildnis muß wohl aus jenem Jahr stammen, denn eine vielsagende Wölbung unter ihrem grüngoldenen Wachskleid läßt auf Schwangerschaft schließen (siehe die Abbildung gegenüber).

Ebenso bemerkenswert ist es, daß Percy seine eigene unverwechselbare Methode beim Porträtieren hatte. Das Geheimnis seiner Genauigkeit beruhte darauf, daß er direkt von dem Modellsitzenden ein Porträt in hartes Wachs schnitzte und davon eine Form aus Alabastergips goß, in die er aus verschiedenfarbigem Wachs die Details der Haut, der Haare, der Kleidung und der Accessoires eindrückte. Daraufhin füllte er die Form mit flüssigem Wachs. Nach dem Aushärten konnte er dem Porträt den letzten Schliff geben und bei Bedarf noch weitere Abgüsse von der ursprünglichen Form nehmen. Gelegentlich verwendete er auch Glaskügelchen und -perlen zur Imitation von Schmuck, trug etwas Spitze oder Blumenschmuck auf, um die Illusion vollständig zu machen. Formen ließen aber auch Fälschungen zu, wenn sie in unrechte Hände fielen. Es gab zweifellos einen Markt für minderwertige Abbilder so populärer Helden wie Nelson.

Ende des 18. und Anfang des 19. Jahrhunderts lebten viele bekannte Wachsbildner in dem Londoner Stadtteil Soho. Einige befaßten sich mit dem Porträtieren, andere entwarfen Münzen und Medaillen, wieder andere, wie John Flaxman (1755–1826) schufen klassische Kameen und Porträtmedaillons für die Wedgwood Porzellanfabrik. Manche waren wie die Familie Gosset französisch-hugenottischer Abkunft; mit seiner anspruchsvollen Kundschaft und seinen eleganten Läden zog London viele ausländischen Künstler an.

Die Wachsbildnerei entwickelte sich damals offenbar auch zu einem beliebten Hobby für adelige Damen. Anne Seymour Conway (1749–1828) begann schon

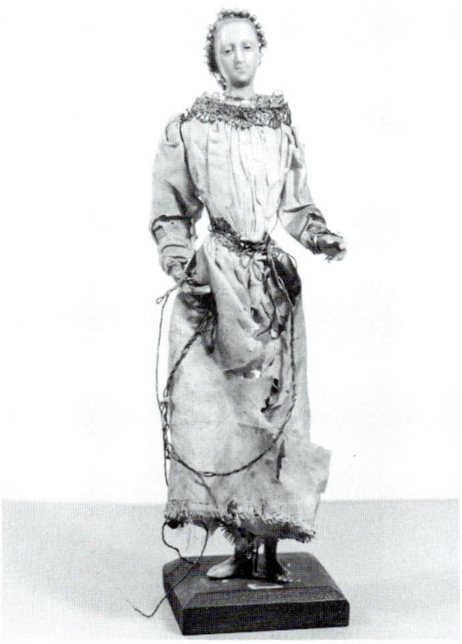

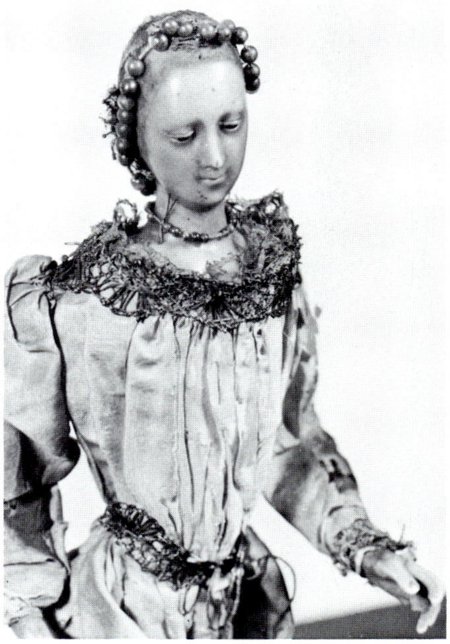

Figur mit Wachsschulterkopf aus dem 18. Jahrhundert. Daneben Ausschnitt. Offensichtlich religiöser Charakter, möglicherweise aus einem italienischen Nonnenkloster. Körpergerüst aus Draht mit Mittelstab, fein modellierte Hände und Füße. Kopf massiv, Lider gesenkt und kontemplativ wirkend. Gemalte schwarze Augen, farbiger Glasperlenreif als Haarschmuck, Seidengewand mit Goldborten besetzt, Glasperlenhalskette. Gewand mit farbigen Blumen eingefaßt. (Sammlung Maury, Wenham Museum, Massachusetts)

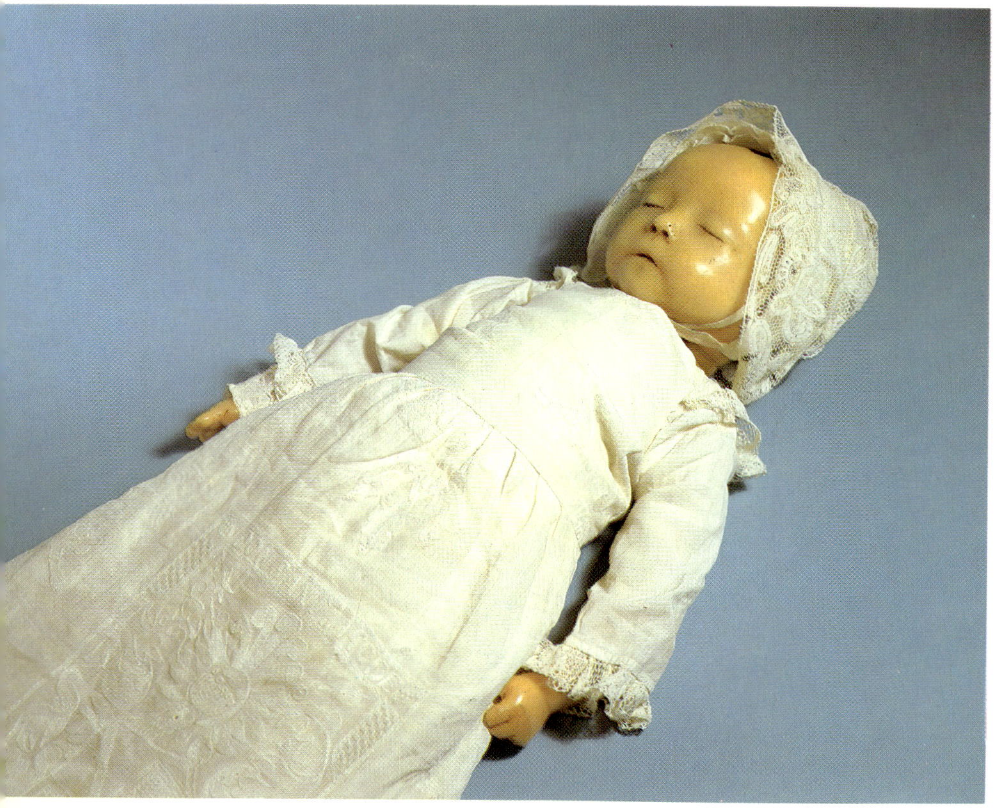

Wachsbaby mit echter Totenmaske und schönem Kleidchen, das mit dem Wappen von Don Santia Gode bestickt ist. Um 1690. Der Brauch, vom letzten Mitglied einer Adelsfamilie eine Skulptur anzufertigen, soll auf der iberischen Halbinsel heimisch gewesen sein. 63 cm. (Bethnal Green Museum)

Kindermodell in einem Kleid aus Spitalfielder Seide mit Schmuck aus Silberdraht und Pailletten. Rote, hochhackige Schuhe aus Wachs. Am Kleid Gängelbänder wie für ein Kind. England. 25 cm. (Museum of London)

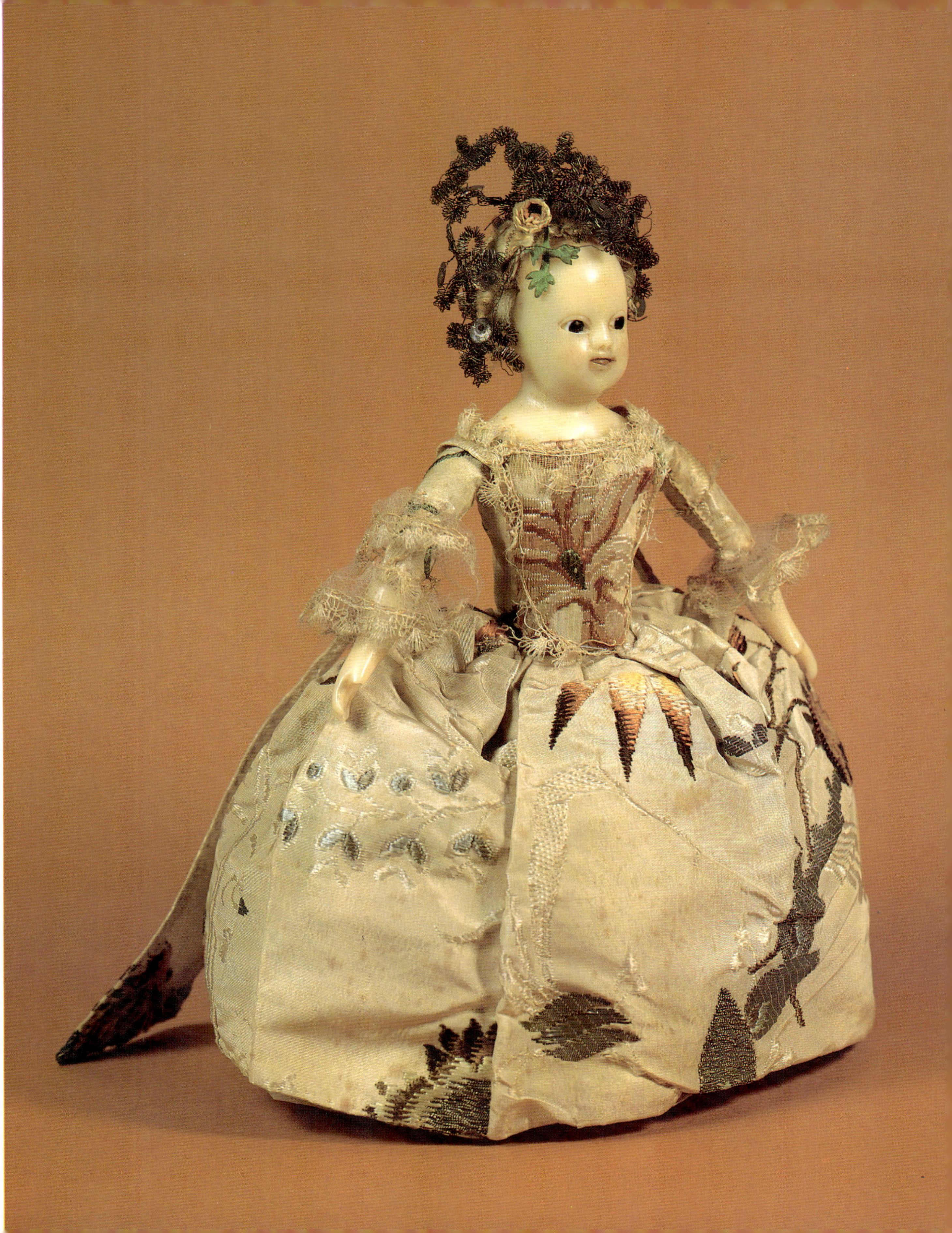

Rechts Knabenkopf aus Wachs mit Glasaugen und appliziertem Haar aus gefärbtem Wachs. Italien. 1810. 45 cm. (Sotheby's)

Gegenüber Wachspuppe, vermutlich aus Italien. Schön modellierter Kopf mit schwarzen Glasaugen und brauner Perücke, Stoffkörper, Wachshände. Die Puppe trägt noch ihre ursprüngliche Kleidung: weißes Nachthemd, blau-weiß gestreiftes Seidengewand, scharlachroter mit Silberborte eingefaßter «türkischer» Schlafrock, rote Strickstrümpfe, ein Paar zum Wechseln ist vorhanden. Der Kopf ist gesprungen, die rechte Hand beschädigt, die linke fehlt. 58 cm. (Wenham Museum Massachusetts)

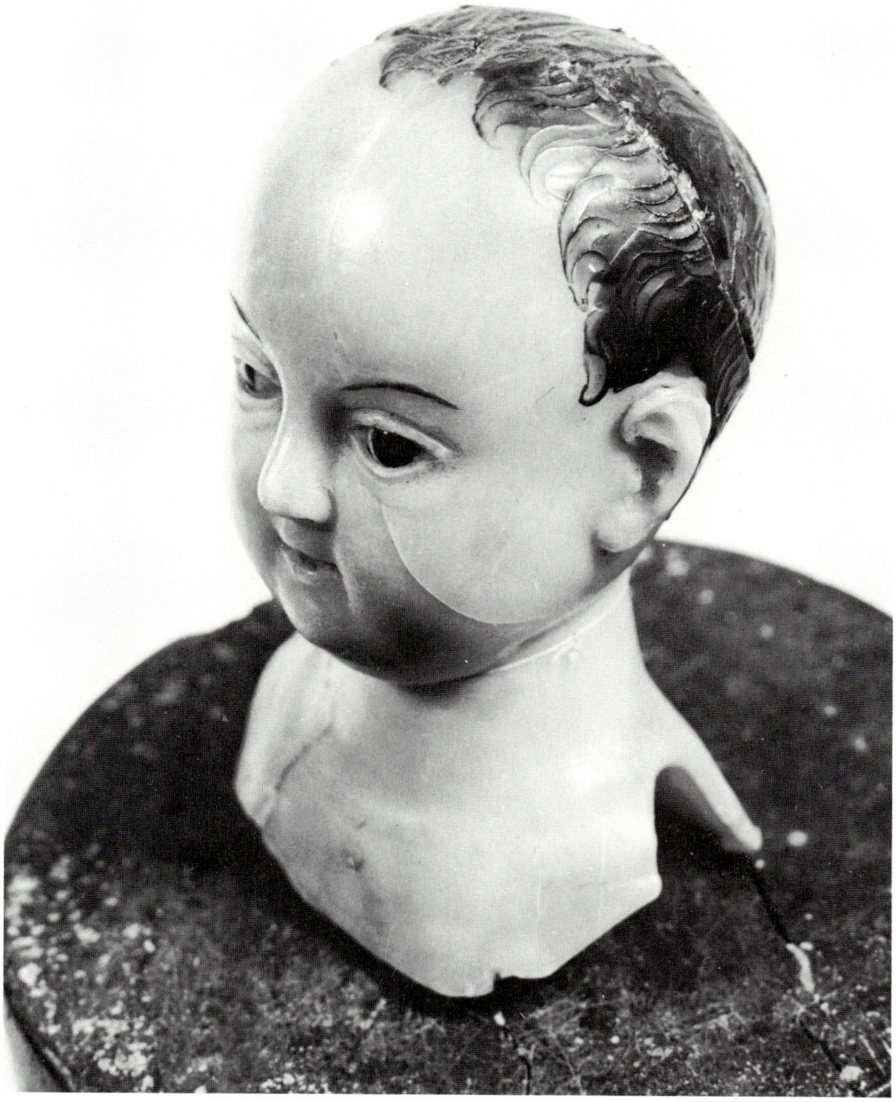

als Vierzehnjährige mit dem Wachsmodellieren und machte sich später als Mrs. Damer einen ganz guten Namen mit ihren Fertigkeiten; sie stellte sogar an der Royal Academy aus. Als sie im Sterben lag, war es ihr letzter Wunsch, daß ihre Werkzeuge mit ihr begraben würden. Noch berühmter war damals Patience Wright (1725–1786), angeblich die erste Wachsbildnerin in Amerika. Sie eröffnete 1771 in New York ein Wachsfigurenkabinett, siedelte aber später nach einem Brand nach London über. Walpole erwähnt sie 1775 in einem Brief:

> Und à propos Puppen: Aus Amerika ist eine Mrs. Wright angekommen, die Wachsfiguren von Lord Chatham, Lord Lyttelton und Mrs. Macaulay macht. Lady Aylesbury hat doch tatsächlich die Wachsfigur eines Dienstmädchens angesprochen, die im Zimmer stand; die Künstlerin hat nämlich einige mit herübergebracht, eine davon ist Mrs. Fitzroys Tante.

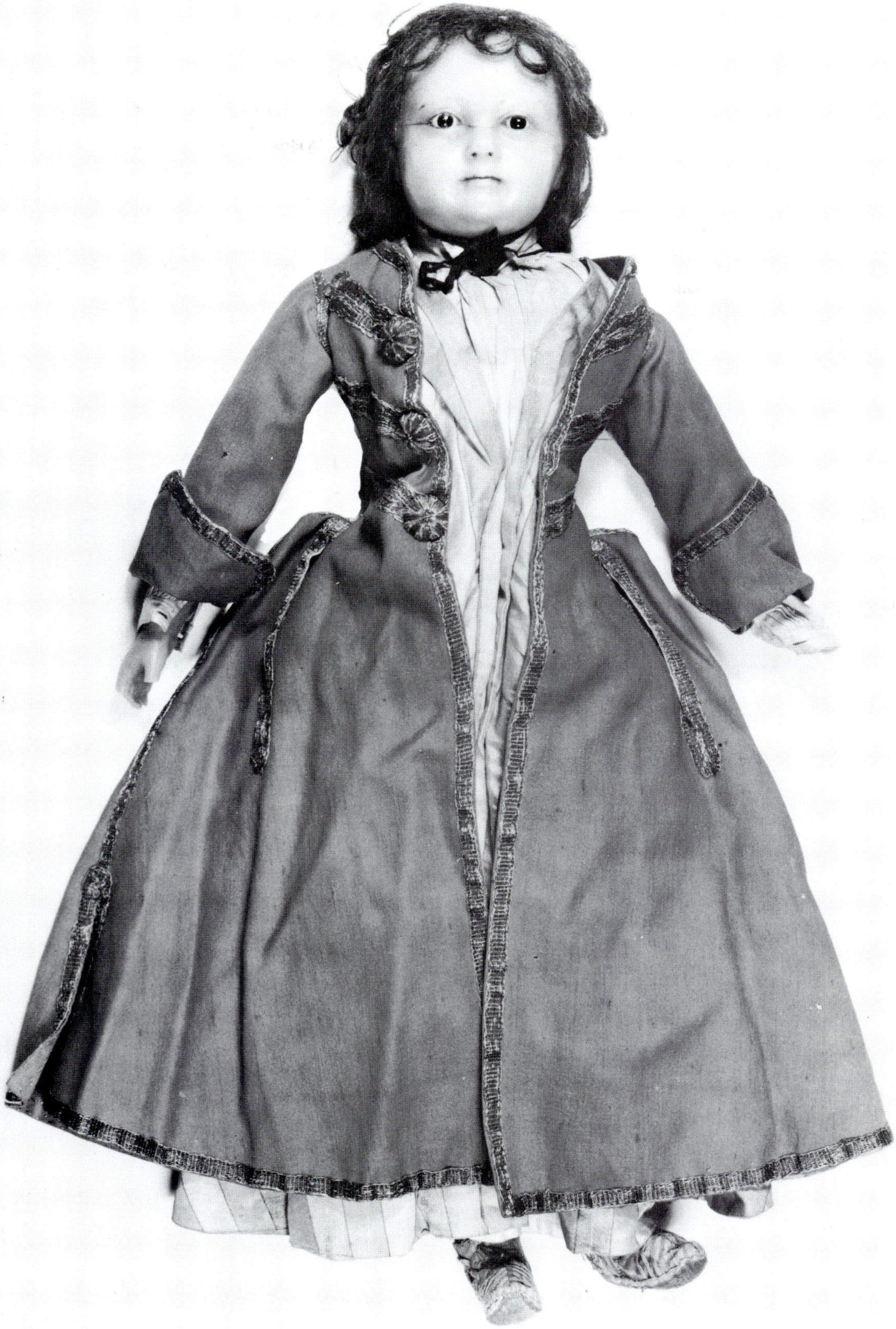

Zwei Ansichten eines Puppenhofs. 17. Jh.
(Marianne Bodmer, Zürich)

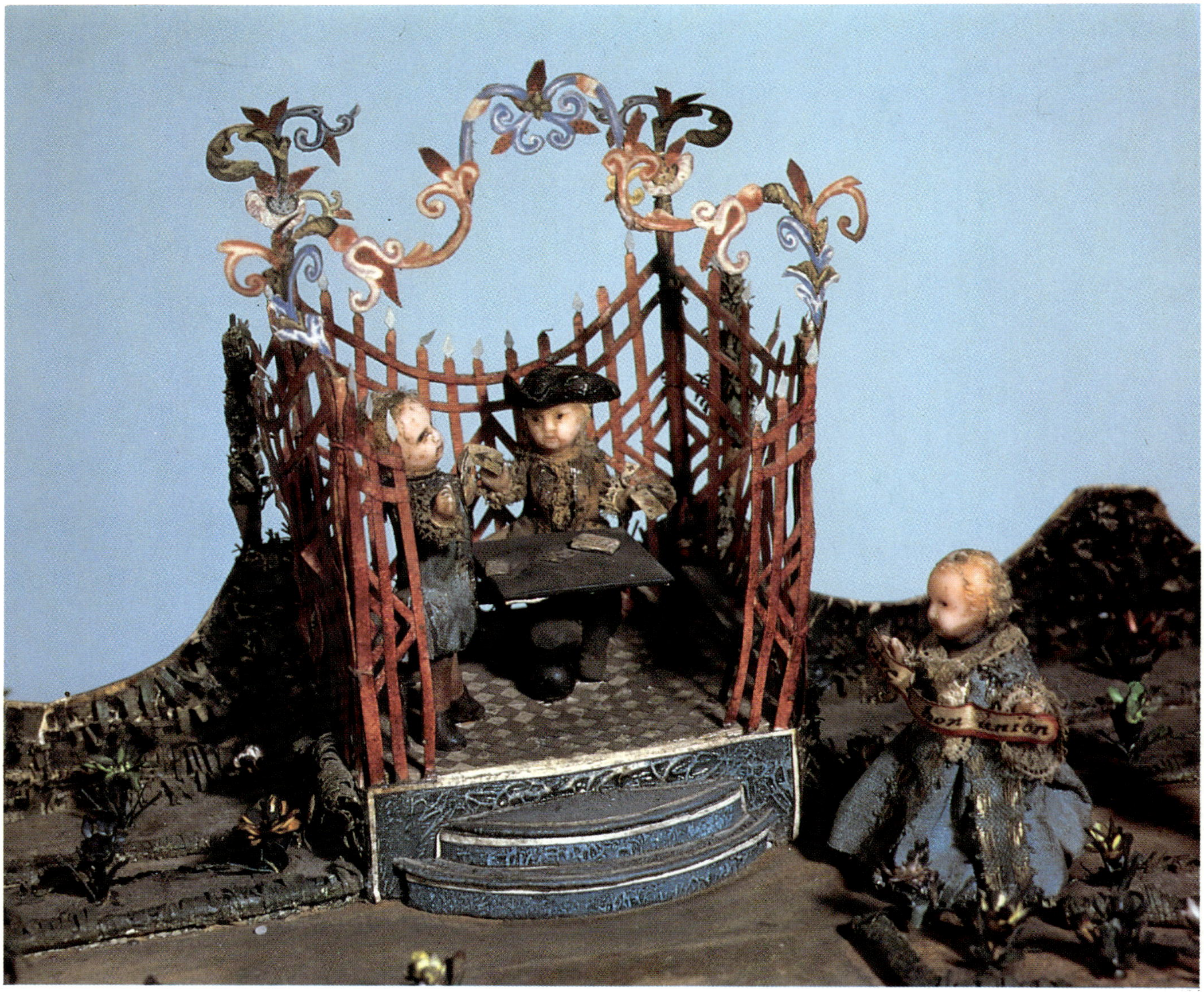

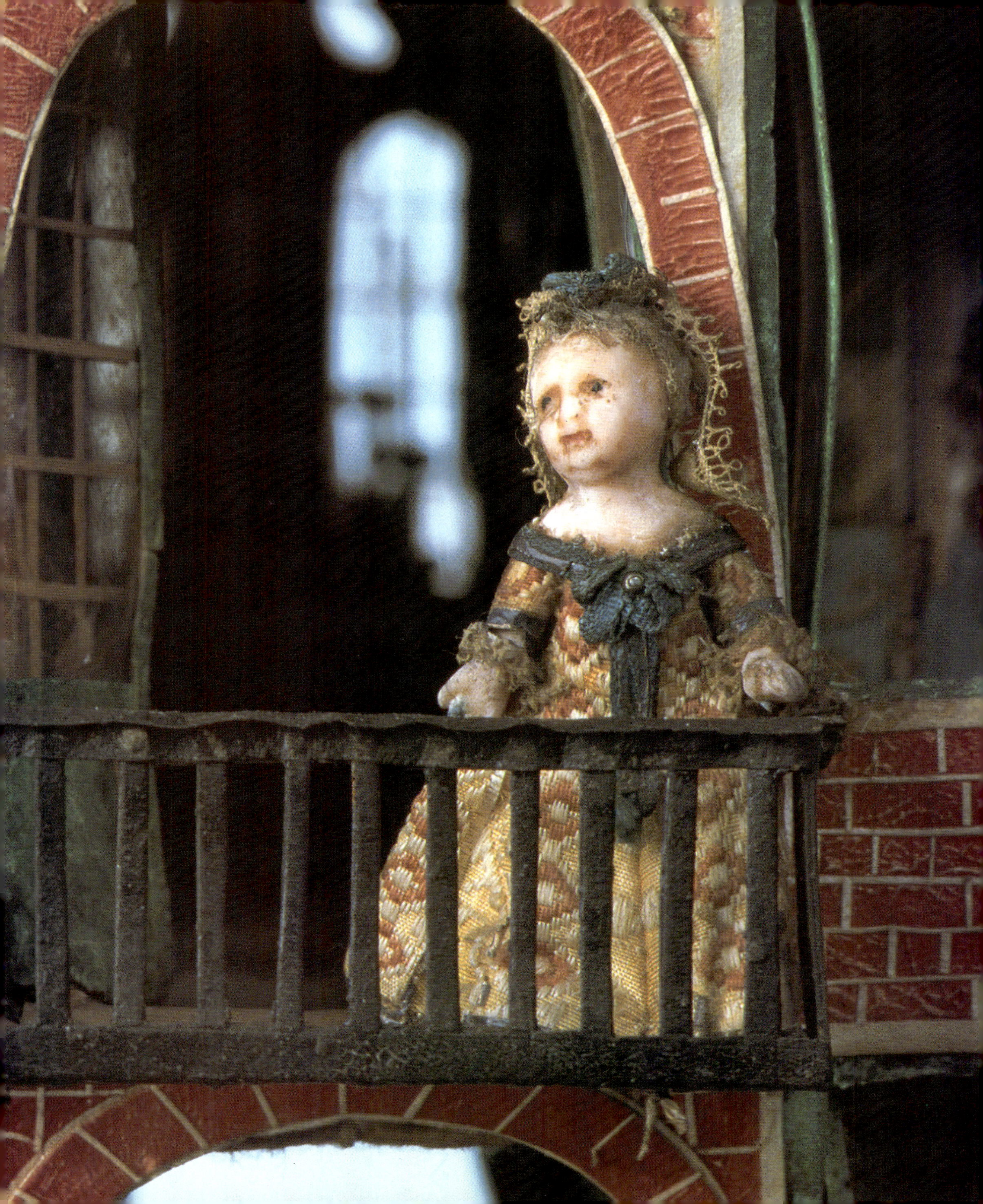

Wachspuppe. Italien oder Spanien, Ende 17. Jahrhundert. Kopf realistisch modelliert, braune Glasaugen, Stoffkörper, Wachshände. Die Puppe trägt Originalkleidung: Spitzenunterrock, hellrot gepunktetes Seidenunterkleid, himmelblaues Seidenmoireégewand mit Silberborten, Manschetten aus Silbergewebe und Spitze, breite Netzstickerei aus Silberfäden am Rocksaum. 58 cm. (Sotheby's)

Nicht alle Wachsbildnerinnen brachten es zu solcher Fertigkeit, aber man darf ruhig annehmen, daß es genügend Käuferinnen für die farbigen Wachsplatten gab, die für allerlei Modellierzwecke angeboten wurden. Im Jahre 1844 veröffentlichten die Gebrüder John und Horatio Mintorn ein Taschenbüchlein mit dem Titel «Handbook for Modelling Flowers in Wax» (Handbuch des Wachsblumenmodellierens), das sich mit dem Formen von Wachsblumen befaßt, einer Kunst, die offenbar ihr Vater zur Vollendung gebracht hatte. Sie erläuterten die besonderen Vorzüge des plastischen Modellierens von Wachsblumen unter Verwendung dauerhafter Formen und Farben. An einem Stand im Pantheon Basar in London gab es alles zu kaufen, was zur Ausübung ihrer Kunst nötig war, sogar Papiermuster, Farben und eigens vorbereitete farbige Wachsplatten. Diese waren anscheinend mit Stoff verstärkt, da sie auf der einen Seite eine glänzende auf der anderen aber eine matte Oberfläche aufwiesen, zudem waren sie in verschiedenen Dicken erhältlich. Die Farben sollten garantiert dauerhaft sein; die Maserung verlief längs. Eine etwa 12–13 cm lange stählerne Brennschere mit tropfenförmigen Glasspitzen diente zum Formen von Blütenblättern und zum schonenden Aufnehmen von Einzelteilen. Da alle Zutaten für unschädlich galten, konnte man die Brennscheren anwärmen, «indem man sie für einige Augenblicke in den Mund steckte».

An diesem Stand, an dem man zwölf Platten Farbwachs der Marke «Mintorns Kunstgewebe» für einen Schilling kaufen konnte, gab es auch kleine Alabastervasen aus Italien, die gut zu den Wachsblumenarrangements paßten, Stoffblätter aus Leinen und Glasstürze zum Schutz der fertigen Arbeiten. Der Stand war eine Fundgrube für das anspruchsvolle Handwerk dieser Zeit, und zu seinen guten Kunden zählten zweifellos die Hersteller von Nippsachen für Basare, von Hausiererpuppen und jener Miniaturpüppchen, die man Blumenbouquets beigab. Im viktorianischen Zeitalter gab es zahllose Gedenk- und Souvenirpüppchen, in Schreine mit künstlichem Blumen- und Blattwerk, Gebinden oder Kränzen eingebettet. Der Tod war etwas Alltägliches, die Säuglingssterblichkeit enorm, und so wurde manche Wachspuppe mit ihrem kleinen Besitzer zusammen «zur letzten Ruhe gelegt». Als Prinz Albert starb, steckte man die Puppen in Trauerkleider. Osborne, der Feriensitz der königlichen Familie, muß wie Pompej ausgesehen haben: alles Leben mit einem Male ausgelöscht. Da nur die Farben weiß und violett zugelassen waren, kamen weiße Wachsblumen auf schwarzem Samt für Gedenkschreine in Mode.

Die Brüder Mintorn und ihre Schwester Mrs. Mogridge wurden später hochberühmt mit ihren Museumsausstellungen, in denen Wachsblumen den Hintergrund für ausgestopfte Vögel und andere Tiere bildeten; nicht minder berühmt wurden sie mit ihren Nachbildungen seltener Pflanzen. Drei Jahre arbeiteten sie für das Naturhistorische Museum in New York. In ihrem Buch empfehlen sie die Verarbeitung von Madraswachs, das mit Kanadabalsam behandelt ist. Ein weiterer Trick war die Verwendung von Honig, um den Flaum (zerriebenes Löschpapier) auf den Blättern zu fixieren, und von Pfeilwurzpulver zur Nachahmung der Härchen auf Früchten, zum Beispiel auf Pfirsichen.

Das Büchlein der Mintorns ist in schmeichelhaften Worten Ihrer Gnaden der Herzogin von Northumberland gewidmet, mit gebührendem Respekt gegenüber ihrer «ermutigenden Unterstützung». Die Herzogin von Northumberland Charlotte Florentia wurde 1831 zur offiziellen Gouvernante der kleinen Prinzessin Viktoria ernannt, die sechs Jahre später Königin wurde. Vielleicht hat sich Viktoria auch einmal im Wachsblumenmachen versucht. 1831 war sie zwölf Jahre alt, und kurz zuvor hatte der berühmte Künstler William Behnes (1794–1864) eine hervorragende Wachsbüste von ihr geschaffen. Sie ernannte Behnes 1837 zum

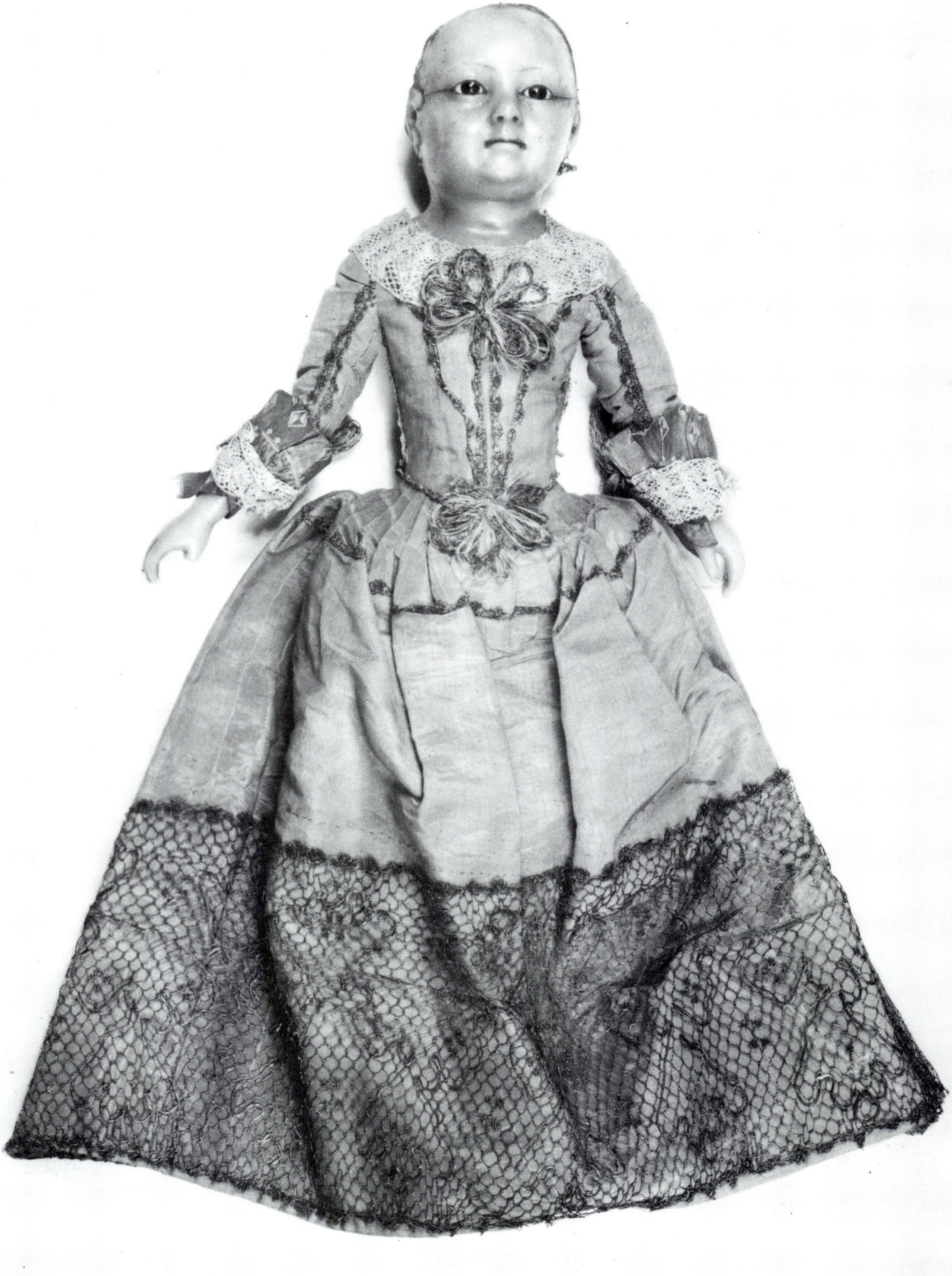

Drei Exemplarre aus der Sammlung Powell.
Links: Wollkleid mit Knöpfchen verziert.
Mitte: Wachsgußpüppchen in festlichem Kleid mit Pfauenfeder. 1881. 30 cm.
Rechts: Wachspuppe deutscher Machart mit Wollkleid, Strohhut und Lederstiefeln. 1892. 28 cm.
(Bethnal Green Museum of Childhood)

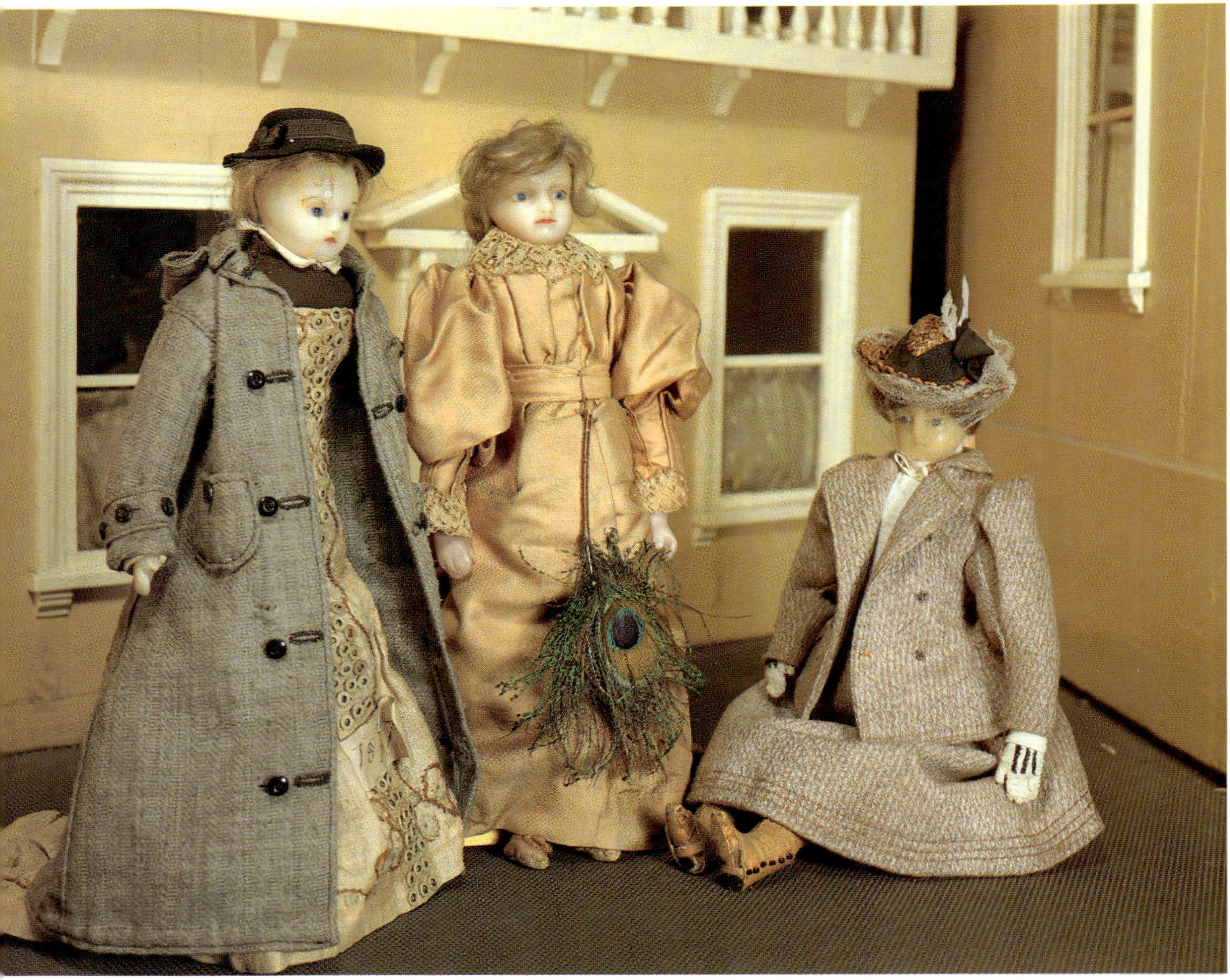

Drei Puppen aus der Sammlung Powell. Links: Dame in Trauerkleidung zum Tod Königin Viktorias. Composition mit Wachsüberzug. 1901. 30 cm. Mitte: Deutsche Charakterpuppe, Dame in Promenadenkleid, Seidenschirm, imitierte Federboa auf dem Seidenkleid, Applikationen aus Seidengaze. 1901. 30 cm. Rechts: Wachskopfpuppe, als Tennisspielerin gekleidet; marineblaues Kleid mit Stehkragen, breite rote Seidenschärpe, weicher breitrandiger Hut, kleiner Tennisschläger. 1880. 30 cm.
(Bethnal Green Museum of Childhood)

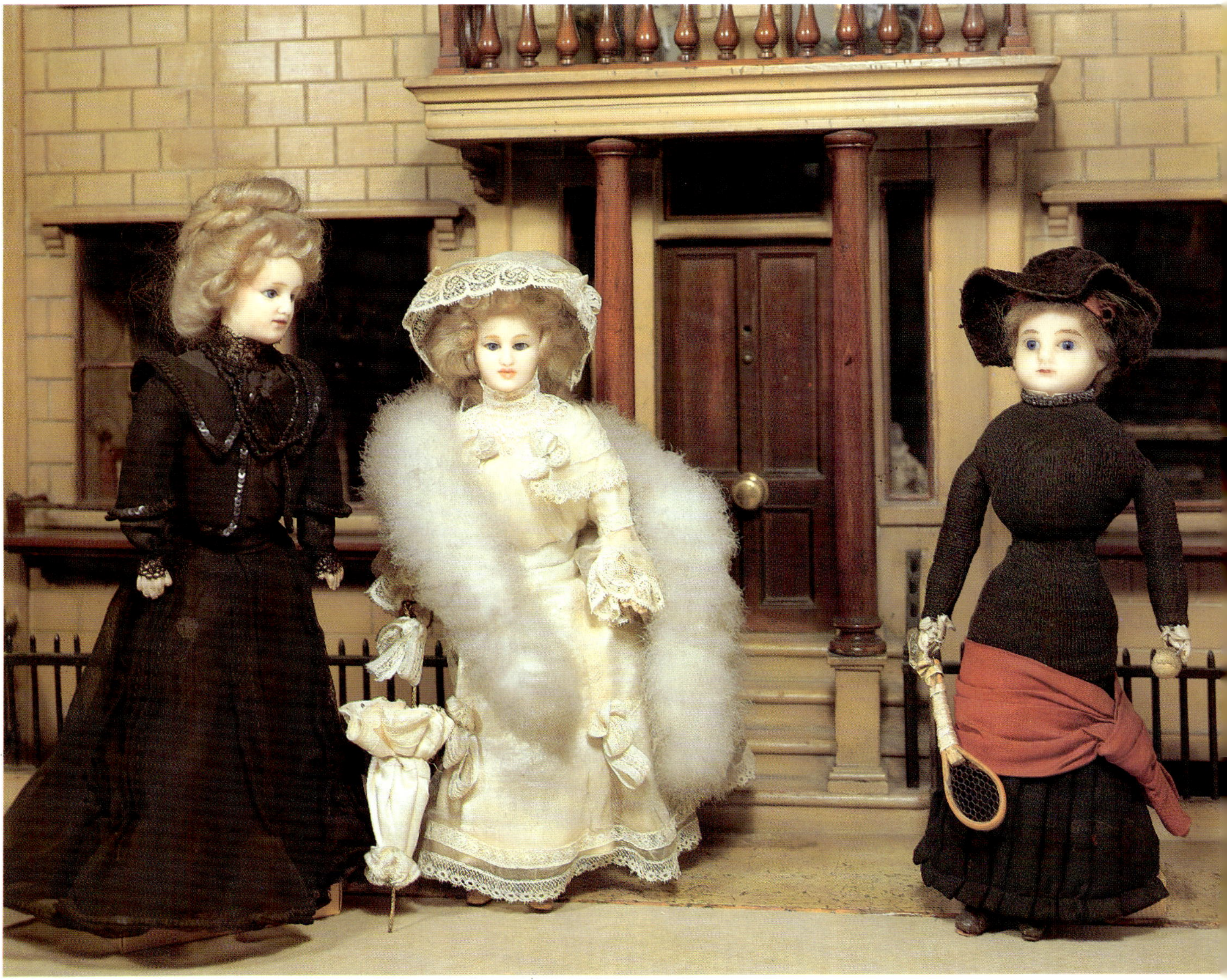

königlichen Hofbildhauer und übte selbst einen nicht unbeträchtlichen Einfluß auf das Puppenmacherhandwerk ihrer Zeit aus (Seite 66).

Langsam ließ die Beliebtheit der Wachsfigurenkabinette nach, und sie wurden von mechanischen Museen verdrängt. Madame Tussaud (siehe Seite 51) starb 1850 im Alter von 90 Jahren, aber ihr Unternehmen existiert heute noch und führt vor, was der *Daily Telegraph* ihr «zeroplastisches Panorama der Helden des Tages nannte». Das Interesse an fremden Ländern und Völkern gab den Ausschlag für einige wichtige viktorianische Wachsfigurenkabinette. Das 1854 im Londoner Stadtteil Knightsbridge eröffnete Oriental and Turkish Museum zeigte gute Figuren aus dem Osten, modelliert von James Boggis, mit ihren Kleidern, Waffen und Werkzeugen, Szenen aus türkischen Bädern, Cafés und Basaren, eine Hochzeit und Straßenszenen. Es ist ganz amüsant, zu wissen, daß fast zur selben Zeit eine englische Dame in einem echten türkischen Harem ein paar der verführerischen Haremsdamen im Einkleiden von Puppen unterwies (siehe Seite 104)! John Timbs, der Verfasser des Buches «Curiosities of London» (Merkwürdigkeiten Londons) (1868) preist die Wachsfiguren eines gewissen Napoleon Montanari (siehe Seite 86), der bei der Weltausstellung im Jahre 1851 eine Medaille gewann. Seine Figuren standen in der Linwood Galerie am Leicester Square. Es waren «lebensechte Figuren mexikanischer Eingeborener und [nord]amerikanischer Indianer in ihren Trachten, mit erstaunlicher Genauigkeit und künstlerischem Feingefühl für Haltung und Gruppierung, wechselnden Ausdruck und körperliche Entwicklung aus Wachs gearbeitet (siehe Seite 91).

Auch wenn die Gebrüder Mintorn hauptsächlich deswegen berühmt wurden, weil ihre Kunst zufällig mit der Entdeckung vieler seltener Pflanzen und ihrer Einfuhr nach England zusammentraf, war das Wachsblumenmachen keineswegs etwas Neues. Es geht auf italienische Klosterschwestern zurück, die schon im Mittelalter Girlanden zum Schmuck der Gipsfiguren von Heiligen und der Jungfrau Maria anfertigten; auch als Grabschmuck waren diese Girlanden sehr beliebt. Prinzessin Maria von Modena, die im Jahre 1673 die zweite Gemahlin von Karl II. von England wurde, hat bekanntlich dieses Handwerk an den englischen Hof gebracht. Der Graf von Peterborough, der nach einer Braut für den König gesucht hatte, beschreibt sie als «ein junges Geschöpf von ungefähr vierzehn Jahren, das von solch lichter Schönheit strahlte, soviel Verstand und Güte erkennen ließ, daß es die Augen erstaunte». Dabei war sie einfach nur ein fünfzehnjähriges Mädchen, daß bei ihrer Ankunft bei Hofe feststellen mußte, daß sie nunmehr zwei Stieftöchter im Alter von elf und sieben Jahren hatte. Die Wachsbildnerei wurde sehr beliebt, und 1686 bezeichnet Lady Margaret Russell die gelungenen Modelle von Früchten und Blumen in ihrer Privatkapelle als Arbeiten von Nonnen.

Es scheint, als habe ich mich weit vom eigentlichen Thema Wachspuppen entfernt, aber es ist doch faszinierend, daß sich eine Verbindung zwischen Maria von Modena und zwei recht ungewöhnlichen frühen Wachspuppen nachweisen läßt, die 1673 nach England gelangt sein müssen. Als 1974 die berühmte Puppensammlung mit den Holzpuppen «Lord und Lady Clapham» aus dem 17. Jahrhundert bei Sotheby's versteigert wurde, befanden sich auch diese beiden Puppen darunter. Die Sammlung stammte aus dem Besitz der mit Samuel Pepys verwandten Familie Cockerell, die beiden Wachspuppen jedoch gehörten einer Miss Bivar, einer von drei Schwestern, die mit Maria von Modena nach England gekommen waren. Miss Bivar heiratete einen Mr. Billi, der später die englische Staatsbürgerschaft erwarb. Ihr Enkel John Billi heiratete Elizabeth Cockerell, und von deren Tochter Mary Frances wurde die ganze Sammlung bis heute in der weiblichen Linie der Familie weitervererbt. Wurden die Puppen auch in einem Nonnenkloster angefertigt und dann in ihre modischen Kleidchen gesteckt? Sie scheinen beide aus derselben Form zu sein und sind schön ausgearbeitet. Köpfe und Hände aus Wachsguß sind an den Stoffkörper angenäht, die Puppen sind ca. 58 cm groß und haben beide braune Glasaugen. Eine der Puppen trägt noch die Überreste einer dunklen Echthaarperücke (siehe Seite 31 und 35).

Einen heutigen Puppensammler mag soviel Geschichtliches vielleicht langweilen. Doch auf der Suche nach den Ursachen der an sich ungewöhnlichen Wachspuppenmacherei für Kinder im 19. Jahrhundert gerät man immer weiter in die Vergangenheit. Die mystische Seite des Wachses und ihre Bedeutung für die christliche Kirche mußten einfach angesprochen werden, da die Wachsbildnerei oft religiöse Motive hatte. Vom technischen Standpunkt aus galt es vor allem, den frühen Wachsbildnern und ihren Methoden nachzuspüren, denn auf sie geht ja die Verwendung von Haar und Augen, von Kleidern und Verzierungen für mehr Wirklichkeitsnähe zurück. Die Einrichtung von Wachsfigurenkabinetten ließ viele die Kunst der Wachsbildnerei erlernen, die sich schließlich der Spielzeugmacherei zuwandten, wahrscheinlich als die Wachsfigurenkabinette ihre Beliebtheit einbüßten und sie sich einen neuen Lebensunterhalt suchen mußten.

Gewiß waren die einst so sorgfältig und schön gearbeiteten, geschnitzten und gedrechselten Holzpuppen gegen Ende des 18. Jahrhunderts nur noch von minderer Qualität. Sie waren eigentlich ausschließlich ein teures Spielzeug für die Kinder der Aristokraten gewesen, immer hübsch nach der jeweiligen Mode gekleidet. Um 1800 hielt man diese Puppen nicht nur für altmodisch, man wollte vielmehr ein echteres «Baby» haben, eines, das man für breitere Käuferschichten einfacher und billiger herstellen konnte. Um die Produktion zu beschleunigen, konnte man gegossenes Pappmaché für Gesichter oder ganze Köpfe verwenden, denen man mit einem Wachsüberzug ein gefälliges Äußeres verlieh. Auf wen die ersten Puppen dieser Machart zurückgehen, ist nicht bekannt, aber sie wurden schnell eine beliebte Neuheit und schon sehr bald auch nachgeahmt. Die Wachsbildner, die in der Kunst des Formens von Babys und Kleinkindern genügend Erfahrung hatten, kamen ganz leicht auf die Idee, Miniaturkinder herzustellen oder in Anlehnung an Viktorias kleine Prinzen und Prinzeßchen sogar Miniaturkönigskinder zu modellieren. So bestand am Ende das Produkt eines zum Puppenmachen übergegangenen Wachsbildners in einem gegossenen Wachskopf und Gliedmaßen die an einem Stoffkörper befestigt wurden.

In den nächsten Kapiteln habe ich (in grober zeitlicher Ordnung) einige der charakteristischen Merkmale einzelner Puppenmacher (ebenso von Schulen und Puppenmacherfamilien) aufgeführt und auch deren persönliche Geschichte mit einbezogen, soweit ich aus Archiven und Aufzeichnungen von Nachkommen Näheres in Erfahrung bringen konnte. Leider sind allgemeine Angaben oft nicht möglich, da die Arbeiten der Puppenmacher im Lauf der Zeit immer wieder Veränderungen unterworfen waren, sei es im Material oder in den Gußformen. Ich hoffe dennoch, daß diese Angaben als Leitfaden zur Bestimmung der hochinteressanten alten Puppen dienen können.

Gegen Ende des 19. Jahrhunderts nahmen hochwertige Biskuitpuppen den Platz der altmodischen Wachspuppen ein. Die letzten Wachspuppenmacher mußten ihre Fähigkeiten auf die unterschiedlichste Art verwerten, beispielsweise zur Fertigung von Schneiderpuppen oder Perückenköpfen für Friseure, um sich überhaupt ihren Lebensunterhalt zu verdienen. Erst in unseren Tagen hat wieder eine Art Renaissance der Wachspuppenmacherei eingesetzt. Sie sind natürlich nicht mehr für Kinder bestimmt, vielmehr handelt es sich um eine Art Partnerschaft unter Sammlern und geschickten Wachsbildnern, die die alten Stücke restaurieren können oder auch den Werken vergangener Zeit nacheifern, wenn sie neue Puppen im alten Stil fertigen.

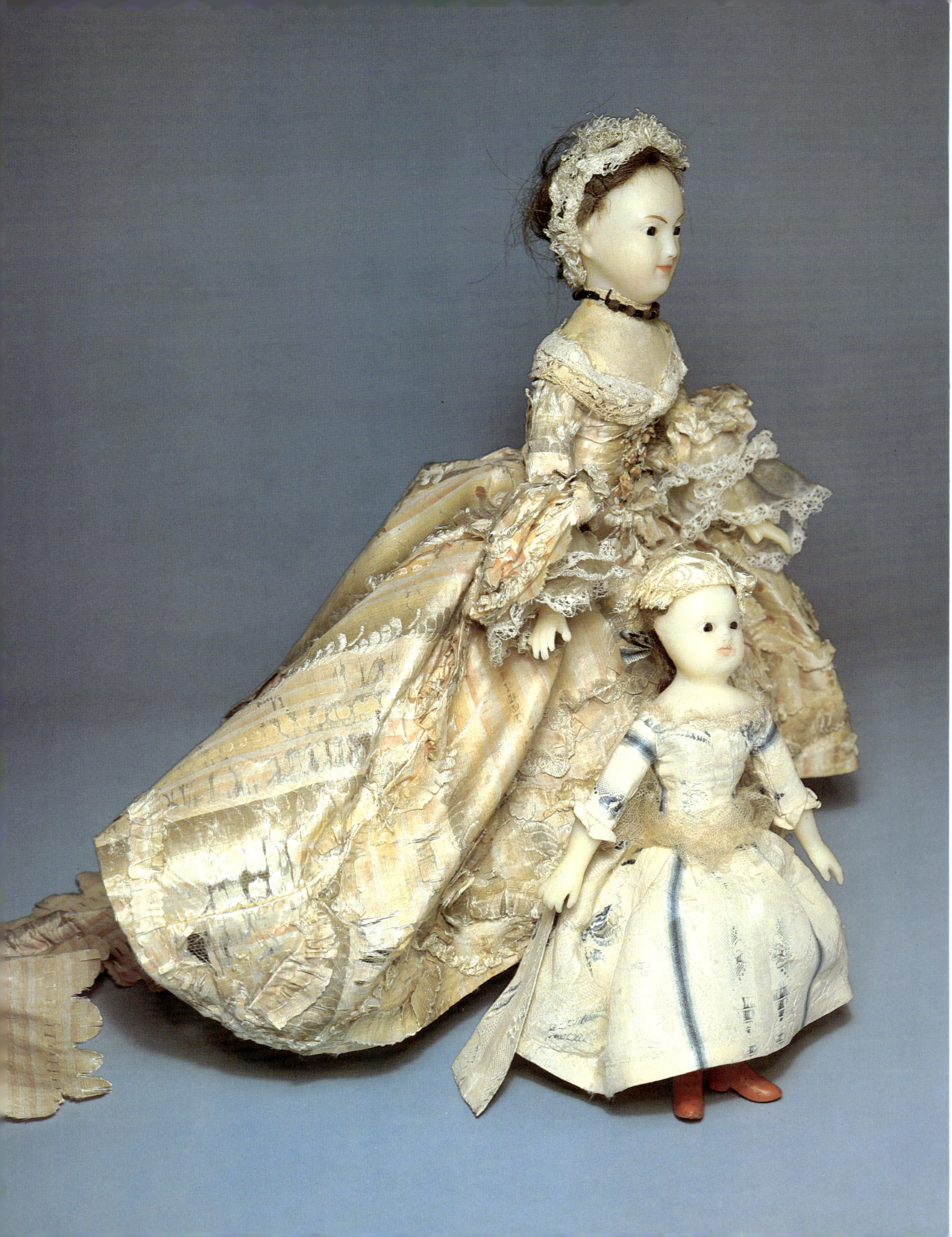

Zeugnisse früher Puppenmacher

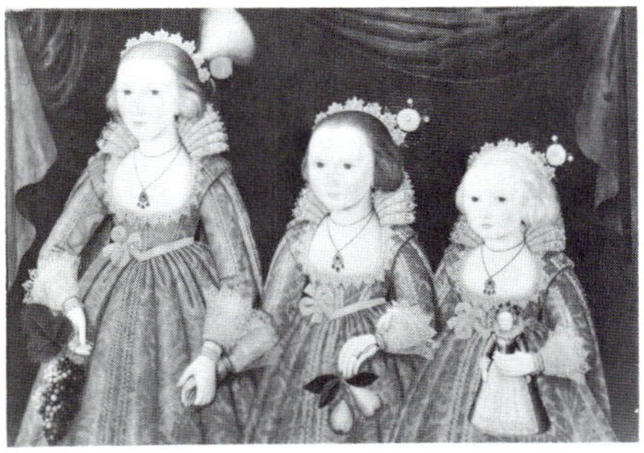

Oben Porträtpuppen dreier Schwestern, die jüngste hält ein Püppchen aus der Zeit. Der englischen Schule Robert Peakes zugeschrieben. Um 1620. (Sotheby's)

Um Beispiele sehr früher Puppen zu finden, muß man oft auf Berichte aus der Literatur zurückgreifen, und selbst dann ist keineswegs klar, aus welchem Material die jeweilige Puppe eigentlich bestand. Um manche der heute noch existierenden ganz frühen Wachspuppen zu besichtigen, müssen wir sie schon in ihrem eigenen Zuhause aufsuchen: in jenen unbezahlbaren Puppenhäuschen, wo noch immer die Kleiderpüppchen wohnen, die so zauberhaft das Wesen ihrer Zeit verkörpern. Die Gruppe auf Seite 42 aus dem Reichsmuseum in Amsterdam zeigt eine Familie aus dem letzten Viertel des 17. Jahrhunderts. Die Wachsfiguren sind kostbar, aber winzig, und ganz offensichtlich liegt ihre Bedeutung vor allem in ihrer Kleidung. Das prächtige Puppenhaus ist in einem Schränkchen untergebracht und in Zimmer eingeteilt, deren jedes detailgetreu mit Möbeln aus dem Holland des 17. Jahrhunderts ausgestattet ist. Diese Arbeit entstand vermutlich in Amsterdam.

Die Vorliebe für kostbare Sammlungen entwickelte sich im 16. Jahrhundert. Damals waren die Städte Ulm und Augsburg für ihre Puppenhäuser und deren Ausstattung berühmt, und es heißt, daß alle erforderlichen Miniaturen von eigens darauf spezialisierten Handwerkern angefertigt wurden. (Die Zunftordnung verhinderte das Entstehen von Spielzeugfabriken, da sie die Ausübung eines anderen als des erlernten Berufes verbot.) Im Jahre 1698 bemerkte Chri-

Rechts Modepuppe in Promenadenkleid, an der Hüfte einen Kompaß. Verziertes Brustteil, Silberdraht stützt den Rock. Frankreich. Um 1760. 23 cm. (Museum of London)

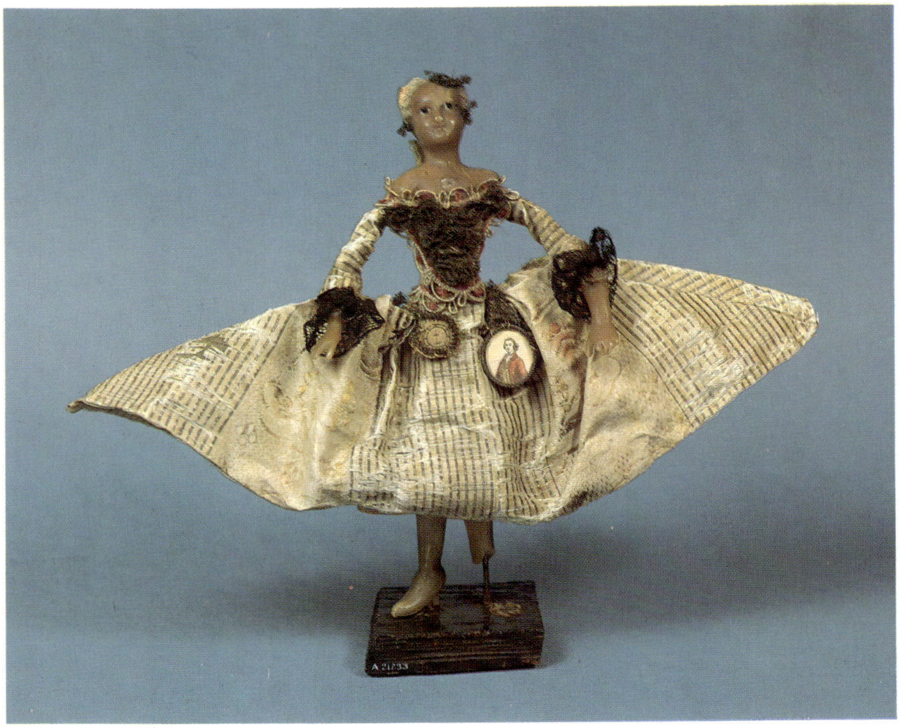

Links Zwei Puppen aus der Sammlung Powell. Große Puppe: Kopf und Arme aus Wachs, gestreiftes Kleid mit Spitzenbesatz und Rüschen für eine sechzehnjährige junge Dame, Spitzenhäubchen. 1758. 28 cm. Kleine Puppe: Kopf und Gliedmaßen Wachs, Stoffkörper, Schuhe aus rotem Wachsguß, gestreiftes Kleid aus Seidenbrokat. 1757. 20 cm. (Bethnal Green Museum)

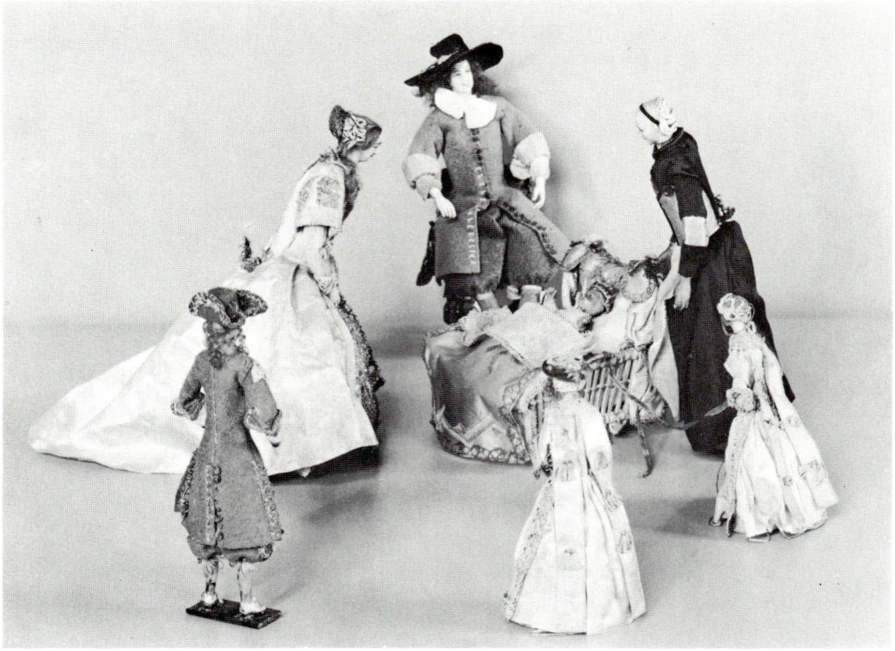

Wachsfigürchengruppe mit Wachsbaby in der Wiege, Bestandteil eines Puppenhauses (unten) aus dem letzten Viertel des 17. Jahrhunderts. Man beachte die fein gearbeiteten Details an Händen und Gliedmaßen. (Rijksmuseum, Amsterdam)

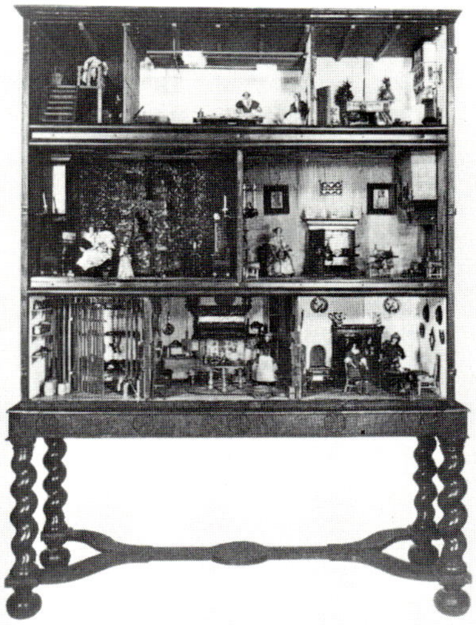

stoph Weigel, das Sammeln habe dem Gewerbe starken Auftrieb gegeben, es würden manche Sachen von Gold- und Silberschmieden hergestellt, manche von Drechslern, manche von Alabasterschnitzern und andere «aus Wachs gegossen, insbesondere verschiedenartiges Getier und Geflügel, ganz nach der Natur, mit Fell überzogen oder hübsch mit Federn besteckt«. Die Wachspuppen konnten sich also auch an Gärten und Bauernhöfen freuen.

Im allgemeinen waren die wertvollen Wachspuppen aus dem 17. und 18. Jahrhundert wohl als kostbare Geschenke für hochgeborene Kinder oder als modische Rarität für vornehme Damen gedacht. Trotzdem dürften einige auch als Spielzeug gedient haben. Im Jahre 1716 machte Lady Mary Wortley Montagu auf einer Reise nach der Türkei in Wien Station. Die Reisegesellschaft wurde eingeladen, sich die Sammlung des 1712 verstorbenen Fürsten Lichtenstein anzusehen, die unter anderem wunderbare Juwelierarbeiten und Automaten enthielt. In diesen Kuriositätenkabinetten, dem «Schatz» des Fürsten, entdeckte Lady Mary einige Puppen: «Das folgende Kabinett amüsierte mich noch mehr, denn es war nichts anderes als ein Bündel Wachsbabys und Elfenbeinspielzeug, das man wohl vor Fünfjährigen hätte zeigen können.» Diese Bemerkung ist etwas überraschend für ihre Zeit, aber vielleicht dachte sie dabei an ihren kleinen Sohn, der mit ihr reiste.

Weitaus kostbarer war die Puppe, die Daniel Defoe 1752 in der *Daily Post* beschrieb:

> Die Herzogin von Orleans machte der Infantin eine drei Fuß große Puppe mit Diamantohrringen, einem Perlenhalsband und einem Diamantkreuz zum Geschenk, dazu eine Toilettenkommode und zwei mit Wäsche gefüllte Truhen; das alles war als Spielzeug für die Prinzessin gedacht.

Paris, das damals in der Mode tonangebend war, sandte Wachspuppen zur Vorstellung neuer Schnitte und Frisuren ins Ausland. Sie sollten zumeist lediglich als Mannequinpuppen dienen und hatten daher oft statt der Beine, die man unter

Modepuppe aus dem 18. Jahrhundert. Kopf und Arme Wachs. Kleidung im Louis-XV.-Stil. Der dunkel getönte, massive Wachskopf sitzt auf einem Drahtstift. Körper bis zur Taille leinenumwickeltes Drahtgestell, von der Taille abwärts ein Kegel aus gegossenem Pappmaché, keine Beine. Die Puppe ist mit Draht auf einem Holzsockel befestigt. Glasperlenaugen, Perücke fehlt, keine Ohren. Das Kostüm ist beschädigt, aber immer noch wunderschön. Seidengefüttertes Überkleid rosa und weiß gestreift mit verstreut applizierten rosa Rosen und grünen Blättern, untere Säume besetzt mit fast 4 cm langen goldfarbenen Metallfransen, vordere Säume und Rücken der beachtlichen Schleppe mit gefälteltem, eingefaßtem Band besetzt. Die Kleidung wird am Körper mit zahlreichen Nädelchen festgehalten. 24 cm. (Aus der Sammlung Mrs. Nevill Jackson, England, später Sammlung Eleanor Cole Coolidge, dann Wenham Museum, Massachusetts)

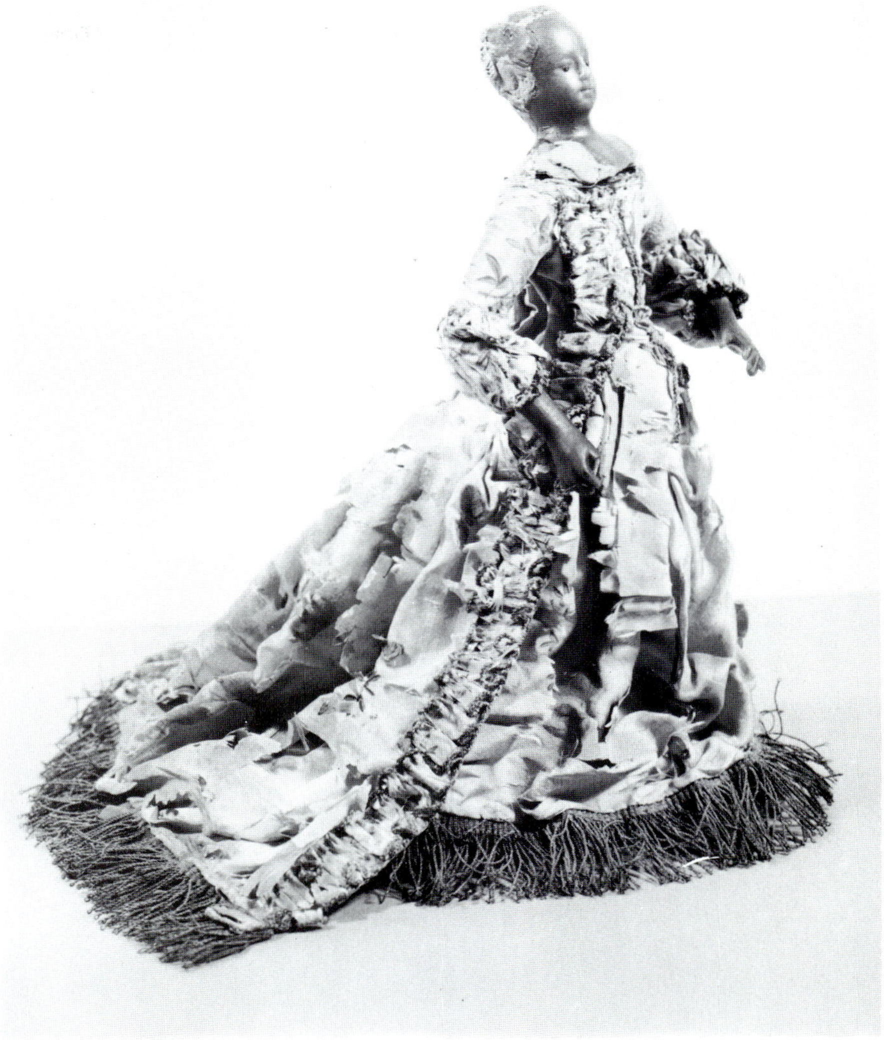

den langen Röcken doch nicht sehen konnte, nur einen Stab, der sie aufrecht hielt. Wahrscheinlich waren sie recht teuer. Eine deutsche Zeitung nahm sie 1689 folgendermaßen aufs Korn: «Nicht genug damit, daß das Weibervolk persönlich nach Frankreich reist, gibt es auch noch ebenso viele Thaler für Modelle aus: diese aufgeputzten Puppen, die sie sich schicken lassen, möchten des Teufels eigenen Tand noch übertreffen.»

Diese kleinen Reisenden kamen nach London und nach Berlin und einige sogar bis nach Amerika, wo 1773 das *New England Weekly Journal* anzeigte, daß in Boston eine nach der neuesten Mode gekleidete Mannequinpuppe ausgestellt sei. In der zweiten Hälfte des 18. Jahrhunderts machte London selbst Mode, und 1751 war im *Gentleman's Magazine* zu lesen, daß «mehrere Mannequinpuppen in Kleidern unterschiedlichen Zuschnitts aus der St. James Street nach Rußland versandt wurden, um Zarin Elisabeth eine Vorstellung von der Kleidermode zu

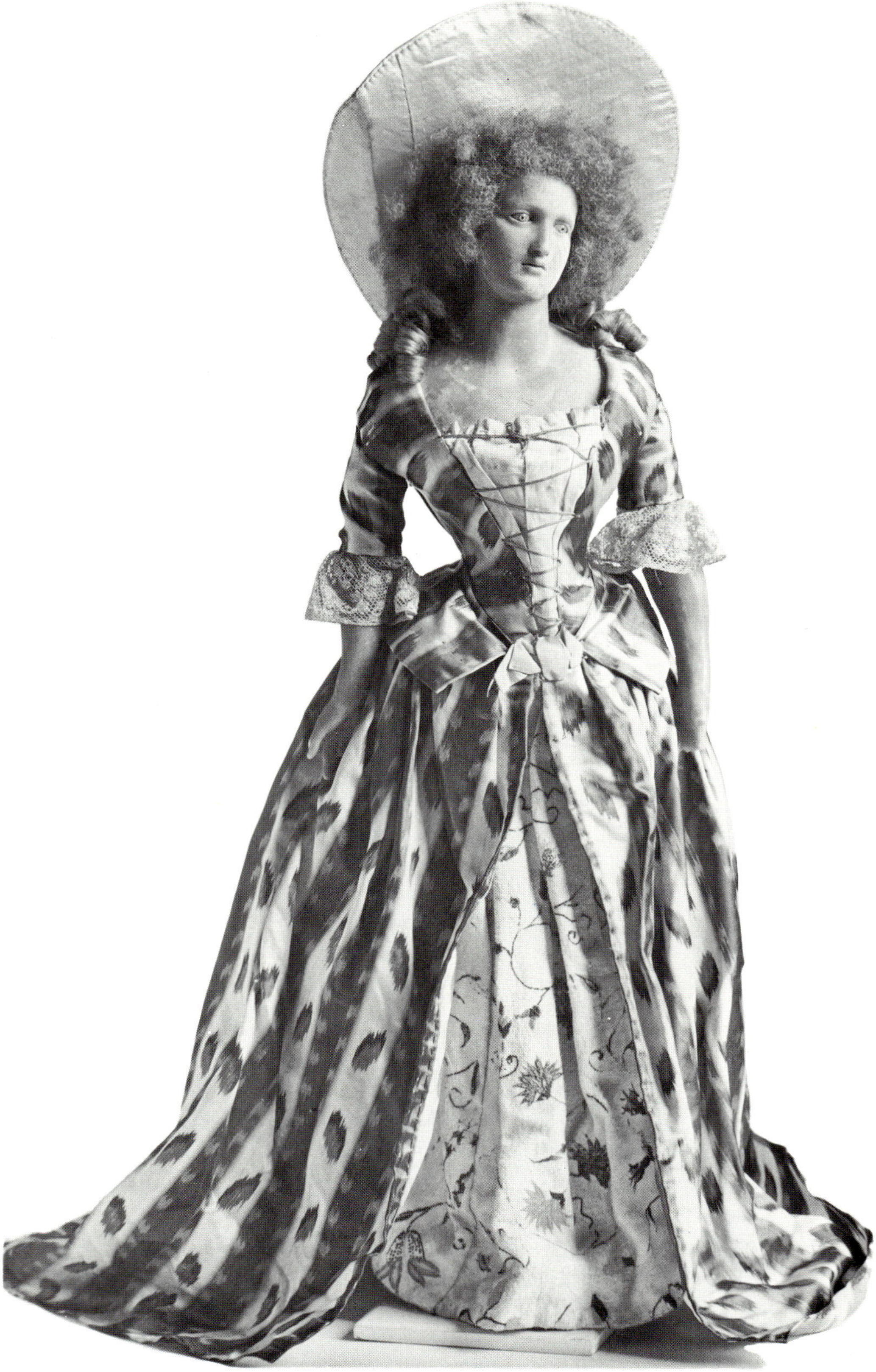

Links Wachsporträtfigur der Madame Tussaud. (Museum of London)

Rechts Das «Tussaud»-Baby von Caroline Harris. Arme aus Wachs, Körper und Beine aus Stoff. 1798? 61 cm. (Betty Simson)

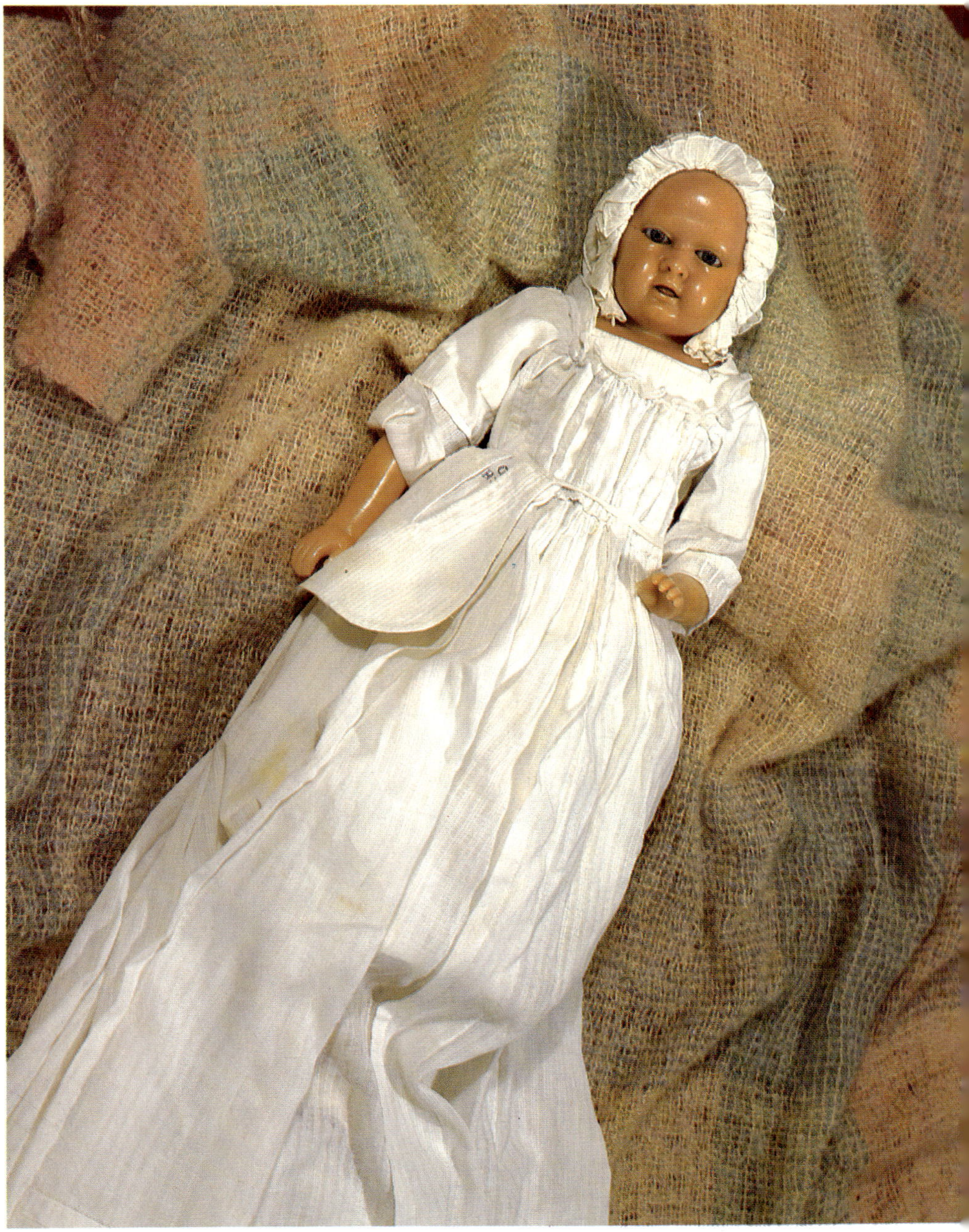

Rechts Mechanische Neuheit, Anfang 19. Jahrhundert. Kindermädchen mit Kind. Kopf und Torso des Kindermädchens bestehen anscheinend aus dunkel gefärbtem Composition mit einer Art Wachsmaske für das Gesicht. Vielleicht bestand der ganze Kopf einmal aus Wachs, der Hinterkopf ist jedoch abhanden gekommen. Die verbliebenen Haarreste lassen auf Flachs schließen. Die Augen sind schwarze Glasperlen, Mund und Brauen sind aufgemalt. Der Unterkörper und die Beine aus rohem Holz stehen auf einer blanken Holzplattform von 7 cm Seitenlänge. Von den Armen aus Draht verläuft eine Schnur durch ein Loch im Bodenbrett. Zieht man daran, hebt das Kindermädchen den Gemüsekorb und das Kind, das auf ihrem linken Arm sitzt. Die Wachsmaske des Kindes und sein Haar sind auf einen 7 cm langen Holzstab aufgeformt, an den ein Gegengewicht geknüpft ist. Die Kleidung ist bei beiden Puppen noch die ursprüngliche und weist beim Kind Spuren sorgfältiger Ausbesserung auf. Die Stoffe sind handgewebt – beim Kindermädchen gröber, beim Kind feiner. Beide haben unten Fransenbesatz. Das Kindermädchen trägt die Reste einer Bänderhaube, das Kind ein gerüschtes Haarband. Der Unterrock des Kindermädchens besteht aus Packpapier; es trägt keine Unterwäsche. 20 cm. (Sammlung Mrs. Nevill Jackson, dann Wenham Museum, Massachusetts)

Gegenüber Wachspuppe im Hochzeitskleid. 1761. 30 cm. (Sammlung Powell, Bethnal Green Museum of Childhood)

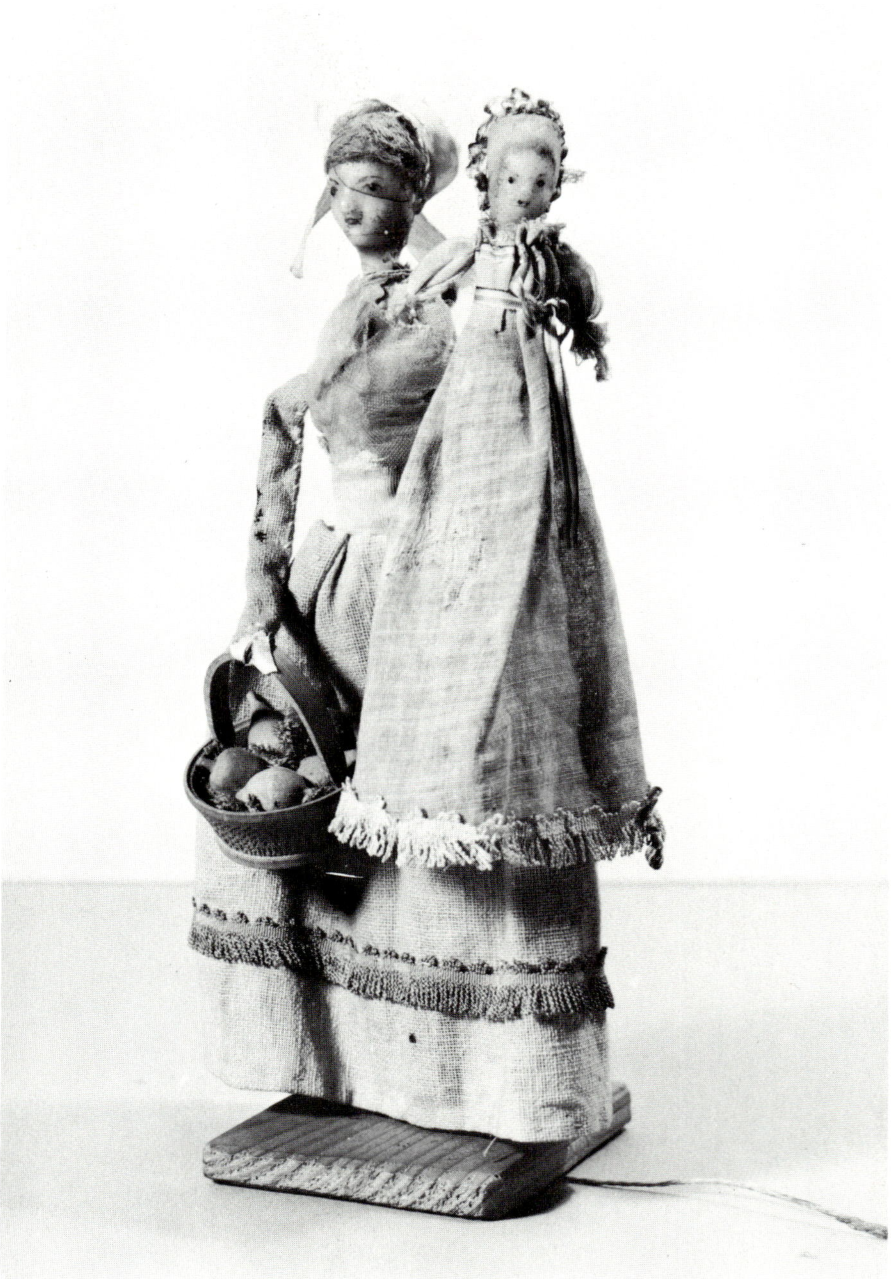

geben». Wir können annehmen, daß viele dieser Puppen aus Wachs waren, Wachs war ja in Mode und zudem äußerst vorteilhaft für Porträtfiguren. Manche der Wachspuppen, die uns aus dieser Zeit erhalten geblieben sind, tragen ausgesprochen modische Kleidung, und selbst wenn sie im Besitz von Kindern gewesen sind, sagt das noch nicht, daß das ihr ursprünglicher Zweck war.

Zweifellos waren jedenfalls die Puppen aus der Sammlung Powell «Mode»-Puppen. Nur wenige Puppen sind über die Zeiten hinweg so gut belegt wie diese berühmte Miniatur-Mannequinparade, die sich heute im Bethnal Green Museum in London befindet; denn es handelt sich um eine Serie von 44 Puppen, die alle von ein und derselben Familie zwischen 1754 und 1910 eingekleidet worden sind.

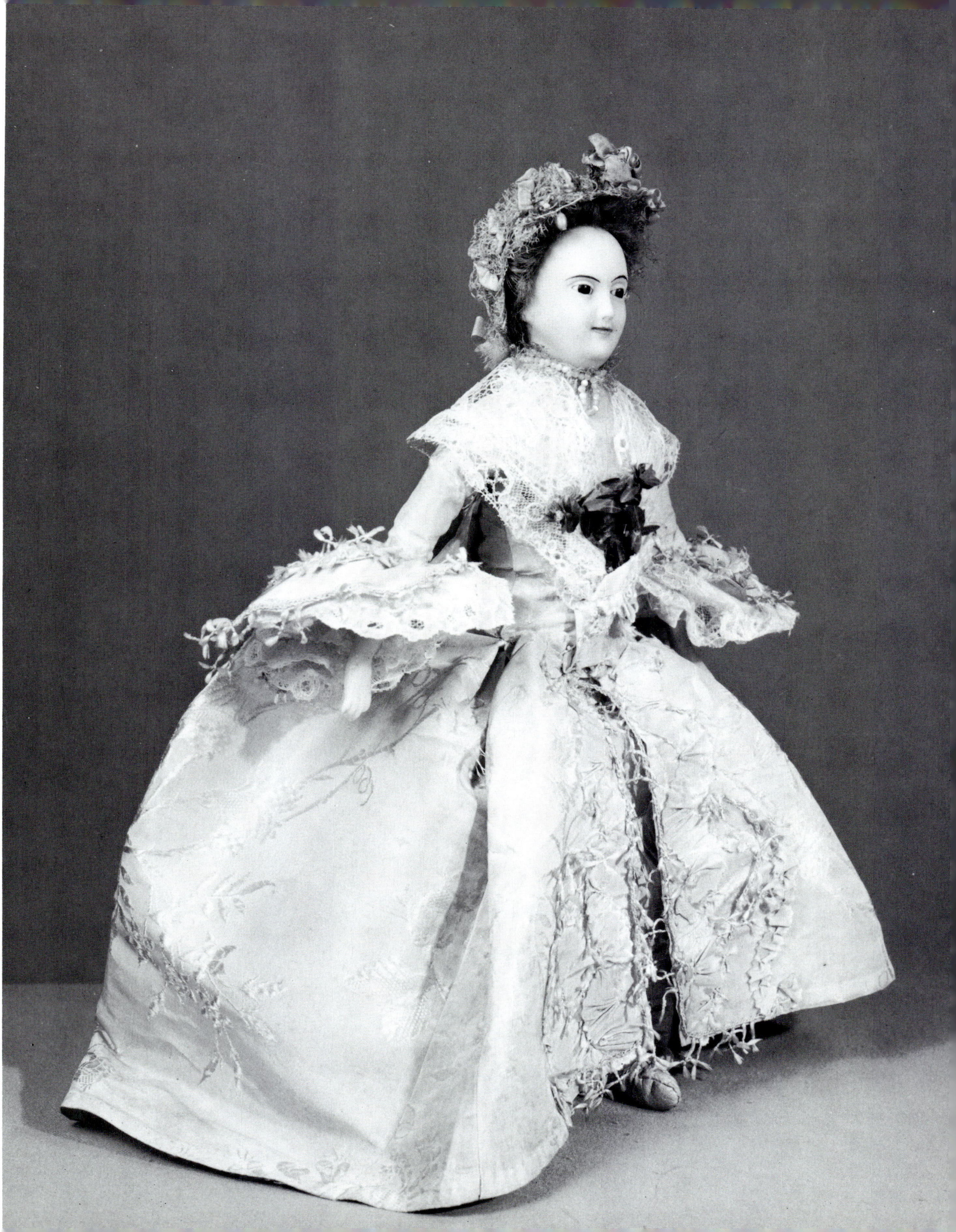

Unten «Rosa Mary» (gemarkt «Santy Inventor, 340 Long Room, Soho Bazaar, London») mit Gouvernantenpuppe und Fotografie von Isabella Graham, der kleinen Besitzerin. 1860. 80 cm. (Bethnal Green Museum)

Rechts Große Papiermachépuppen mit Wachsüberzug. England. 63 und 58 cm. (Wenham Museum, Massachusetts)

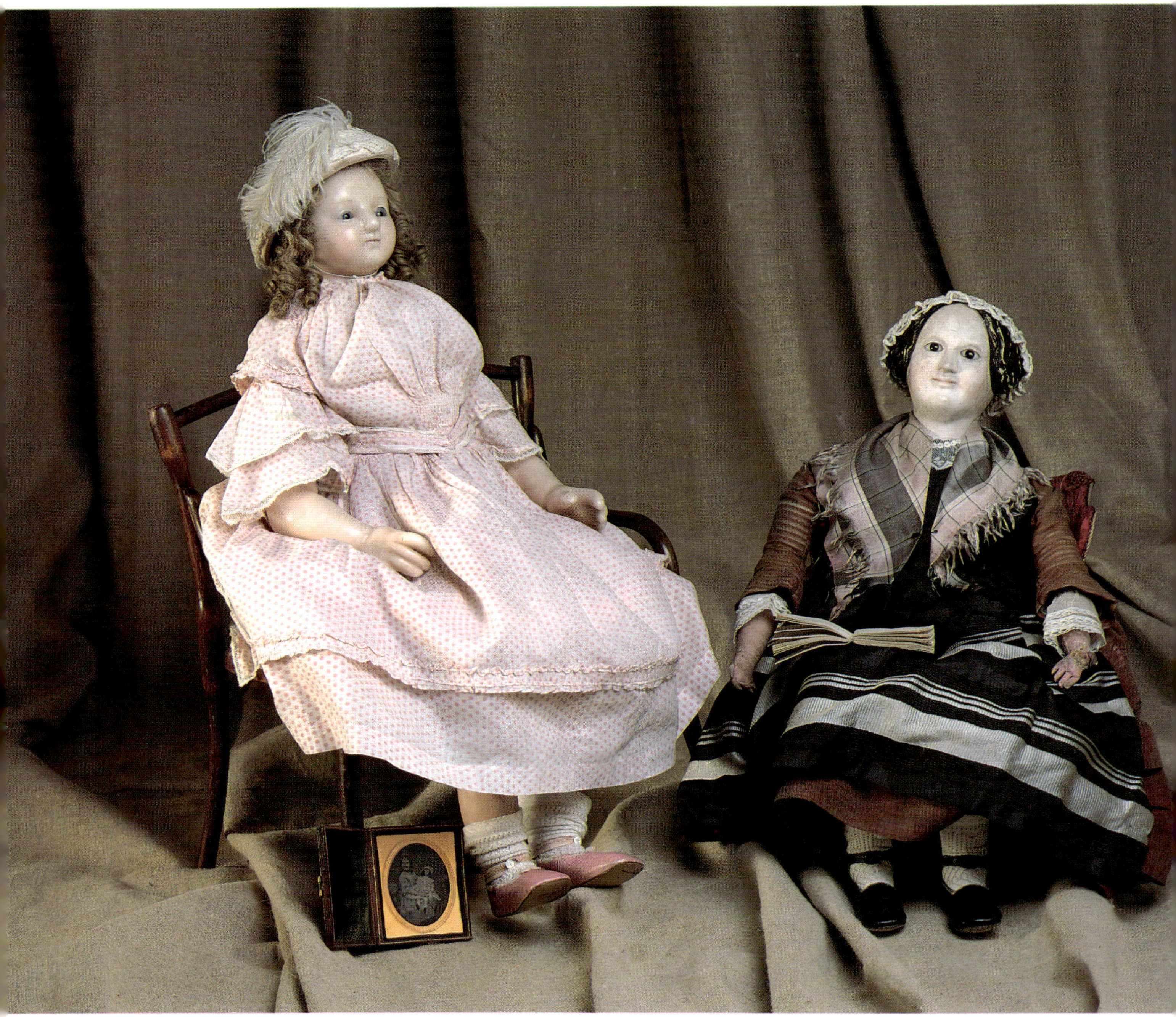

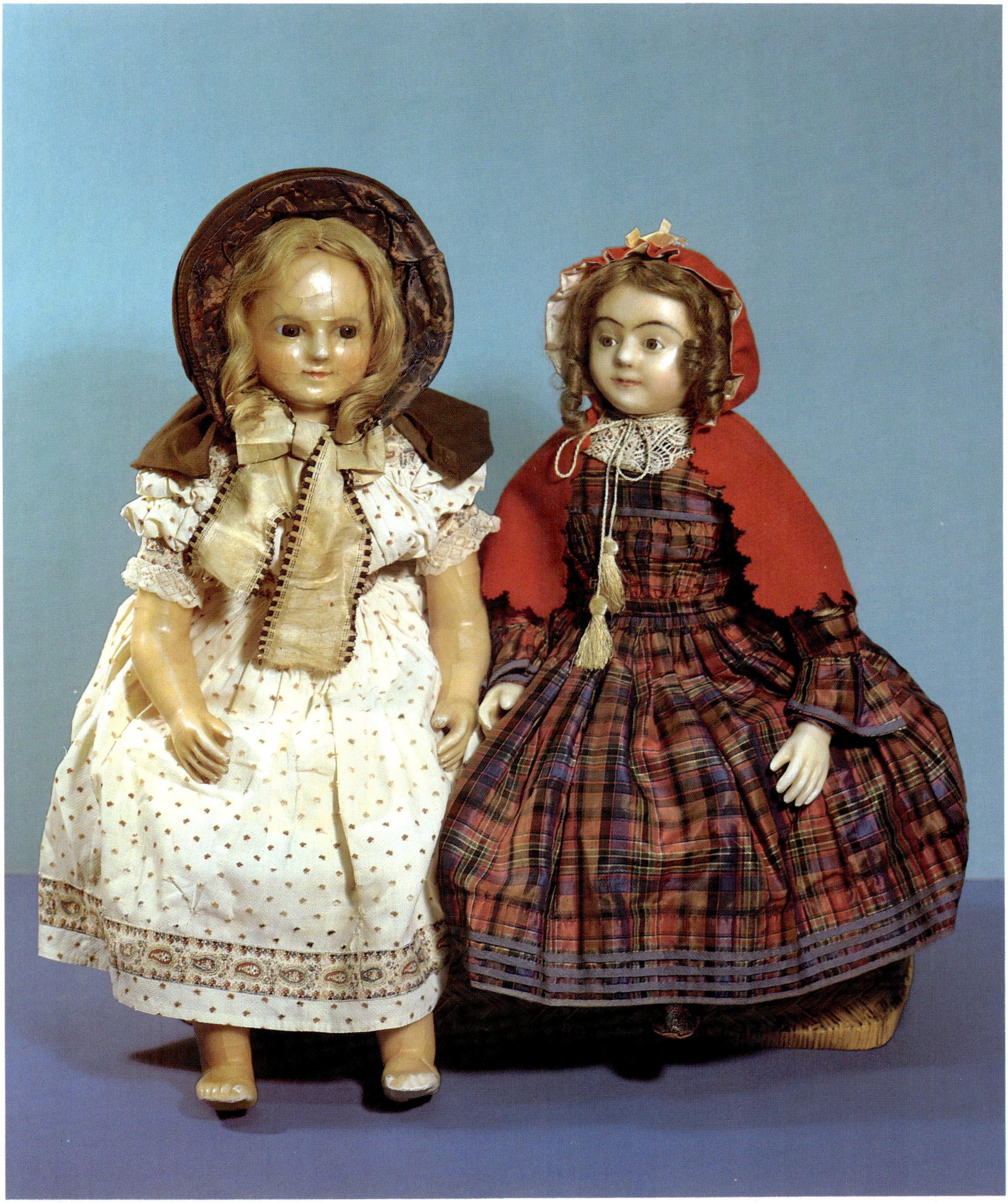

Ihre Kostümierung veranschaulicht die Mode des jeweiligen Jahres, und darüber hinaus liefern sie eine aufschlußreiche Chronologie der Puppenmacherei. Ein Großteil besteht aus Wachs, wachsüberzogenem Pappmaché oder Composition. Es handelt sich hauptsächlich um kleine, billige Puppen, keine viel größer als 30 cm, und man würde einiges darum geben, zu erfahren, in welchen Läden oder Basaren sie während der ganzen Jahre gekauft worden sind.

Der Zug wird von einem 20 cm großen Wachspüppchen angeführt, dem inzwischen die Beine fehlen und das 1754 von Laetitia Clark eingekleidet wurde, als sie zwölf war. Sieben Jahre und sieben Puppen später heiratete sie in der St. Botolphs Kirche in Bishopsgate den Londoner Kaufmann David Powell, und man zog eine Puppe mit Stoffresten aus dem Brautkleid an. «Mrs. Powells Brautkleid, 1761» heißt es stolz auf dem Etikett (siehe Seite 47). Sie trägt spitzenbesetzten Seidenbrokat, eine Spitzenstola und ein Spitzenhäubchen sowie eine Glasperlenkette. Einer der vier Söhne des betreffenden Puppenmachers heiratete Catherine Cotton, die die Familientradition fortführte. Ihre Tochter kleidete die späteren Puppen ein, und ihre Enkelsöhne und -töchter hüteten die Puppensammlung und durften schließlich erleben, daß sie im Victoria and Albert Museum für die Nachwelt aufgestellt wurde. Zwar klaffen im zeitlichen Ablauf große Lücken, aber was für einem glücklichen Einfall folgte diese Familie und was für eine historische Kostbarkeit ist diese Sammlung heute! Die Familie Powell wurde nicht nur mit ihrer Puppensammlung bekannt, sondern auch durch Laetitias Urenkel, den Gründer der Pfadfinderbewegung General Sir Robert Baden Powell.

Catherine Andras

Catherine Andras (1775–1860) war ein Waisenkind und lebte mit ihren drei Schwestern in Bristol, wo sie ein Spielzeug- und Parfümeriegeschäft betrieben. Schon in sehr jungen Jahren fertigte sie Wachspuppen für einen Jahrmarkt und arbeitete sich dann zur «porträtierenden» Wachsbildnerei hoch. John Wesley saß ihr im Alter von 87 Jahren bei einem Aufenthalt in Bristol 1790 Modell. Später adoptierte sie der Londoner Miniaturenmaler Robert Bowyer, der seine eigene Tochter verloren hatte. Er eröffnete in seinem Haus in der Pall Mall 87 eine Historische Galerie und gewann so berühmte Künstler wie Benjamin West, Philippe Jacques de Loutherbourg und Robert Smirke für Gemäldebeiträge zu einer prachtvollen *History of England* (Geschichte Englands).

Catherines Figuren waren aus farbigem Wachs mit höchster Finesse gearbeitet, sie trugen Wimpern und Augenbrauen aus bestem Haar und Pelz. Von 1799 bis 1824 stellte die Royal Academy ihre Porträts aus. Damals wurde sie zur Hofwachsbildnerin der Königin Charlotte ernannt und erhielt für ihre Bildnisse der Prinzessin Charlotte und Lord Nelsons von der Gesellschaft zur Förderung von Kunst, Handwerk und Gewerbe den «Larger Silver Pallet». 1801 arbeitete sie an der Historischen Galerie und man brachte das damals fünfjährige Prinzeßchen zu ihr. Ihre erste Figur von Nelson machte sie noch zu dessen Lebzeiten, und das lebensgroße Wachsbildnis, das sie nach seinem Tode fertigte und in seine eigene Uniform kleidete, bezeichnte Lady Hamilton als die beste Porträtfigur aller Zeiten. Für diese Arbeit erhielt Catherine 104 Pfund 14 Schillinge und 9 Pence. Sie verwendete die Schnallen der Schuhe, die Nelson bei seinem Tode trug, und seinen Hut mit dem grünen Stoffleck, der ihm als Sonnenschutz für sein verbliebenes Auge gedient hatte. Die Figur steht heute in der Westminster-Abtei.

Leider ist noch keine Puppe von Catherine Andras aufgetaucht. Die Historische Galerie erwies sich als ein Fehlschlag, und die Sammlung wurde schließlich mit einer kostspieligen Tombola aufgelöst. Unter den Gewinnen befanden sich Originalgemälde sowie Folgen von Stichen zur *History of England*.

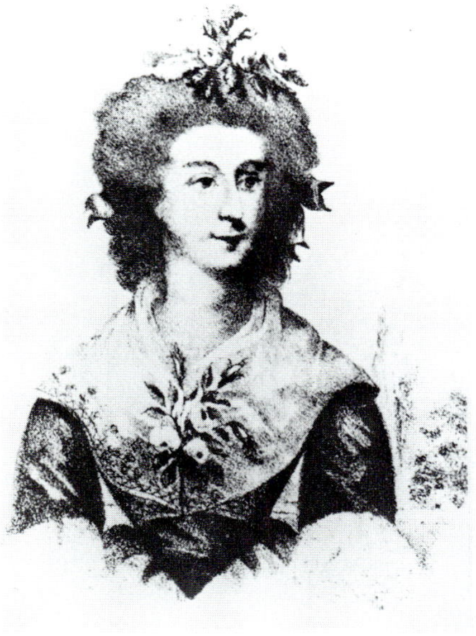

Madame Tussaud im Alter von 18 Jahren. Lithographie von Hervé, aus ihren Memoiren. (Mary Hillier)

Madame Tussaud

Es ist schwer zu sagen, ob Madame Tussaud (1761–1850) zu den Puppenmacherinnen zu zählen ist, denn es ist gar nicht sicher, ob sie wirklich jemals eine Puppe entworfen hat. Ihr berühmtes Wachsfigurenkabinett, das seit dem ausgehenden 18. Jahrhundert bis auf den heutigen Tag besteht, hat dazu geführt, daß man ihr Familienerbstücke und Wachsfiguren ungeklärter Herkunft zuschrieb, die irgendwie in Museumssammlungen gelangt waren.

Neuere Forschungen (vgl. Leslie und Chapman, *Marie Tussaud*, 1978) scheinen einige interessante Fragen in bezug auf ihre Geburt und ihre Jugendzeit aufzuwerfen. Madame Tussaud selbst behauptete, aus welchem Grund auch immer, in Bern geboren zu sein, obgleich ihr Taufschein eindeutig beweist, daß sie in Straßburg zur Welt kam. Ihre erst achtzehnjährige Mutter war in derselben Kirche wie sie, in St. Peter, auf den Namen Anna Maria Walder getauft worden. Das Kind erhielt den Namen Anna Marie Grosholtz. Der Vater soll ein Soldat aus dem Regiment General Würmsers gewesen und zwei Monate vor der Geburt seiner Tochter gefallen sein. Merkwürdigerweise gibt es keinen schriftlichen Beleg für eine Heirat. Es heißt jedoch, daß Marie von ihrem Onkel mütterlicherseits, dem berühmten Pariser Wachsbildner Philippe Guillaume Mathé Curtius, adoptiert wurde, aber anscheinend war dieser nur Maries «Nennonkel» und nicht, wie oft behauptet wird, der Bruder ihrer Mutter.

Curtius hatte sich schon als ganz junger Mann ärztliche Kenntnisse erworben und verwendete, wie damals üblich, Wachsrepliken menschlicher Organe zu Studienzwecken, wobei er in deren Herstellung mit der Zeit recht geschickt wurde. Vom Modellieren wandte er sich zum Porträtieren und eröffnete 1757 ein kleines Museum in Bern. Dorthin kam dann auch die verwitwete Madame Grosholtz mit ihrer zweijährigen Marie, um Curtius den Haushalt zu führen. Ging die Beziehung zwischen Diensther und Magd vielleicht tiefer? Er war 26 und sie 20. Es gibt Andeutungen, daß er mehr als nur Onkel und Lehrer für das aufgeweckte kleine Mädchen war, das später Marie Tussaud wurde. Sie eignete sich seine Fertigkeiten an und wurde zu guter Letzt sogar von ihm als Erbin eingesetzt. Gewiß hat er sie nach seinem Umzug nach Paris und Eröffnung seines berühmten *Cabinet de Cire* (Wachsfigurenkabinett) offiziell adoptiert, und alle drei lebten zusammen.

Das *Cabinet de Cire* erwies sich als erfolgreiches und gut im Trend liegendes Unternehmen, und als Marie älter wurde, lernte sie dort zahlreiche prominente Persönlichkeiten kennen, von denen viele ein Wachsporträt wünschten. Es wurde eine ähnliche Methode wie bei der Abnahme einer Totenmaske angewandt. Man nahm einen Gipsabdruck vom Gesicht der Person, die sich dabei eine ziemlich unangenehme Prozedur gefallen lassen mußte: man ölte das Gesicht ein und steckte in die Nasenlöcher Röhrchen zum Atmen.

Marie machte große Fortschritte beim Modellieren, der Feinarbeit an Skulpturen, dem Einziehen der Haare und all den anderen Fertigkeiten im Atelier. Als Elisabeth, die jüngere Schwester des Königs, das Wachsfigurenkabinett besuchte, war sie von Marie so angetan und von ihrer Arbeit so begeistert, daß die königliche Familie ihr gestattete, Marie für einige Unterrichtsstunden nach Versailles einzuladen. 1780, als Marie diese Einladung annahm, war sie 18 und Elisabeth 14 Jahre alt. Sie lehrte ihre junge Schülerin das Modellieren von Früchten und Blumen aus Wachs und – da sie streng katholisch war – auch von kleinen Armen und Beinen als Votivgaben sowie von Heiligenfigürchen. Die beiden Mädchen wurden Freundinnen und Kameraden, aber 1789 veranlaßte die sich verschlechternde politische Lage Curtius, Marie nach Hause zurückzurufen. Die tragischen Ereignisse der Französischen Revolution sind wohlbekannt, und Ma-

Unten Englische Wachsüberzugpuppe. Zunge und Augen über eingebauten Drahtzug beweglich. Um 1820, neu eingekleidet 1845. 63 cm. (Bethnal Green Museum)

Gegenüber Diese englische Puppe aus wachsüberzogenem Papiermaché soll ursprünglich Vicky oder «Pussy», wie die königliche Familie ihr Lieblingskind nannte, der ältesten Tochter Königin Viktorias gehört haben. Sie ist 1840 geboren, und die Puppe entstand wahrscheinlich zwischen 1845 und 1850. Sie hat Schlafaugen, die über einen am linken Hangelenk befestigten inneren Drahtzug bewegt werden, und ist so sorgfältig modelliert, daß sogar Finger- und Zehennägel zu erkennen sind. Das hübsche Lockenhaar ist echt. Das Kleid mit V-förmigem Brustlatz ist aus gestreiftem Seidentaft. Man vergleiche die Ausarbeitung des Mundes mit der an der Puppe gleicher Machart von Bloomer. 48 cm. (Tunbridge Wells Museum)

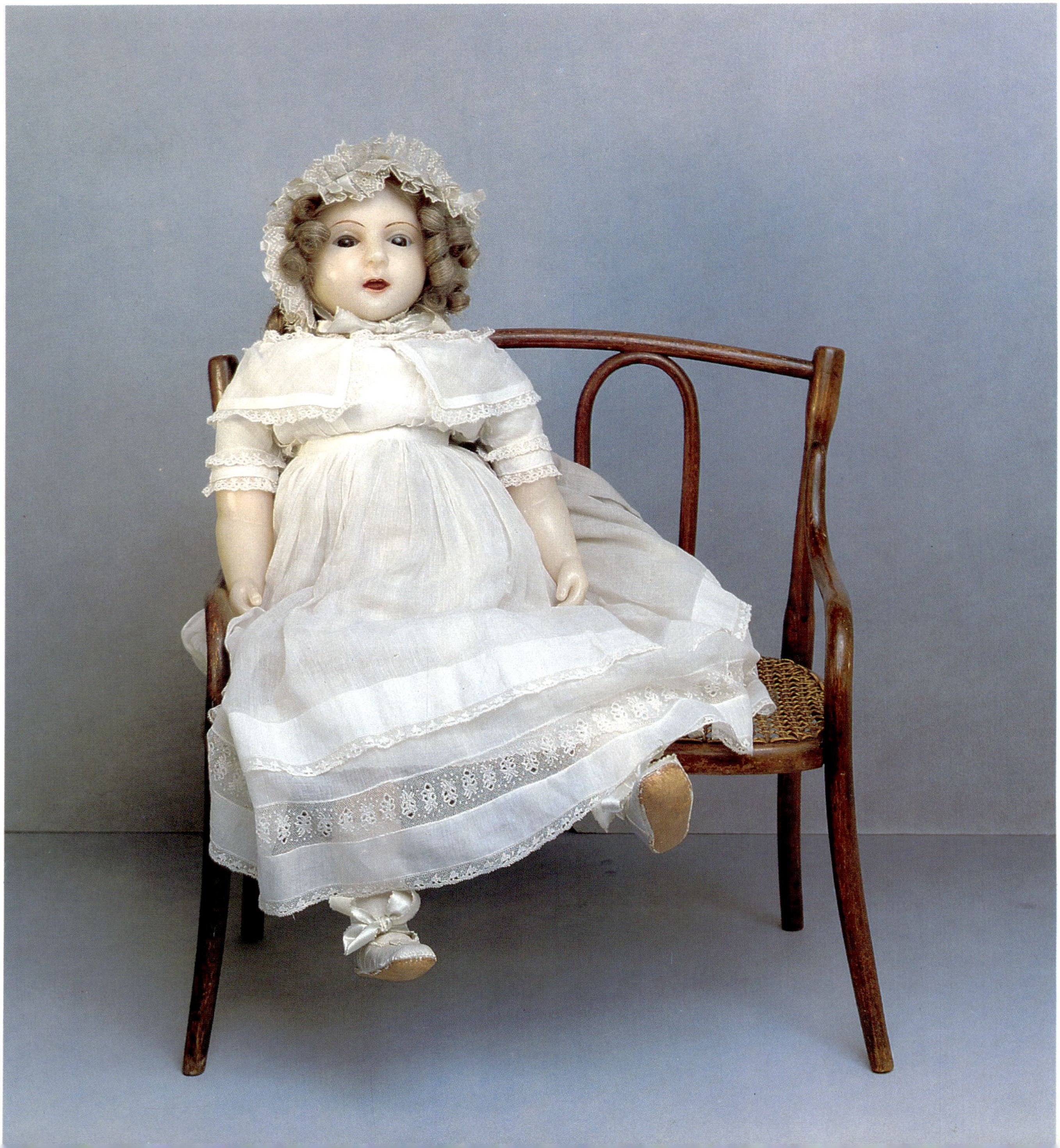

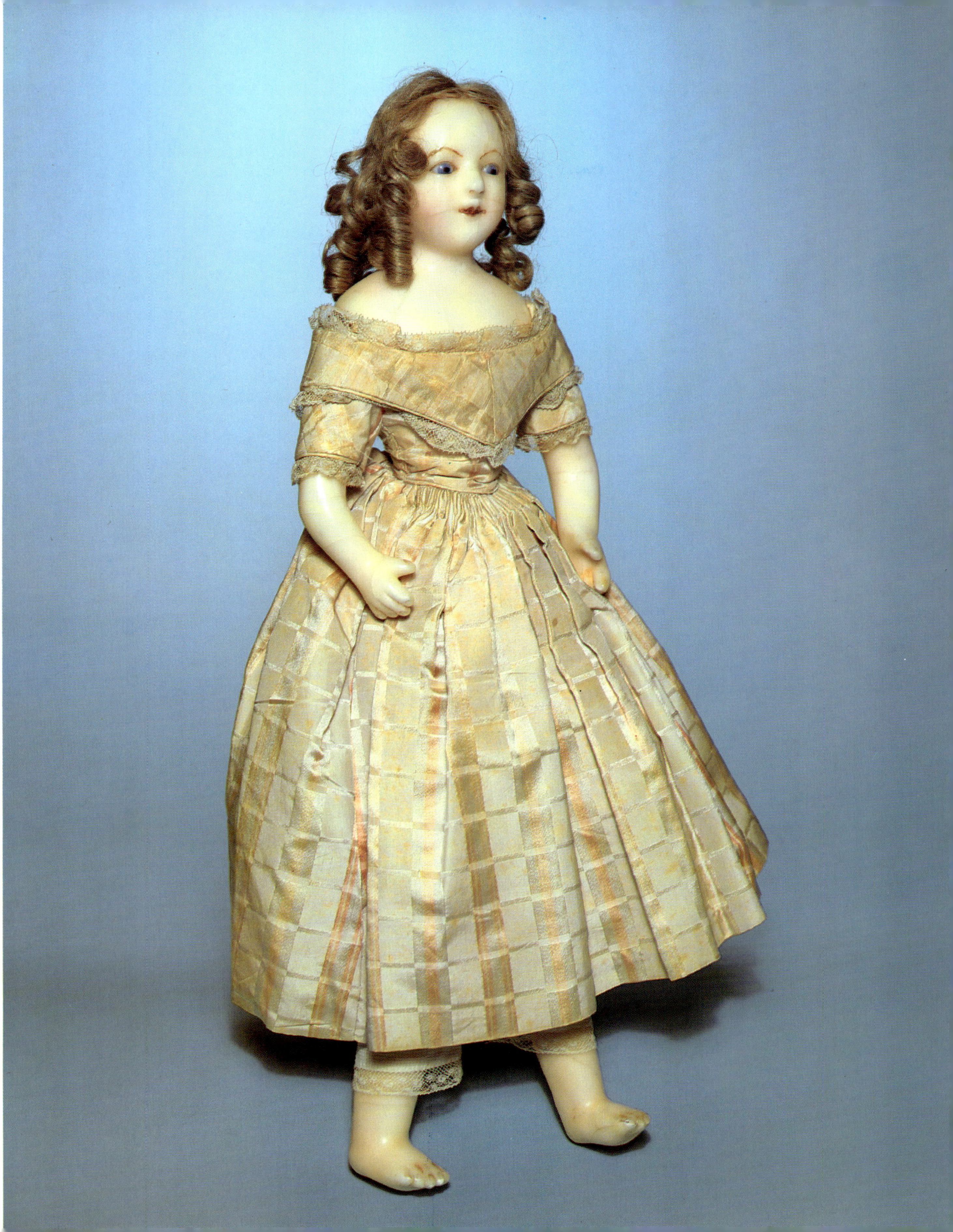

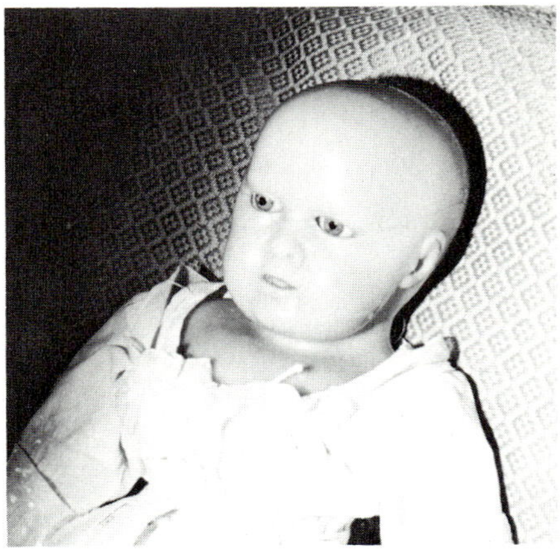

Nahaufnahme der Babypuppe von Caroline Harris. 60 cm. (Mrs. Simson)

rie wurde einige Male mit der abscheulichen Aufgabe betraut, Köpfe nachzubilden, die gerade unter der Guillotine gefallen waren. Ihre Freundin und die ganze königliche Familie wurden hingerichtet.

Nach dem Tode ihres Onkels im Jahre 1794 heiratete Marie Monsieur Tussaud, über den wenig bekannt ist, obwohl er vermutlich 1795 mit Curtius' «Großem Kuriositätenkabinett» England bereiste. Innerhalb der nächsten fünf Jahre wurden ihnen drei Kinder geboren, das erste, Marie Marguerite Pauline, im September 1796. Es lebte nur sechs Monate, aber man weiß, daß Madame Tussaud von ihrem Baby eine Wachsfigur anfertigte. 1798 wurde ihr Sohn Joseph geboren und 1800 ihr letzter Sohn Francis. Die unternehmungslustige kleine Frau holte sich, wahrscheinlich aus finanziellen Gründen, die Erlaubnis, ihr Wachsfigurenkabinett in England auszustellen, und reiste 1802 mit Joseph ab, während Francis, ihr Mann und ihre Mutter in Frankreich blieben. Aus den noch vorhandenen Briefen läßt sich entnehmen, daß sie sich ihren Weg zum Ruhm ziemlich mühsam erkämpft haben muß. Sie reiste kreuz und quer auf den britischen Inseln herum und stellte in jeder großen Stadt aus, bis sie schließlich eine dauernde Ausstellung in London eröffnete. Ihre Memoiren geben keinerlei Aufschluß darüber, warum sie niemals nach Frankreich und zu ihrem Mann zurückkehrte. Francis kam im Alter von 21 Jahren zu ihr nach London. Sie selbst wurde beinahe 90 Jahre alt, eine wundervolle alte Dame, die bis zu ihrem Ende ihre Besucher mit den erstaunlichsten Begebenheiten aus der Vergangenheit zu unterhalten vermochte.

Den größten Teil von Madame Tussauds ursprünglicher und unschätzbarer Sammlung zerstörte 1925 ein verheerender Brand; um so aufregender ist die Entdeckung daß einige Exemplare in Privatbesitz überlebt haben könnten – jedenfalls erheben die beiden Babys hier und auf der Seite gegenüber diesen Anspruch. Bekanntlich arbeitete Marie in privatem Auftrag. Als sie im Oktober 1803 in Glasgow ausstellte, inserierte sie im *Glasgow Herald*: «Madame Tussaud erbietet sich, gänzlich lebensechte Porträts anzufertigen», und fügte hinzu, daß «die Künstlerin sowohl nach dem Leichnam als auch nach der beseelten Natur arbeiten» könne. Dazu zeigte sie ihr Porträt und das ihrer kleinen Tochter Marie. (Das Wachsporträt im Museum of London, das angeblich die junge Madame Tussaud darstellt, hat sicherlich große Ähnlichkeit mit der Lithographie von F. Hervé in ihren Memoiren, seine Herkunft ist jedoch unbekannt.)

Maries Ruf muß sich schon bald verbreitet haben, denn sie erhielt 1803 einen Auftrag aus dem Königshaus, als die Herzogin von York (Gemahlin des zweiten Sohnes Georgs III.) von ihr eine Figur eines schlafenden Babys wünschte. Sie führte diesen Auftrag aus und behielt eine Figur für ihre eigene Ausstellung. Man darf sicher sein, daß sie einige französische Adelige gekannt hat, die vor dem Terror der Französischen Revolution geflohen waren und ihr vielleicht recht nützliche Verbindungen verschafften. Sie stellte viele Andenken an die unglückliche französische Königsfamilie aus, unter anderem eine Gruppe mit Ludwig XVI., Marie Antoinette und deren etwa fünfjährigem Sohn «in den Kleidern, die er für gewöhnlich trug». Sie modellierte auch den Dauphin, den Erstgeborenen Louis Joseph, und war sehr betroffen, als dieser 1789 als kleines Kind starb. Die *Nantucket Historical Association of USA* besitzt eine Babyfigur, die angeblich von Madame Tussaud nach dem Dauphin modelliert wurde. Laut einem Brief von 1852 wurde sie 1796 einer gewissen Priscilla Coffin von ihrem Vater, einem Schiffskapitän, zum Geschenk gemacht. Die handwerkliche Ausführung ist hervorragend, doch gibt es keinen Beweis für eine Verbindung zu Curtius oder Madame Tussaud.

Die Familienüberlieferung schreibt die Puppe auf Seite 45 eindeutig Madame Tussaud zu. Sie stellt angeblich Caroline Harris dar, die am 22. November 1798

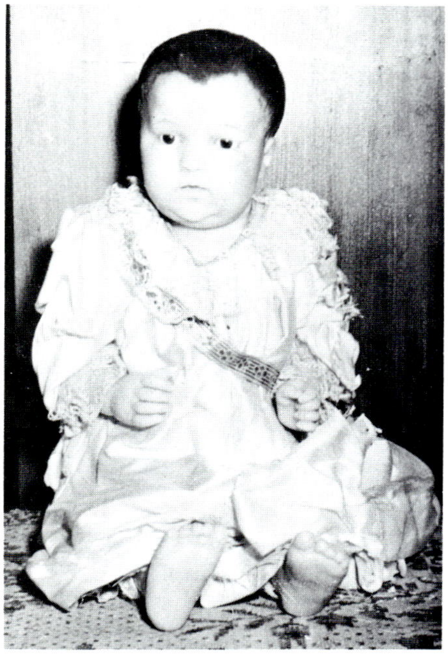

Lebensgroße Figur des Dauphin. 1796.
(Nantucket Historical Association)

zur Welt kam. Die Überlieferung wurde in der Familie, in deren Besitz sich die Puppe noch immer befindet, mündlich weitergegeben. Caroline heiratete im Alter von 37 und starb mit 76. Ihre unverheiratete Schwester Lydia erbte die Puppe und gab sie an eine Nichte weiter. Die Harris waren Quäker und lebten in Walthamstow. Carolines Vater war Getreidehändler und hat angeblich auch mit Frankreich Geschäfte gemacht. Hatte die Familie vielleicht persönliche Verbindung mit Madame Tussaud? Das Datum gibt einige Rätsel auf, denn 1798 hatte Madame Tussaud selbst ein Baby und lebte in Paris; sie kam erst viel später nach England, als Caroline Harris schon fast vier Jahre alt war.

Die ausgezeichnet gearbeitete Wachspuppe mißt vom Scheitel bis zur Sohle 60 cm, Kopf und Büste aus Wachs (8½ cm) sitzen auf einem Stoffkörper mit Stoffbeinen; die Arme sind recht einfach geformte «Puppen»-Arme aus Wachs. Es wurde kein Versuch unternommen, die Gesichtszüge zu verniedlichen, die sehr wohl einem bestimmten Baby nachgebildet sein könnten. Die Puppe hat sehr schöne blaue «Paperweight»-Augen bester Qualität mit schwarzen Pupillen. Die Augen schlossen sich mit Hilfe einer Drahtmechanik (fehlt inzwischen). Der kahle Kopf scheint auf ein ganz kleines Baby hinzudeuten, weist aber drei kleine Messingnadeln auf, je eine bei den Ohren und eine ganz oben, die ein Häubchen oder eine Perücke gehalten haben müssen. Der Mund ist leicht geöffnet und läßt die Zunge und zahnlose Kiefer sehen. Zwei Vertiefungen im Oberkiefer sind entweder als beginnende Milchzähne gedacht oder dienten wirklich zur Befestigung von Zähnchen. Das pummelige Baby trägt die echten Kleider von Caroline Harris: ein Kleidchen und eine Leinen-«Tasche» mit einem Taschentuch darin, von Experten auf spätes 18. Jahrhundert datiert. Das Besondere an dieser Puppe ist wohl, daß sie als Spielzeug gedacht war (gespielt wurde mit ihr – die Hände sind an den Fingerspitzen abgenützt); eine ganz frühe Babypuppe in bester überlieferter Wachsgußtechnik ist uns hier erhalten geblieben. Es scheint ein einmaliges Stück zu sein, und man möchte nur zu gerne beweisen können, daß es sich um eine Arbeit der berühmten Madame Tussaud handelt, und herausbekommen wie das zuging.

Rechts Königin Viktoria im Krönungsornat. Körper aus Ziegenleder mit angedeuteten Füßchen in Slippern. Um 1840. 60 cm. (Bethnal Green Museum)

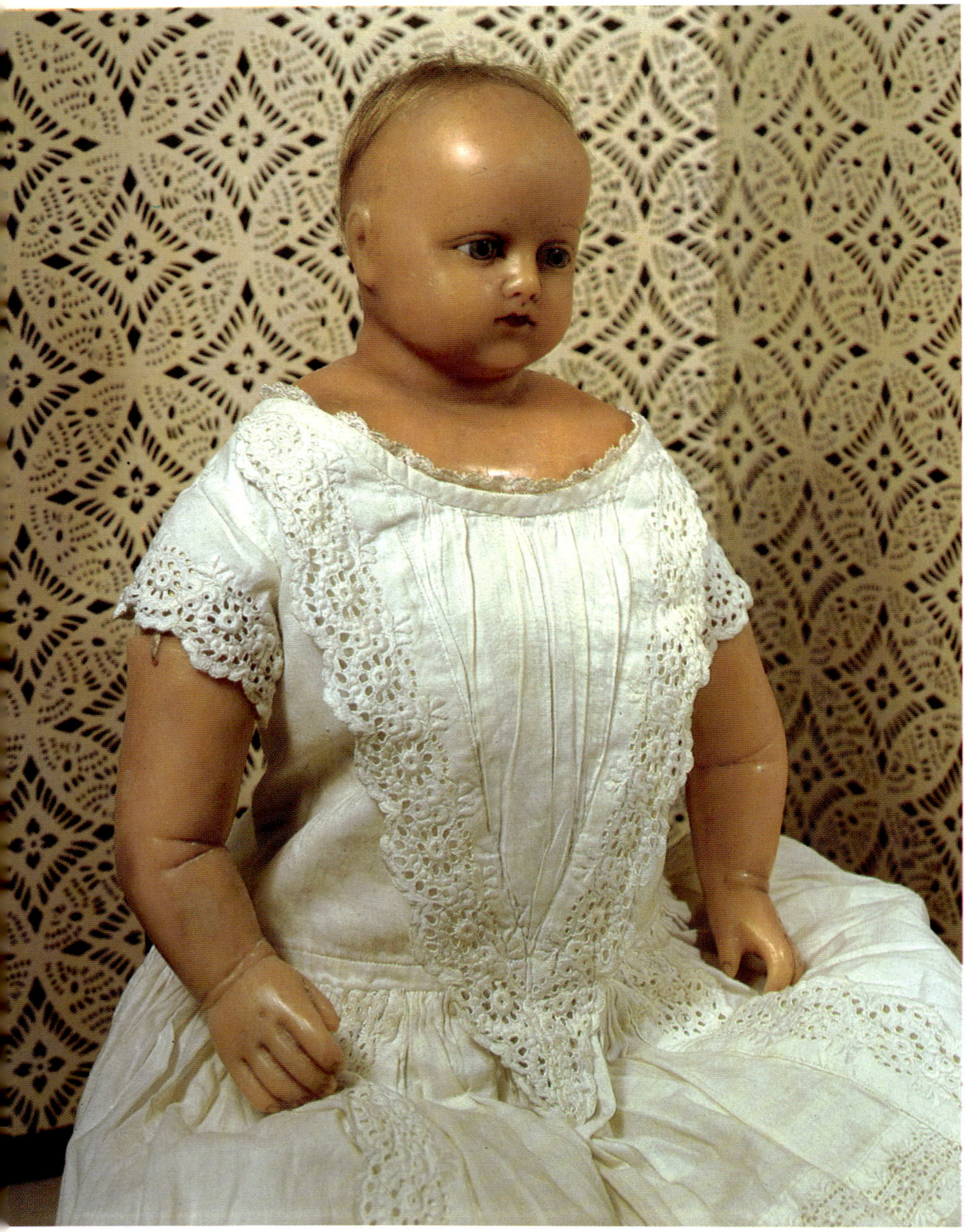

Oben Königskinderpuppe aus Wachs. Pierotti, vermutlich 1841. 48 cm. (Heather Bond)

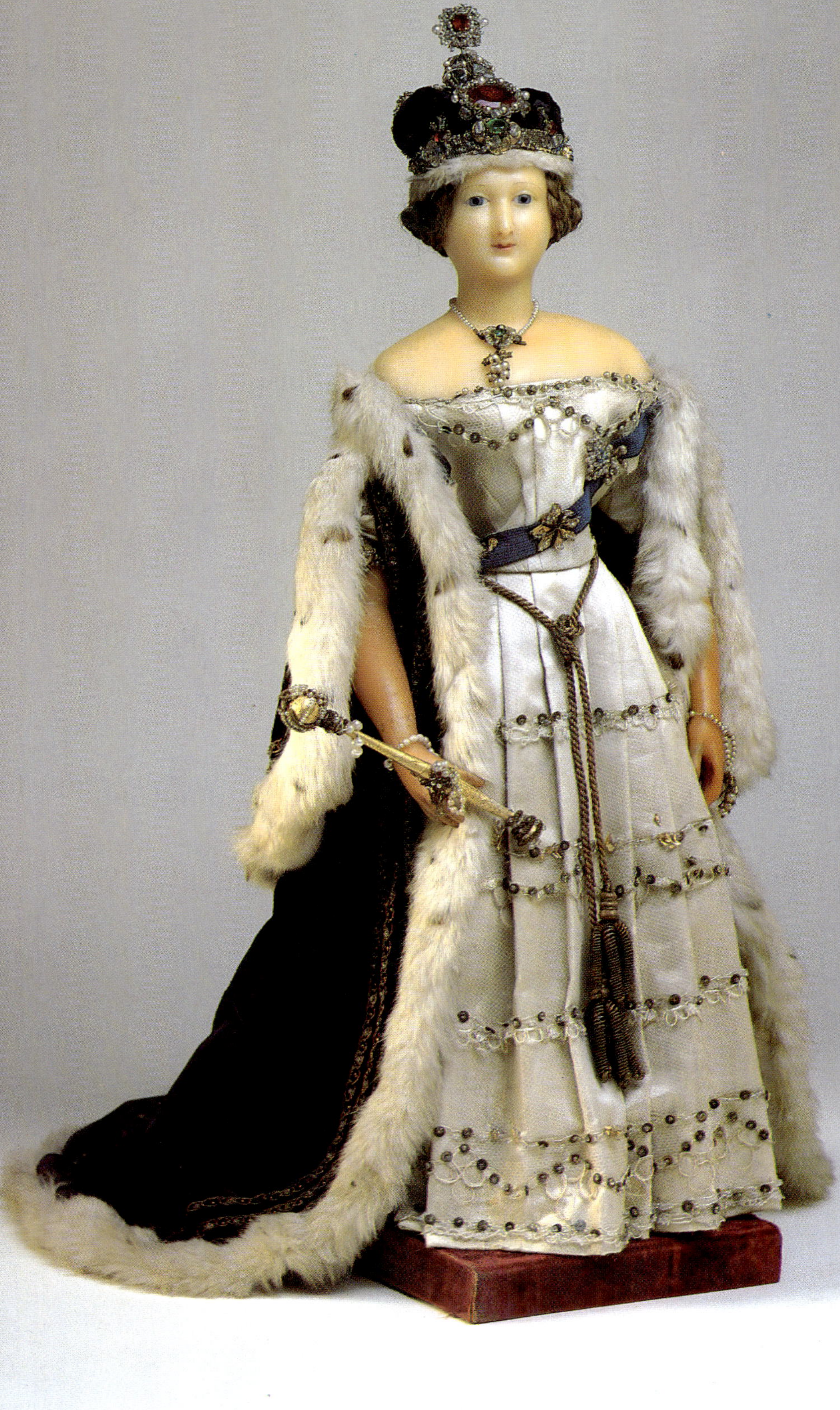

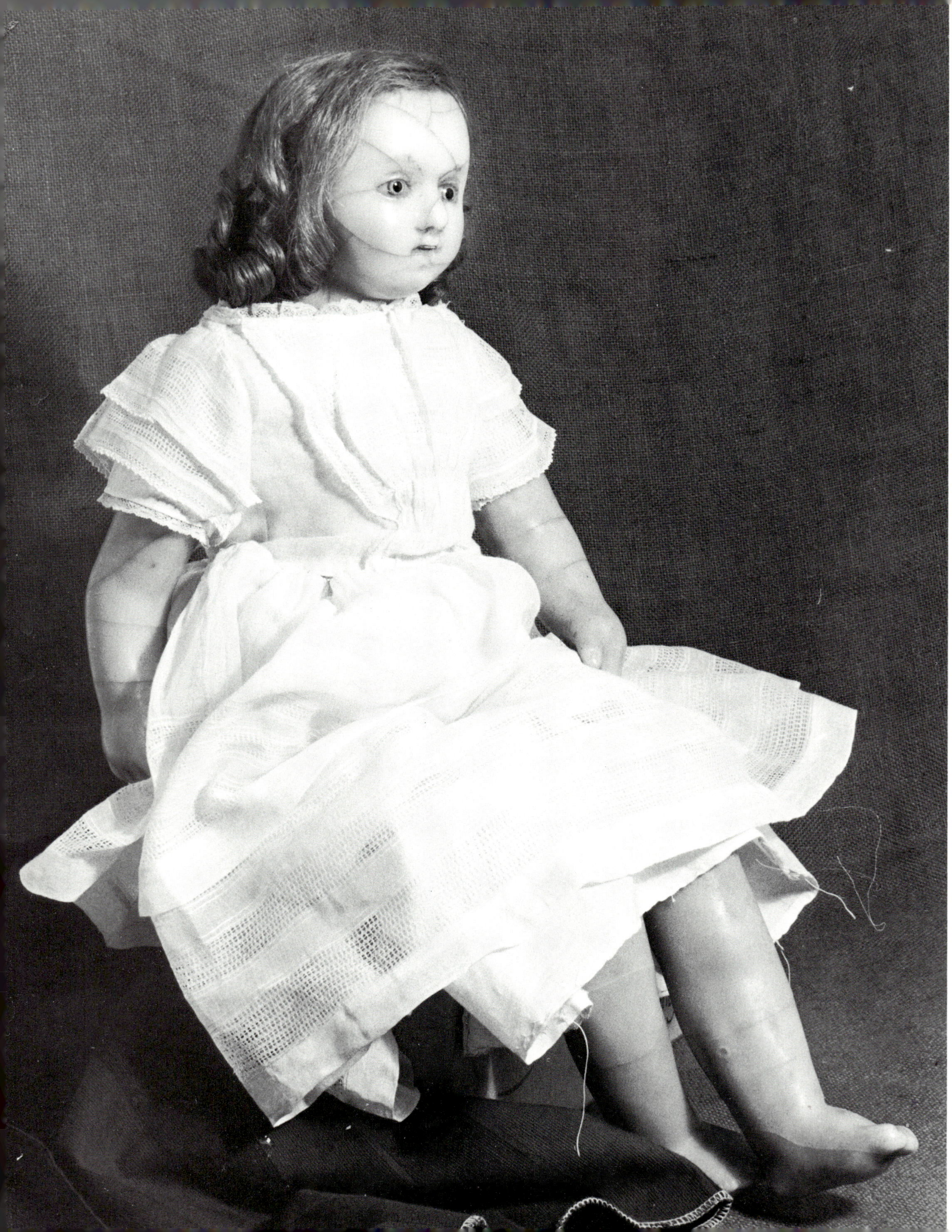

Altes Londoner Puppenmacherhandwerk

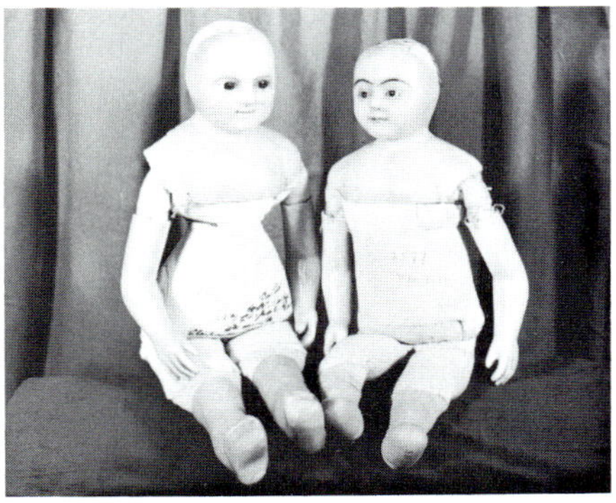

Körperbau zweier großer Puppen aus wachsüberzogenem Papiermaché.
(Wenham Museum, Massachusetts)

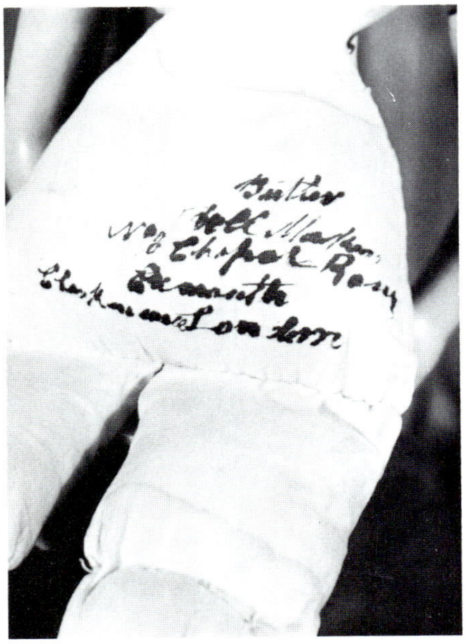

Signatur von Charles Butler.
(Wenham Museum, Massachusetts)

Links Gute englische Wachsüberzugpuppe. Wie Santys «Rosa Mary» (S. 48), hat sie relativ dicke Arme und deutlich ausgebildete Füße und Hände. Diese kindliche Puppe war in der ersten Hälfte des 19. Jahrhunderts sehr beliebt. Um 1840. 66 cm.
(Somerset County Museum, Taunton)

Das erste Viertel des neunzehnten Jahrhunderts erlebte eine jener eigenartigen Veränderungen in der Puppenmode, die geeignet sind, einen Abschnitt der Sozialgeschichte zu illustrieren. Die Industrierevolution in England trieb manchen Handwerker in die Armut und verhalf technisch orientierten Geschäftsleuten zu Vermögen. Sie krempelte die ganze Gesellschaftsordnung um, brachte viele Arbeitssuchende in die Städte und schuf nach und nach eine wohlhabende Mittelklasse. Das scheint zunächst mit Puppen wenig zu tun zu haben, aber während bis zur Jahrhundertwende hauptsächlich reiche Familien kostspielige Puppen für ihre Kinder gekauft hatten, weitete sich der Handel nun aus und die Nachfrage wurde weit größer.

Holzpuppen büßten an Beliebtheit ein und wurden schlechter. Ein berühmter Puppenmacher äußerte sich betrübt über den Niedergang seines Handwerks und meinte, Puppen seien einst schön geschnitzt gewesen, während jetzt kaum noch eine Nase angedeutet werde, «nichts, was Nase genannt werden kann», sagte er. Die Holzpuppen wurden von viel naturgetreueren wachsüberzogenen Pappmachépuppen verdrängt, und es gab einige bedeutende Puppenmacher im Londoner Osten, in Clerkenwell und Shoreditch.

Henry Mayhew schrieb 1850 in seiner Studie *London Labour and the London Poor* (Arbeit und Armut in London):

> Die Puppenfabrikation beschäftigt zahlreiche Menschen und teilt sich in viele deutlich abgegrenzte Zweige. Die beiden Hauptgebiete sind die «Hölzernen» und die «Genähten» Puppen, wobei die ersteren die Puppen der Armen sind und die letzteren jene der Reichen. Die Holzpuppen sind äußerst primitiv, man gibt sich keinerlei Mühe, ihre Körper symmetrisch zu gestalten, und ihre Gliedmaßen sind nur Holzlatten. Die genähten Puppen nehmen im Handwerk einen wesentlich höheren Rang ein. Es ist schwer zu sagen, ob das eine Folge stärkerer Arbeitsteilung ist; jedenfalls wird die Holzpuppe im allgemeinen in Handarbeit begonnen und beendet (mit Ausnahme der Perücke), während es bei den genähten Puppen so viele unterschiedliche Fertigungsbereiche gibt, wie sie unterschiedliche Teile hat. Am Anfang stehen der Näher und der Ausstopfer – die Baumwollschläuche werden im allgemeinen vom Hersteller zugeschnitten und mit dem Füllmaterial, Sägemehl, Haar oder Wolle, einer Arbeitsgruppe ausgehändigt. Dann kommt der Puppenkopfmacher und der Puppenschneider, jeder ein eigener Herstellungsbereich. Gelegentlich trifft man vielleicht eine Familie an, die in allen Fertigungsbereichen zugleich arbeitet (mit Ausnahme der Augenherstellung); aber das ist keineswegs die Regel ...

In der Tat erforderten die verschiedenen Arbeitsgänge die individuellen Fähigkeiten von Männern wie von Frauen, und in armen Familien halfen oft auch die Kinder mit. Einer der Männer, die Mayhew befragte, nannte es eine Hungerarbeit. «Ach, mein Herr, die Kinder, die sich an meinen Puppen freuen werden, denken kaum daran, unter welchen Bedingungen sie gemacht werden, und ihre Eltern auch nicht – wenn sie es nur täten!» Er machte Composition-Köpfe aus

Rechts Zigeunerpuppe (Wahrsagerin), von Charles Pierotti für einen Basar angefertigt. Die Puppe hat braunen Teint und ist auf einen Holzstiel montiert. Wenn man sie drehte, fielen aus ihrem Rock kleine Geschenke für die Kinder. 58 cm. (Bethnal Green Museum)

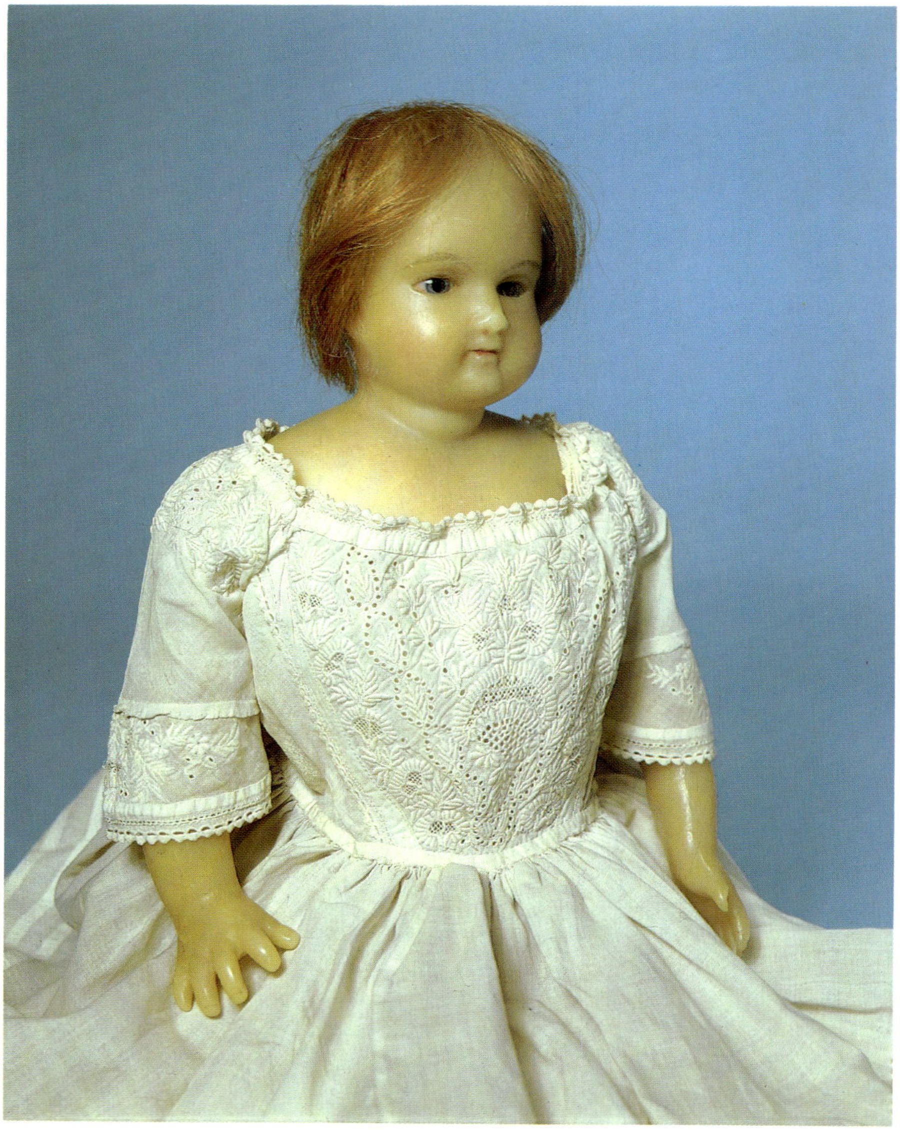

Oben Diese Puppe hat eine kuriose und einmalige Geschichte. Sie ähnelt keinem bekannten Wachspuppentyp und könnte daher von einem lokalen Puppenmacher stammen. Vielleicht ist sie auch eine Porträtpuppe. Im Jahre 1840 mußte sich ein kleines Mädchen, Mary Anne Marriott, nach einer schweren Krankheit ihr hübsches rotgoldenes Haar abschneiden lassen. (Man glaubte in der viktorianischen Zeit zuweilen, langes Haar schwäche den Körper.) Um sie darüber hinwegzutrösten, wurde eine Puppe mit Haaren aus ihren langen Zöpfen gemacht. Der Wachsguß-Schulterkopf und die Arme und Beine sind an den Stoffkörper angenäht. 40 cm. (Tunbridge Wells Museum)

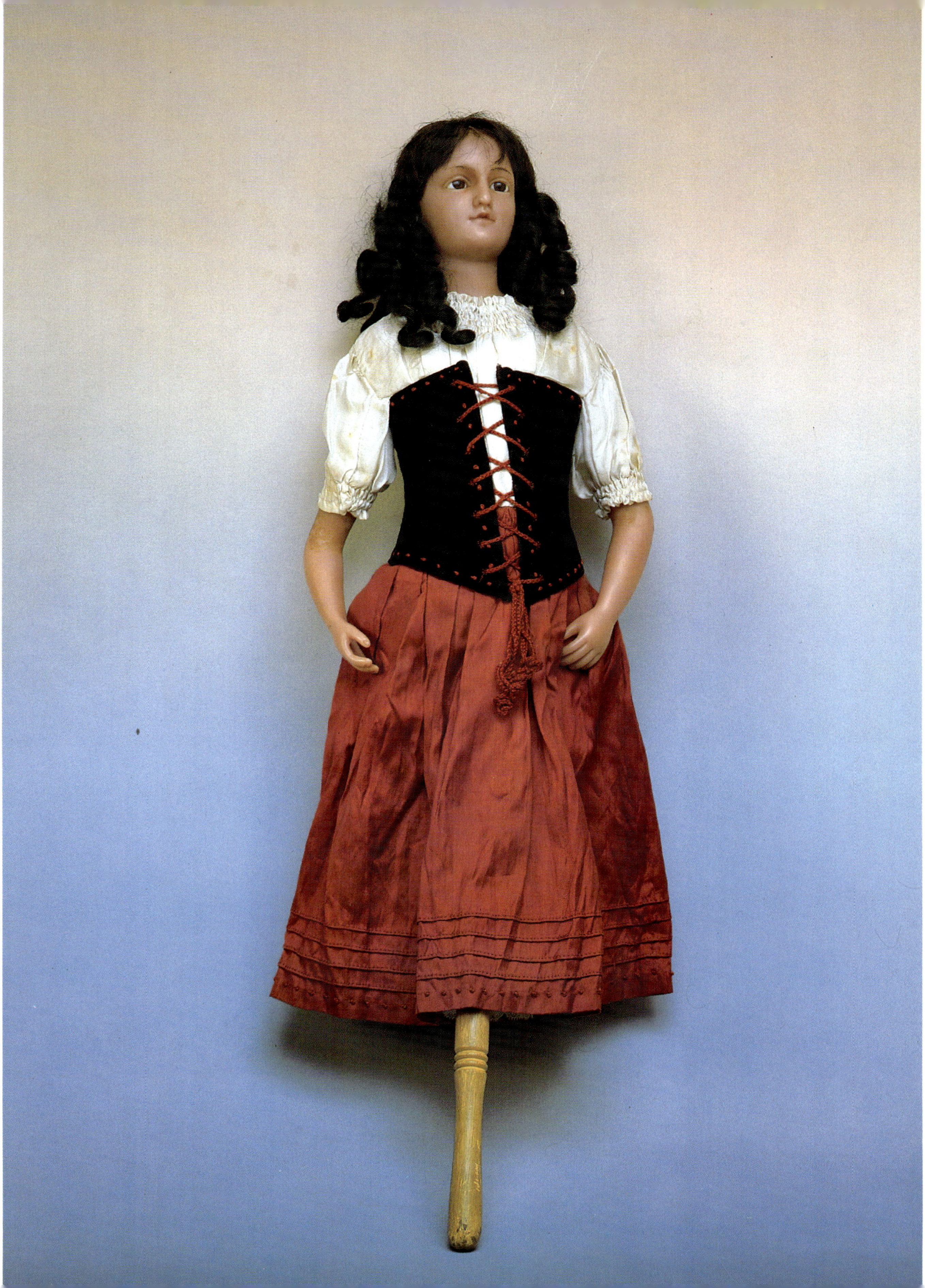

Pappmaché, «Papiermantsche» nannte er es, die er mit Hilfe einer Model in ganz eigenartiger Weise aus «Zuckerpapier» formte. (Dieses grobe blaue Papier, das ursprünglich zum Verpacken von Zuckerhüten diente, findet man bei frühen Puppen.) Zusammen mit seiner fünfzehnjährigen Tochter schaffte er zwölf oder dreizehn Dutzend kleiner Köpfe am Tag und erhielt vier Pence für das Dutzend. Im Durchschnitt, glaubte er, verdiente er kaum 15 Schillinge die Woche, und das wurde von der kleinen Summe aufgebessert, die seine Frau mit dem Ausstopfen von Lederarmen verdienen konnte. Seine Pappmachéköpfe wanderten dann zum Fabrikanten, wurden mit Wachs überzogen und zu kompletten Puppen ergänzt, und zweifellos machte ein weiterer Heimarbeiter ihre Kleider.

Die besseren Puppen trugen Lockenperücken aus schön onduliertem Echthaar, und das war wieder ein anderer Fertigungszweig, ebenso die Herstellung von Glasaugen. Als Mayhew 1850 seine Studien machte, gab es in ganz London gerade zwei Glasaugenmacher, und der Mann, den er befragte, war nur zögernd bereit, irgendwelche Berufsgeheimnisse preiszugeben. Er sagte, er sei schon vierzig Jahre im Gewerbe, genau wie vor ihm sein Vater. Sie machten alle Arten von Augen, sowohl für Menschen als auch für ausgestopfte Tiere und für Puppen. Am billigsten waren die weiß glasierten, schwarz und blau bemalten Hohlglaskügelchen. Die beste Qualität waren die geblasenen Puppenaugen. Sie sollten echt aussehen, und um die gewünschten Farben zu erzielen, mußte man ein guter Chemiker sein und die richtigen Metalloxyde in der Schmelze verwenden. Von einfachen Augen kosteten zwölf Dutzend Paar fünf Schillinge, während gute vier Pence pro Paar kosteten; man brauchte ja auch länger zu ihrer Herstellung. Er betonte, daß viele für den Export produziert würden und daß eine große Zahl Puppen nach Amerika versandt werde.

> Die können keine Wachspuppen machen in Amerika, mein Herr, wegen des Klimas. Wenn es zu heiß ist, wird das Wachs nicht fest, und wenn es zu kalt ist, bricht es. Ich kenne einen, der wollte dort als Puppenmacher anfangen. Er hat ein paar Gros von meinen Augen mitgenommen, aber Erfolg hatte er keinen. Für das spanische Amerika machen wir schwarze Augen. Eine blauäugige Puppe würden Sie in diesem Land sowieso nicht los. Hier dagegen gehen bloß blaue Augen. Das kommt, weil die Königin blaue Augen hat, und nach ihr richtet sich die Mode hier wie bei anderen Dingen auch.

Dieser Glasaugenmacher sagte, der größte Auftrag, den er je erhalten habe, sei von dem «Sprechpuppenmacher» in High Holborn gewesen, und das sei ein Auftrag über 50 Pfund gewesen (siehe Seite 71).

Im Zusammenhang mit Glasaugen ist noch erwähnenswert, daß viele der großen Wachsüberzugpuppen (Puppen mit einem wachsüberzogenen Pappmachékopf, gemalten Gesichtern und Augen oder auch mit Glasaugen) aus der ersten Hälfte des 19. Jahrhunderts merkwürdige dunkelgraue Augen haben. Die besten Puppen waren mit einem Drahtzug im Körper ausgestattet, der ihre Augen schloß und sie schlafend erscheinen ließ. Später zählten Charles Pache & Son aus der Lower Hurst Street in Birmingham mit zu den bekanntesten Glasaugenmachern. Bei der Weltausstellung 1851 sah Pache französische Glasaugen und glaubte in seinen eigenen Glaswerkstätten ähnliche Ergebnisse erzielen zu können. Für die Firma, die bis 1914 existierte, war die Herstellung hochwertiger Glasaugen ein bedeutender Produktionszweig. George Bartley schrieb 1876 in seinem Bericht über John Edwards Fabrik (siehe Seite 133–135), daß englische Glasaugen nur für die allerbesten Puppen und für Ausstellungsstücke verwendet wurden. Für die billigeren Puppen wurden Hunderte von Glasaugen in allen Größen aus Deutschland importiert.

Die neuerdings wieder so beliebte Herstellung hochwertiger Puppen zu Anfang des 19. Jahrhunderts führte selbstverständlich zur Eröffnung von Läden, wo man sie kaufen konnte. Die meisten Puppenmacher fertigten ihre Puppen in Heimarbeit und mußten sie dann an ein Geschäft oder einen Großhändler liefern. Die billigsten Puppen wurden oft auf der Straße gleich aus dem Tragkorb heraus oder in kleinen Verkaufsbuden verhökert. Märkte im Regents Park oder Hyde Park waren sehr beliebt, denn dort konnte man sicher sein, wohlhabende Kinder beim Spaziergang mit ihren Eltern oder ihrem Kindermädchen anzutreffen. «Verzogene Kinder sind unsere besten Kunden», sagte eine arme Frau, die sich so ihren Lebensunterhalt verdiente. «Wenn wir so ein junges Fräulein sagen hören, sie möchte unbedingt eine haben, und wenn sie zu weinen anfängt, dann ist uns ein guter Preis sicher.» Die arme Frau, die mit solchen Pfennigpüppchen mühsam umherzog, lebte irgendwo draußen in der Leather Lane oder in Somers Town und holte sich ihren Vorrat bei einem Händler in Houndsditch, vielleicht bei Alfred Davis oder bei White. Es war ein ärmliches Leben, aber hin und wieder konnte sich jemand, der ehrgeizig genug war, verbessern. Mayhew interviewte einen gewissen «Dick Puppenmann», der sich für den ersten hielt, der «Puppen, drei Stück ein Schilling» gerufen hatte – die Straßenhändler riefen gewöhnlich ihre Waren laut aus. Später heiratete er ein Mädchen, daß er beim Puppenverkaufen kennengelernt hatte, und verlegte sich, nachdem er eine Guinea für die Puppenmacherlehre bezahlt hatte, auf die Anfertigung von Wachspuppen und übergroßen Köpfen für Schausteller. Zu guter Letzt schloß er sich einem Wanderschausteller namens Biancis als Türsteher an und betrieb dabei mit seiner Frau weiterhin das Puppengewerbe.

Die schönsten Puppen gab es in den luxuriösen Londoner Läden. Im 18. Jahrhundert trugen Läden so pittoreske Namen wie «Zur Arche Noah» (gegründet 1760 von William Hamley aus Cornwall, wird heute in der Regent Street 200 noch immer unter dem gleichen Namen geführt, allerdings nicht mehr von derselben Familie), «Zu den drei Hasen» oder «Zum Orangenbaum». Charles Dickens beschreibt das Schild eines Spielwarenladens mit der Darstellung «eines angetrunkenen, fetten kleinen Harlekin auf einem Schaukelpferd». Diese Läden verkauften alle möglichen Luxusartikel und zweifellos auch Puppen. Auch Putzmacherinnen hielten Puppen wohl für eine gewinnbringende Bereicherung ihres Angebots und verwendeten sie unter anderem als Schaufensterdekoration. Zu ihnen gehörte sicherlich auch Mrs. C. E. Brown aus der New Bond Street Nr. 13/14 in London. Eine Wachsüberzugpuppe in den Sammlungen des Bethnal Green Museum hat zwei hübsche Strohhüte, von denen einer, üppig mit grünen Federn besetzt, ein winziges verkupfertes Warenzeichen trägt. Das Etikett nennt das Geschäft dieser Dame als im Jahre 1829 gegründet und Mrs. Brown als vom König autorisierte Händlerin. Die Puppe stammt offenbar aus der Zeit nach der Krönung Viktorias 1837, und die Wappenfiguren Löwe und Einhorn sind so verspielt ausgeführt, als seien sie eigens für das Publikum aus dem Kinderzimmer gedacht.

Wenn auch der Adel und die feinen Leute aus der Bond Street solche Geschäfte bevorzugten, drängten sich Gott und die Welt in den beliebten Basaren, die in London zu Anfang des 19. Jahrhunderts aufkamen. Es gab den Pantheon Basar und den Royal Basar (der nach seinem Wiederaufbau nach einem Brand im Jahr 1829 in Queens Basar umgetauft wurde) in der Oxford Street. Der Ausdruck Basar ist aus dem Türkischen entlehnt und bezeichnet die Ansammlung aller möglichen Waren zum Verkauf. Dort wurde in Buden angeboten, was eine Zeitung damals «Bijouterien und Schnickschnack» nannte. Das Beste waren Ausstellungen aller Art von Malerei und Bildhauerei, Wachsfiguren, Papierarbeiten und sogar

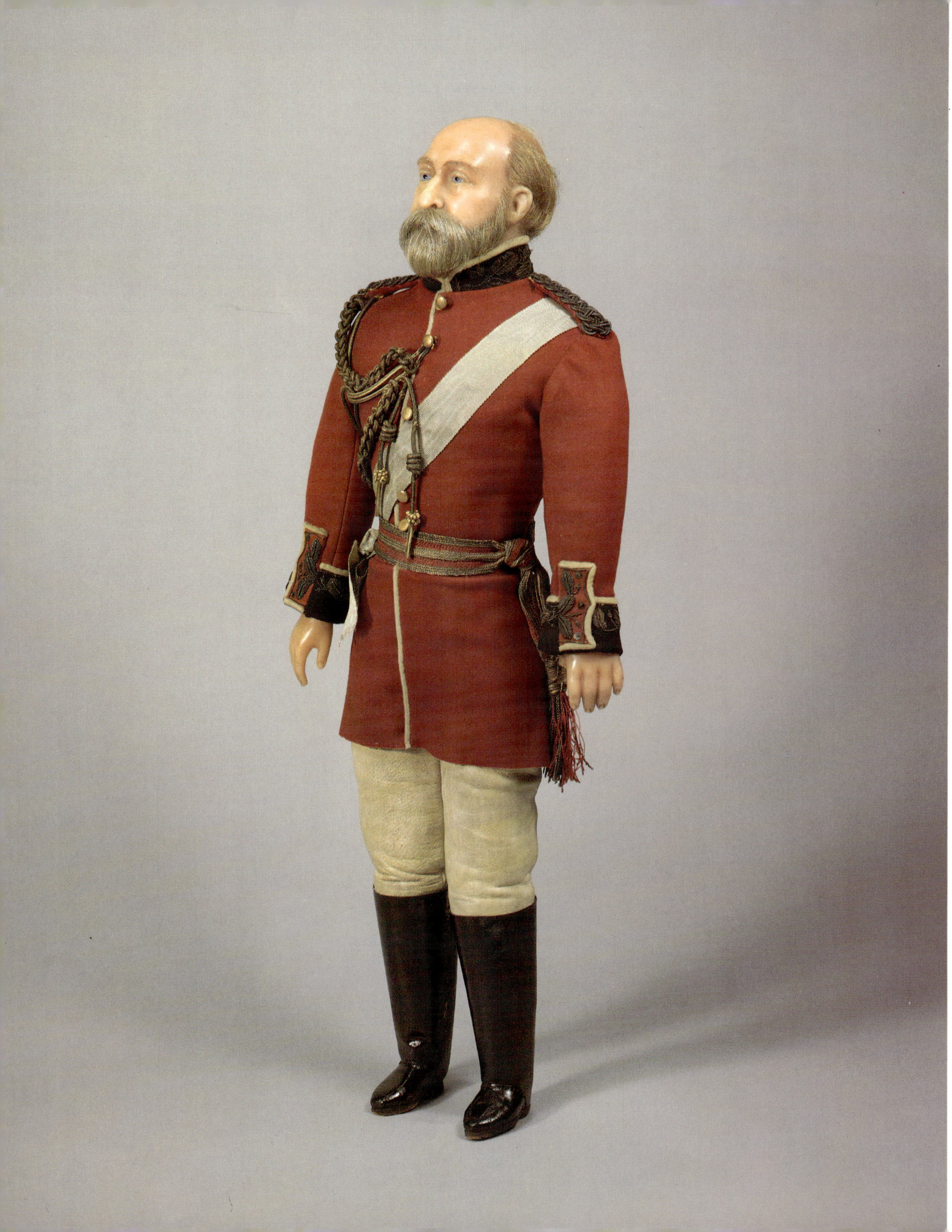

Rechts General Roberts. Von Charles Pierotti während des Burenkriegs modelliert, als Roberts Oberkommandierender der britischen Armee war. Kopf, Arme und Beine aus Wachs, Haare, Schnurrbart und Brauen eingesetzt. Der Ausdruck wirkt frisch und lebensnah. Die Miniaturorden sind Metallmünzen aus dem Königreich. 1901. 48 cm. (Bethnal Green Museum)

Links Wächserne Porträtfigur von König Eduard VII. zur Zeit seiner Krönung 1901. Das Haar wirkt dank der Mischung von grauen und blonden Haaren sehr realistisch; Schnurrbart, Bart und Brauen wurden dabei für sich ausgearbeitet; oben blieb der Kopf kahl. Pierotti. 53 cm. (Museum of London)

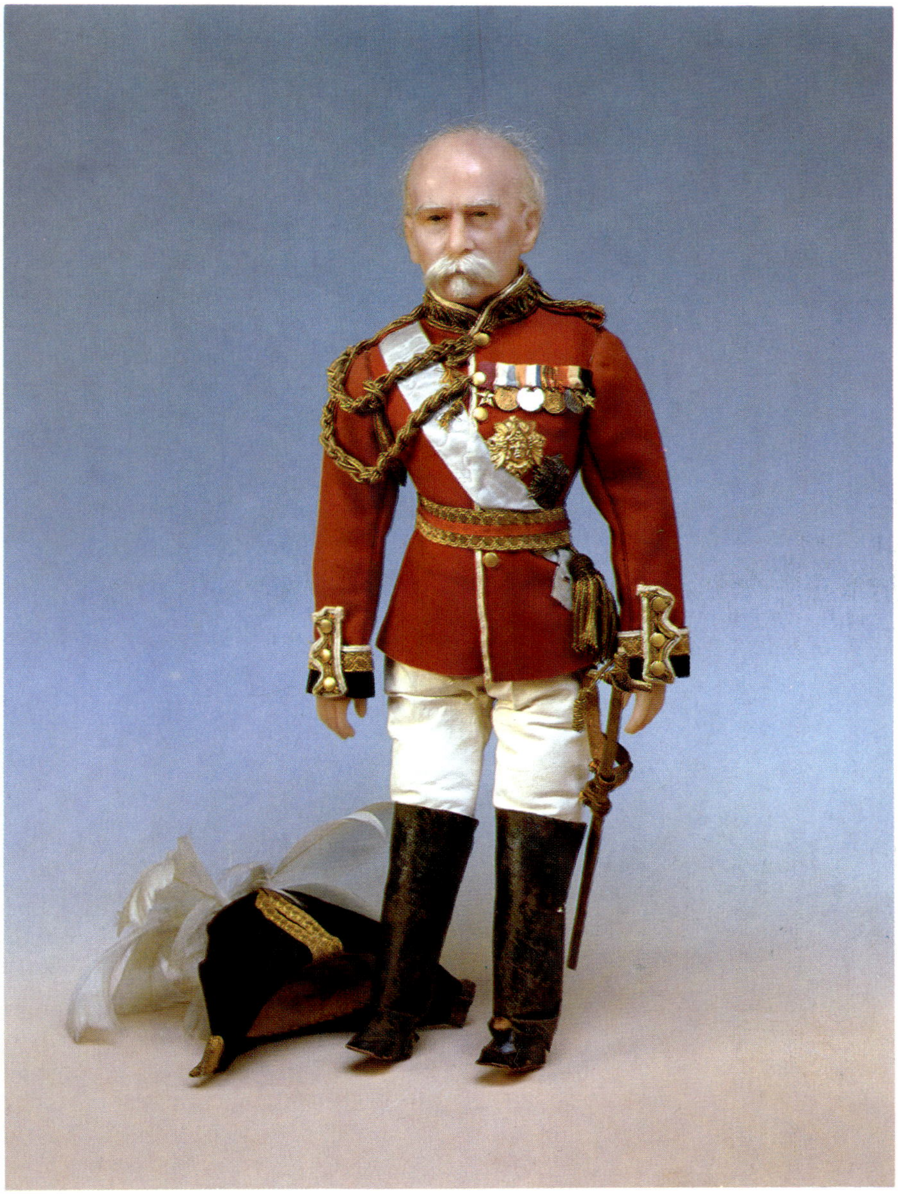

der gerade erfundenen «Wissenschaften» Fotografie und Laterna Magica. Man tat alles, um das Publikum anzulocken, und so wurden die Basare beliebte Treffpunkte und brauchbare Handelsplätze. Auf dem Pantheon Basar verkaufte Mintorn seinen Wachskunstbedarf und Pierotti seine Puppen (siehe S. 34 u. 78).

Die meisten der in Mode gekommenen Basare waren auf Gewinn ausgerichtet, und in manchen Fällen verdienten die Besitzer ein Vermögen mit Mieten und Gebühren. In deutlichem Gegensatz dazu stand der Soho Basar am Rand der Oxford Street, der ursprünglich für wohltätige Zwecke gedacht war. Er befand sich bei den Hausnummern 4, 5 und 6 des Soho Square und wurde 1816 eröffnet. Die napoleonischen Kriege hatten in Europa viele Witwen und Waisen, Angehörige gefallener Soldaten, zurückgelassen und zu starker Arbeitslosigkeit und Armut geführt. Ein gewisser John Trotter machte den Vorschlag, mit einer vom Staat betriebenen Einrichtung die Lebensumstände der unteren Einkom-

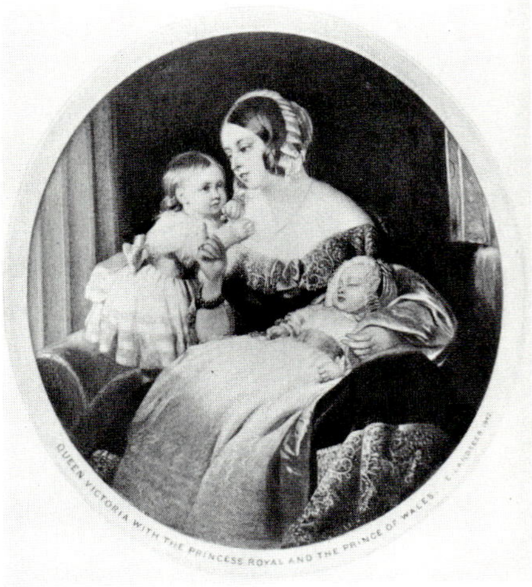

Königin Viktoria mit der Kronprinzessin und dem Prinzen von Wales. Stich nach einem Gemälde von Landseer, 1842. (Mary Hillier)

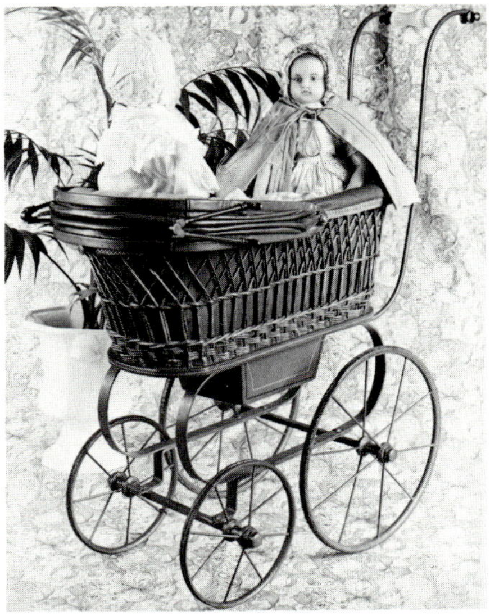

Puppe in Kinderwagen, Prinzessin Beatrice darstellend. Der Kinderwagen gehörte einer Familie, die einmal Puppen aller Königskinder besaß. (Privatsammlung)

mensklassen zu verbessern. Er bot seine leerstehenden Gebäude für einige Jahre kostenlos an und erklärte sich bereit, das Ganze ohne eigenen Gewinn aufzubauen und zu leiten. Da die Regierung ablehnte, verfolgte er sein philantropisches Ideal auf eigene Faust, eröffnete den Basar am 1. Februar 1816, und das Unternehmen florierte – hauptsächlich deswegen, weil er die Verkaufsstände nur an tüchtige und vertrauenswürdige Personen vermietete, die ein Leumundszeugnis vorweisen mußten. Die meisten Stände verkauften Galanterie- und Geschenkartikel. Es gibt Puppen von Madame Montanari oder aus der Firma Marsh mit der Adresse des Soho Basars. Nummern bezogen sich auf einen Verkaufsstand, zum Beispiel: «Santy, inventor [Erfinder], 340 Long Room, Soho Bazaar» oder «Chas Marsh 31, 32 Corinthian Bazaar».

Wenig später wurde ein weiterer berühmter Spielzeugbasar eröffnet, und zwar in der Lowther Arcade, einer im Bogen verlaufenden überdachten Straße, die den Strand mit der Adelaide Street verband. Die knapp dreiviertel Kilometer langen, mit kleinen Läden angefüllten Arkaden entwarf Witheron Young in den Jahren 1830 bis 1832. Hier am volkstümlichen Ende des Marktes dürfte wohl hauptsächlich mit billigen Spielwaren und Puppen vom Kontinent gehandelt worden sein. Luxuswachspuppen von Marsh, Pierotti und Edwards erhielt man in so bekannten Läden wie Peacocks «Zum fröhlichen Kindermädchen» oder bei Morrell (siehe Seite 82). Gegen Ende des Jahrhunderts hatte Hamley in der Regent Street Pierotti-Puppen auf Lager und Lucy Peck Arbeiten der Montanaris (siehe Seite 140).

So viel zum Geschäftsleben in London. Entscheidend beeinflußt wurde die englische Wachspuppenmacherei in den Jahren nach 1840. Julie Maitlands Büchlein *The Doll and her Friends: Memoirs of Lady Seraphina* (Die Puppe und ihre Freunde: Die Memoiren der Lady Seraphina) enthält eine erhellende Passage:

> Ich bin nur ein kleines Püppchen, keines dieser prächtigen Exemplare aus Wachs, nach dem Bild der Kronprinzessin modelliert, mit feinen Fingern und Zehen, mit Augen, die sich schließen, und einer Zunge, die sich bewegt. Ich erblickte das Licht der Welt auf dem Pantheon Basar – ein Silberpapier, das mein Gesicht bedeckt hatte, wurde weggezogen, und die Welt flutete in meinen Blick.

Daraus wird deutlich, daß die Königskinderpuppen sowohl eine Sensation als auch ein teueres modisches Spielzeug waren. Ich bin sicher, daß von allen möglichen Konkurrenten nur die Familie Pierotti als Erfinder dieses Puppentyps in Frage kommt, und sie gewann damit offenbar große Popularität.

Als die jugendliche Königin Viktoria 1840 ihren Cousin Albert von Sachsen-Coburg-Gotha heiratete, waren ihre Untertanen von dieser Verbindung nicht sehr angetan, und auch die vielen Kinder, die alle kurz nacheinander auf die Welt kamen, riefen Kritik hervor. Eine bissige Karikatur vom 25. April 1843 zeigt unter der Überschrift «Zarte Jährlinge» Prinz Albert als Gärtner mit zwei Kleinkindern in glasbedeckten Mistbeeten, wie er gerade ein Baby umtopft. John Bull schaut zu und ruft: «Holla, holla, junger Mann, immer langsam! Sonst hab' ich eines Tages so viel von dem Zeug, daß ich nicht mehr weiß, wohin damit!» Eine Reihe Blumentöpfe mit den Jahreszahlen 1844 bis 1851 spiegelt die Angst der Bevölkerung vor dem jährlichen Zuwachs der königlichen Familie und dem damit verbundenen Aderlaß des Steuerzahlers wider. Tatsächlich hatte das Königspaar im Jahre 1857, Königin Viktorias Abneigung gegen Mutterschaft zum Trotz, schon neun Kinder: die Älteste, Kronprinzessin Viktoria, von ihrer Familie «Vicky» oder «Pussy» genannt, kam 1840 zur Welt; es folgten Edward, der Prince von Wales 1841, Alice 1843, Alfred 1844, Helena 1846, Louise 1848, Arthur 1850, Leopold 1853 und Beatrice 1857.

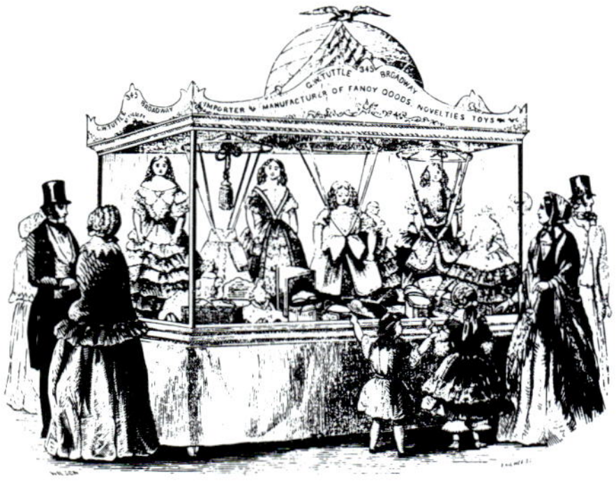

George W. Tuttles Puppenstand auf der Internationalen Ausstellung von 1853 in New York nach Gleesons *Pictorial Drawing Room Companion* von 1853. Die drei Vorrichtungen unter dem Dach sind Laufgeschirre für Kleinkinder, was vielleicht andeuten sollte, daß einige der Puppenkleider die Ausstaffierung von kleinen Kindern darstellten. Die verschiedenen Nähkästchen scheinen keine Puppengrößen zu sein, sondern waren für die kleine Näherin gedacht. Die Flechtkoffer waren wahrscheinlich für die Puppenkleider. Meine Bloomer-Puppe (siehe Seite 77) hat ihr Waschgeschirr aus Porzellan, Häubchen zum Wechseln und Slipper. Drei amerikanische Firmen erhielten eine Ehrenvolle Erwähnung für ihre ausgestellten Puppen, bei denen es sich hauptsächlich um bekleidete Wachspuppen handelte. Von der Firma Tuttle hieß es: «Die hier ausgestellten Exemplare bekleideter Puppen übertreffen gewiß alles bisher Gesehene, und zwar sowohl in der geschmackvollen Gestaltung wie in der Schönheit der Ausstattung.» (Sammlung Dorothy Coleman)

Damals wie heute interessierte sich die Öffentlichkeit enorm für die königlichen Babys, und die Königin und ihre Eskorte wurden mit dem Wohlstand und dem Erfolg, die ihre Regierung mit sich brachten, immer beliebter. Zu dieser Zeit machten auch die Fotografie und die Drucktechnik große Fortschritte. Um die Jahrhundertmitte konnten Boulevardzeitungen und Illustrierte, wie zum Beispiel *Illustrated London News* (Illustrierte Londoner Nachrichten), schon mit Bildern der königlichen Familie aufwarten. Viktoria hatte Interesse an Kunst und war selbst nicht untalentiert, so daß Fotografie und Radierung zu Hobbys des Königspaares wurden. Eine kleine Radierung von der Hand Viktorias zeigt die Kronprinzessin Viktoria im Alter von drei Jahren in den Armen ihres Kindermädchens.

Wann wurden die ersten Königskinderpuppen hergestellt? Wahrscheinlich um das Jahr 1841 herum. Vicky hat als Kind zweifellos selbst Puppen besessen, von denen eine erhalten geblieben ist, die sich jedoch als deutsches Fabrikat erwies (siehe Seite 53). Das ist nicht weiter überraschend, denn die Kinder hatten so viele deutsche Verwandte, daß vermutlich das meiste Spielzeug, das sie geschenkt bekamen, von dort herstammte.

Wenn die Geschichte einer Puppe in einer Familie überliefert wird, ist die Zuschreibung oft schwer zu beweisen. Man ist zwar etwas ratlos, wenn von einer Puppe behauptet wird, sie sei nach der Kronprinzessin oder nach Prinzessin Alice oder nach Prinzessin Louise modelliert (Knaben scheinen als Königskinderpuppen weniger gefragt gewesen zu sein), aber es spielt kaum eine Rolle, denn als Geschwister haben sie ihre Familienähnlichkeit. Alle sind sie blauäugig und haben dünnes Blondhaar, das geschickt in den Gußwachskopf eingearbeitet ist. Sie vermitteln freilich einen recht guten Eindruck von dem dicklichen, blassen Baby, das offenbar das Ideal des viktorianischen Zeitalters war, aufgeputzt mit einem langen Kleid über dem anderen und mit bebänderten Häubchen. Wegen ihrer hübschen, spitzenbesetzten und bestickten Kleidchen wurde auf ganz neue Weise mit ihnen gespielt: Puppenmütter konnten sich an Wiegen und Möbeln, Teegeschirr aus Porzellan und Kinderwagen und einer eigenen «Königlichen Familie» freuen (siehe Seite 101).

Zwar haben, wie ich annehme, die Pierottis die Königskinderpuppen eingeführt, aber bald wurden sie von anderen Herstellern nachgeahmt, und damit war das Zeitalter der kostbarsten Luxuspuppen aus Gußwachs angebrochen. Als sich Prinz Albert mit dem Gedanken einer großen Gewerbeausstellung in London trug, war es Madame Montanari, die daraus Kapital schlug. Der 1851 eigens dafür nach Plänen von Joseph Paxton errichtete schöne Kristallpalast war beispielhaft für die zeitgenössische Technik. John Ruskin nannte ihn zwar «ein glorifiziertes Gurkentreibhaus», aber die Königin schrieb vom Erfolg ihres geliebten Gatten und seiner Pläne hingerissen in ihr Tagebuch: «Das große Ereignis hat stattgefunden – ein vollständiger und schöner Triumph – ein erhebender und bewegender Anblick, auf den ich immer stolz sein werde für meinen geliebten Albert und mein Land.» Ihre ältesten Kinder nahmen an den Eröffnungsfeierlichkeiten teil und haben wohl gewiß freudige Ausrufe hören lassen beim Anblick von Madame Montanaris preisgekrönter Porträtgruppe der königlichen Familie (siehe Seite 87).

Die Ausstellung im Kristallpalast gab nicht nur der britischen Wirtschaft enormen Auftrieb, sie lieferte auch den Anstoß für ähnliche Ausstellungen im Ausland. 1853 wurden Wachspuppen auf der Ausstellung im New Yorker Kristallpalast gezeigt (siehe Seite 90). Waren vielleicht auch ein paar Arbeiten der Montanaris darunter? Die Abbildung zeigt jedenfalls ganz deutlich Puppen im Montanari-Stil sowie einige ihrer Toilettenkörbchen aus Rohr.

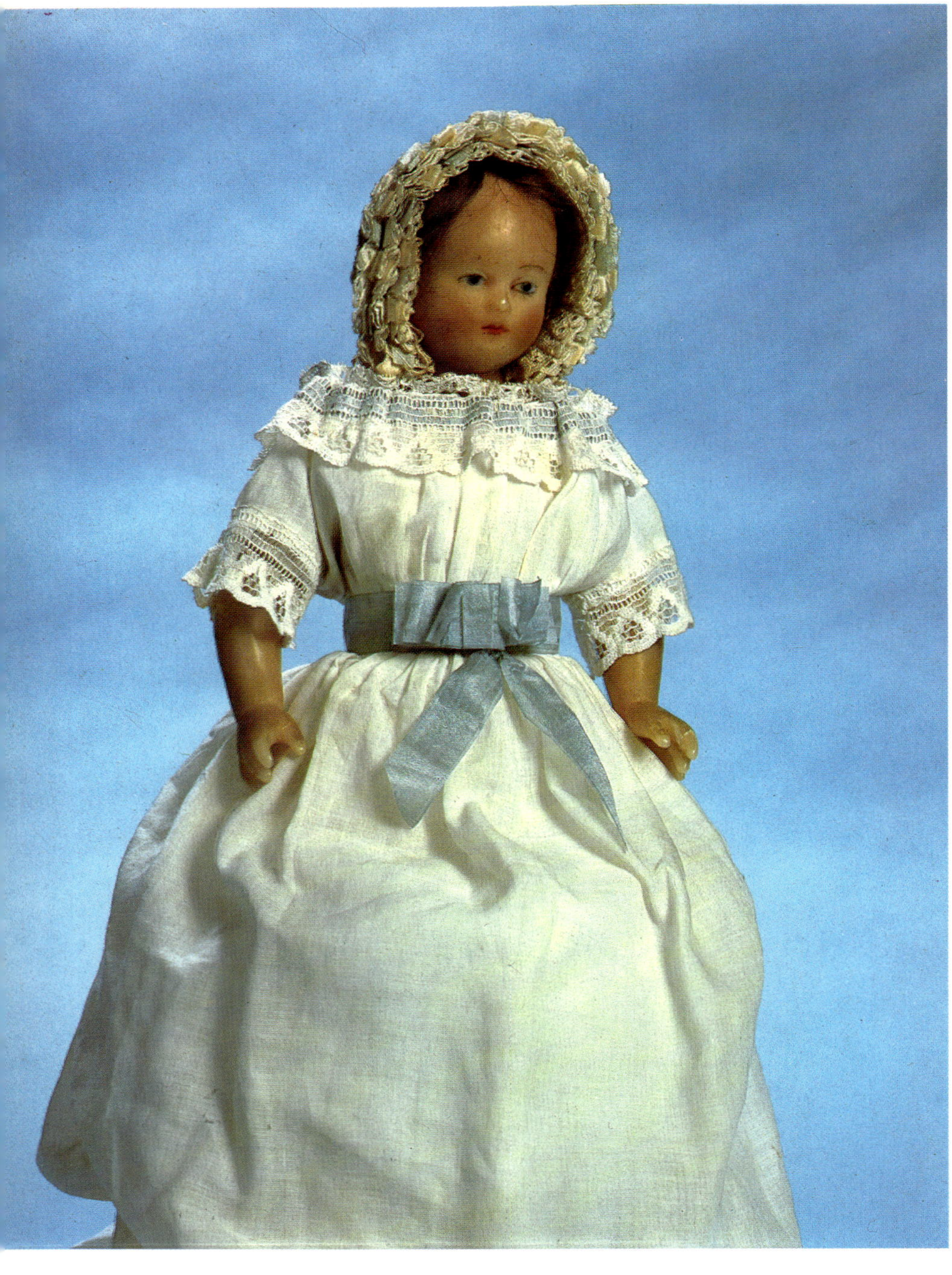

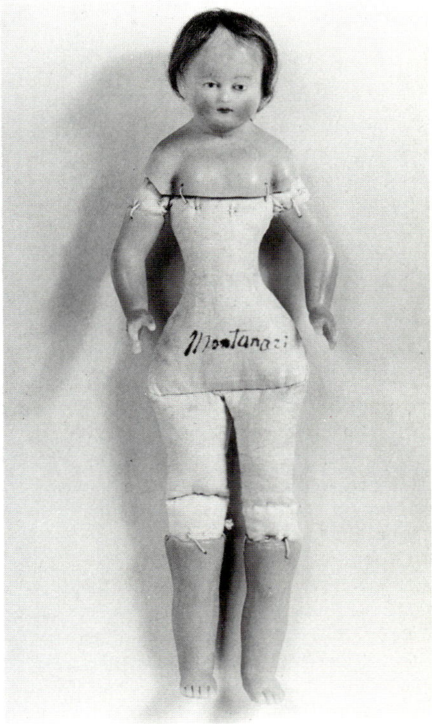

Babypuppe von Montanari, unbekleidet (oben) und bekleidet (rechts) mit langem Babykleidchen mit blauem Band, möglicherweise Hinweis auf einen königlichen Prinzen. 1850. 35 cm. (Marianne Bodmer, Zürich)

Babypuppe von Pierotti in Wiege. 1880.
53 cm. (Privatbesitz)

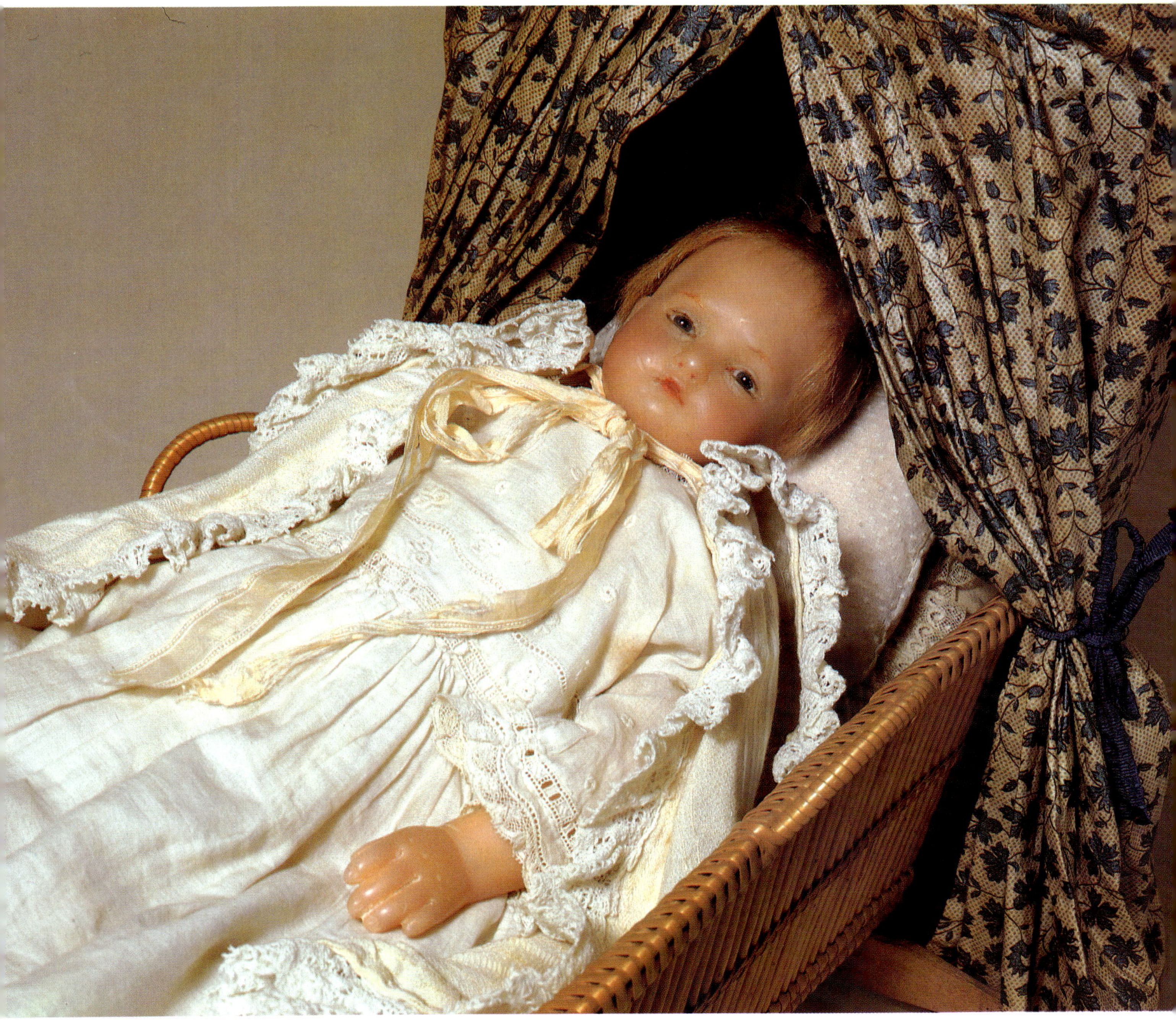

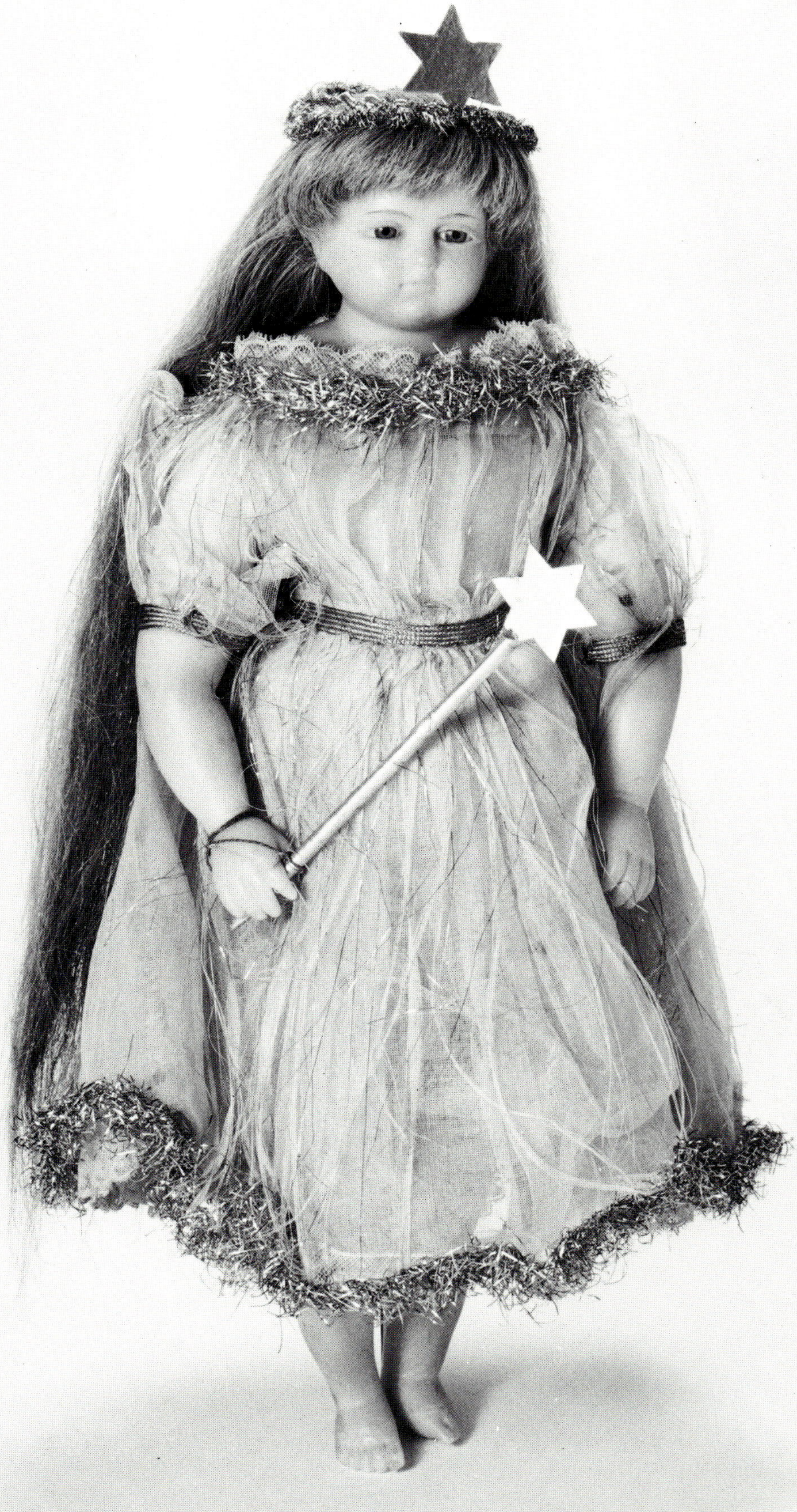

Wichtige Wachspuppenmacher und Zentren der Puppenherstellung

In Museen überall in Großbritannien und im Ausland stehen gute Puppen ohne Markierung oder Herkunftsangabe, und die Geschichte der Londoner Wachspuppenmacher ist voller Fragezeichen. Andererseits führen alte Geschäftsverzeichnisse Puppenmacher, von denen man überhaupt nichts weiß und denen man kein bestimmtes Modell zuschreiben kann. Dieses Kapitel befaßt sich mit einigen der bekanntesten Puppenmacherfamilien und -betrieben, spürt ihrer Geschichte und ihren Fertigungstechniken oft über mehrere Generationen nach, zeigt aber zugleich, wo unser Wissen Lücken hat.

Anthony Bazzoni

Obwohl Anthony Bazzoni sehr lange tätig war (er wird in Londoner Geschäftsverzeichnissen von 1832 bis 1855 geführt), besitzen wir kaum einen Hinweis auf seine Puppen. Er galt allerdings als Erfinder der Sprechpuppe. Wenigstens eines der wenigen persönlichen Interviews mit einem richtigen Puppenmacher besitzen wir. In sein Werk *London Labour and the London Poor* nahm Henry Mayhew den «genialen Erfinder der Sprechpuppe» auf. Die Bedeutung für unser Thema rechtfertigt das Zitat in voller Länge:

> Ich bin der einzige, der je eine Sprechpuppe gemacht hat. Ich lasse sie «Papa» und «Mama» sagen. Ich habe gerade keine da, die ich Ihnen zeigen könnte. Ich habe die letzte verkauft. Ich habe eine verkauft, die sollte nach St. Peters-

Links Weihnachtsfee. Familie Pierotti. 1900. 46 cm. (Bethnal Green Museum)

Rechts Inserat für Bazzoni-Puppen. (Guildhall Bibliothek, London)

Rechts außen Puppe mit Bazzoni-Markung. Wachsüberzugkopf auf Stoffkörper, Ziegenlederarme, Glasaugen. Diese seltene Puppe hat eine Perücke und Babykleidung. Um 1850. 73 cm. (Shelburne Museum, Vermont)

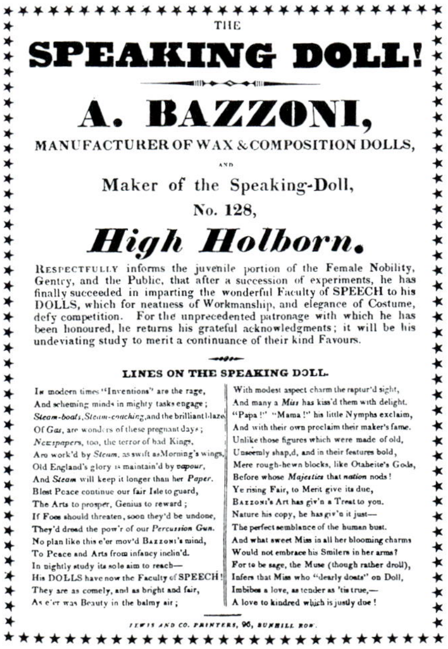

THE

SPEAKING DOLL!

A. BAZZONI,

MANUFACTURER OF WAX & COMPOSITION DOLLS,

AND

Maker of the Speaking-Doll,

No. 128,

High Holborn.

RESPECTFULLY informs the juvenile portion of the Female Nobility, Gentry, and the Public, that after a succession of experiments, he has finally succeeded in imparting the wonderful Faculty of SPEECH to his DOLLS, which for neatness of Workmanship, and elegance of Costume, defy competition. For the unprecedented patronage with which he has been honoured, he returns his grateful acknowledgments; it will be his undeviating study to merit a continuance of their kind Favours.

LINES ON THE SPEAKING DOLL.

In modern times "Inventions" are the rage,
And scheming minds in mighty tasks engage;
Steam-boats, *Steam-coaching*, and the brilliant blaze
Of *Gas*, are wonders of these pregnant days;
Newspapers, too, the terror of bad Kings,
Are work'd by *Steam*, as swift as Morning's wings,
Old England's glory is maintain'd by *vapour*,
And *Steam* will keep it longer than her *Paper*.
Blest Peace continue our fair Isle to guard,
The Arts to prosper, Genius to reward;
If Foes should threaten, soon they'd be undone,
They'd dread the pow'r of our *Percussion Gun*.
No plan like this e'er mov'd BAZZONI's mind,
To Peace and Arts from infancy inclin'd.
In nightly study its sole aim to reach—
His DOLLS have now the Faculty of SPEECH!
They are as comely, and as bright and fair,
As e'er was Beauty in the balmy air;
With modest aspect charm the raptur'd sight,
And many a *Miss* has kiss'd them with delight.
"Papa!" "Mama!" his little Nymphs exclaim,
And with their own proclaim their maker's fame.
Unlike those figures which were made of old,
Unseemly shap'd, and in their features bold,
Mere rough-hewn blocks, like Otaheite's Gods,
Before whose *Majesties* that *nation* nods!
Ye rising Fair, to Merit give its due,
BAZZONI's Art has giv'n a Treat to you.
Nature his copy, he has giv'n it just—
The perfect semblance of the human bust.
And what sweet Miss in all her blooming charms
Would not embrace his Smilers in her arms?
For to be sage, the Muse (though rather droll),
Infers that Miss who "dearly doats" on Doll,
Imbibes a love, as tender as 'tis true,—
A love to kindred which is justly due!

LEWIS AND CO. PRINTERS, 96, BUNHILL ROW.

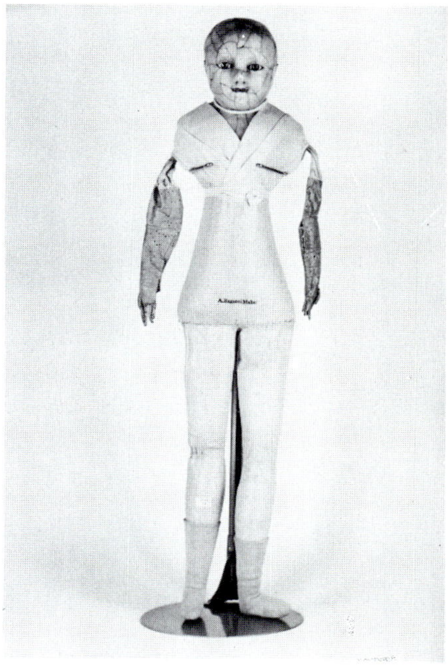

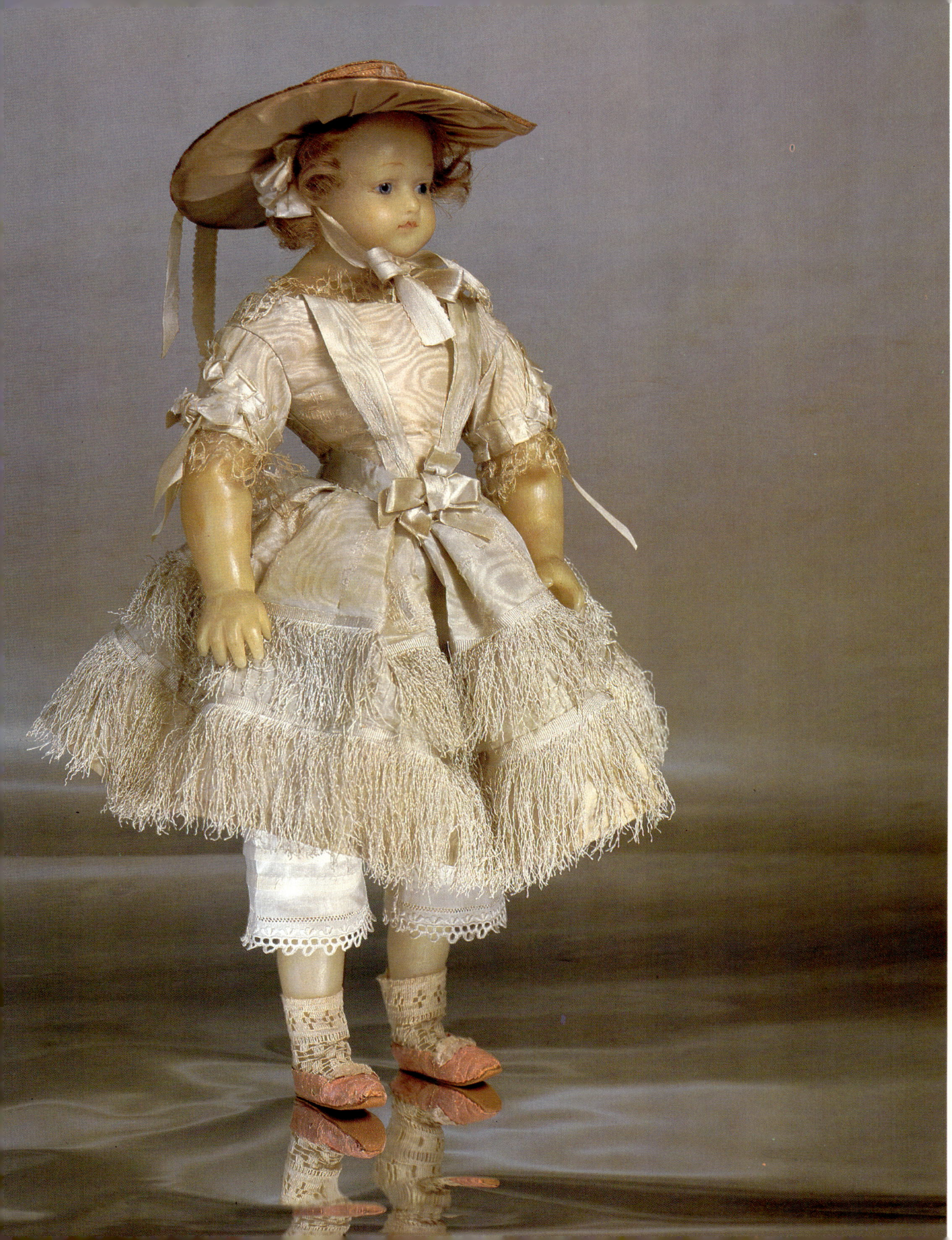

Links Montanari-Puppe. Angeblich Prinzessin Alice nach einem Porträt, das sie bei einer Ausfahrt mit der Königin zeigt. Um 1850. 46 cm. (Marianne Bodmer, Zürich)

Unten Sehr gute Wachspuppe, «Rosamunde» vor Sudbury Hall. Vermutlich Montanari, möglicherweise aber auch Meech; ungemarkt. 1863. 63 cm. (Sammlung Cadbury, Sudbury Hall, Derby)

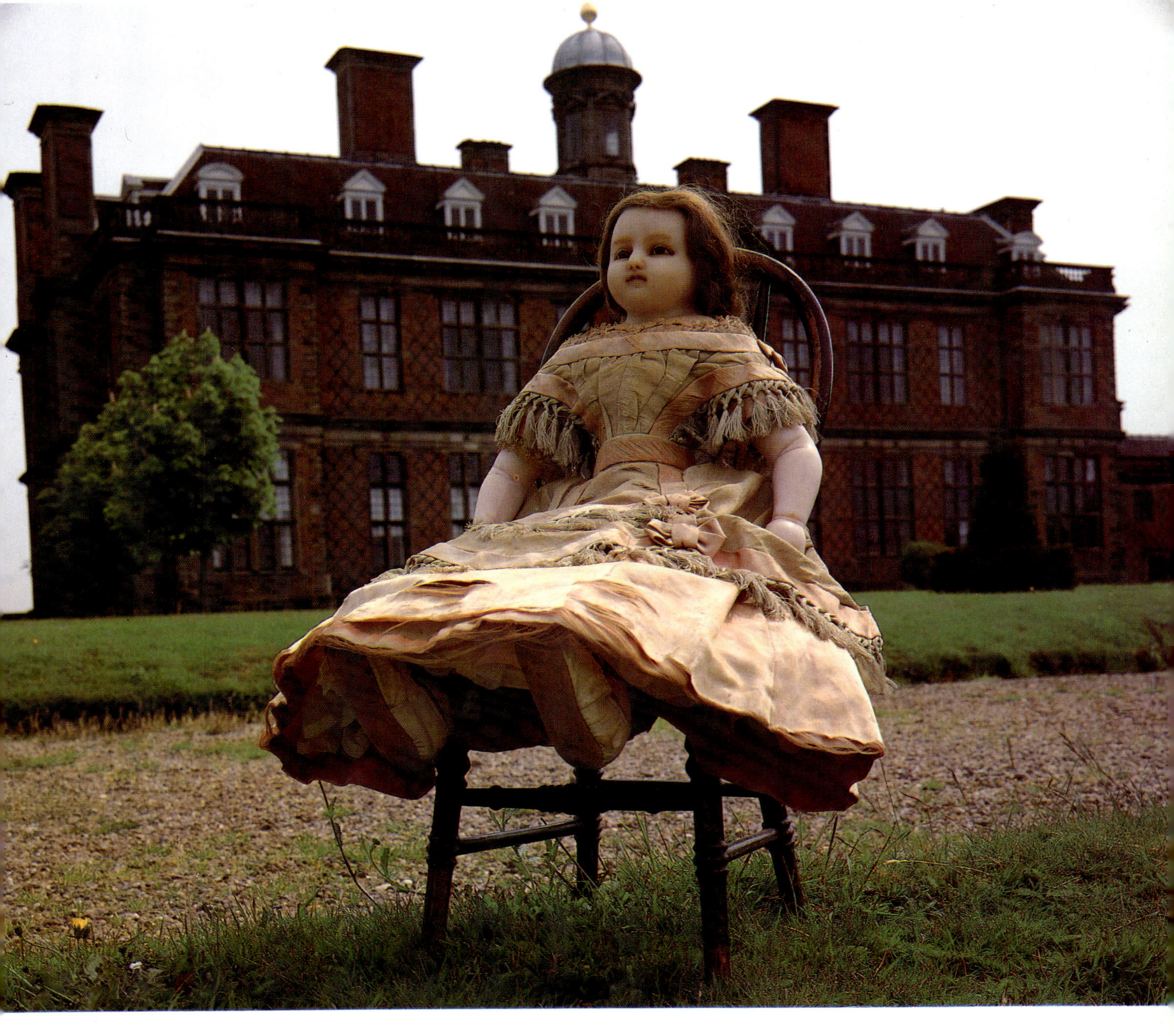

Pierotti-Puppe in Originalkleidung im Kinderwagen. Um 1900. 60 cm. (Worthing Museum and Art Gallery, Sussex)

burg geschickt werden – auf der Überfahrt wurde sie beschädigt und konnte, als sie ankam, weder «Papa» noch «Mama» sagen, und der Herr, der sie gekauft hat, konnte sie in ganz Rußland nicht reparieren lassen. Das hätte ich ihm gleich sagen können. Auf der Ausstellung 1851 wird es, glaube ich, etwas Ähnliches geben, wie das, was was ich ihnen gerade erzähle, aber da wird es von allem etwas geben. Für die Erfindung der Sprechpuppe mußte ich viele Experimente und Studien betreiben. Die Idee ist mir gekommen, als ich eines Tages eine einfache Kindertrompete hörte – warum nicht eine Puppe zum Sprechen bringen? Mit der Wissenschaft wird man mit allem fertig. Vor einiger Zeit kam ein Bauchredner aus Dublin zu mir; er konnte alles nachmachen, nur kein Baby, und er kam zu mir, um mich wegen einer Babystimme um Rat zu fragen. Ich steckte ihn in meinen Ausstellungsraum und sagte: «Stellen Sie sich in die Ecke und hören Sie zu!» Ich ließ die Puppe sprechen und er sagte: «Das ist es.» Er gab mir zwei Guineen für den Apparat (nicht die Puppe) und war ganz glücklich, als er ging. Ich habe den Apparat auf eine Gesellschaft mitgenommen und ihn auf der Treppe sprechen lassen; ein junger Mann, denn ich damit ein bißchen aufziehen wollte, ist ziemlich blaß geworden, weil er nicht wußte, wer oder was da eigentlich kam. Nachdem ich mich entschlossen hatte, mich am Bau einer Sprechpuppe zu versuchen, blieb ich Tag für Tag dabei, auch wenn ich etwas anderes tat, dachte ich daran, und wurde in drei Monaten fertig. Ich habe oft davon geträumt, aber ich habe nie im Schlaf einen Einfall für die Sprechpuppe bekommen, obwohl mir das bei anderen Erfindungen schon passiert ist. Als mich meine Puppe zum ersten Mal «Papa» nannte – und das durfte sie ja auch mit gutem Grund – da sagte ich in so einer Art Begeisterung – es war ein Gefühl äußerster Genugtuung – «Jetzt hab' ich sie endlich.» Ich verkaufe jedes Jahr ein gutes Dutzend zu sechs Pfund sechs Schilling das Stück. Die Kinder in meinem Ausstellungsraum haben schon oft nach dem Baby gesucht, wenn sie meine Puppe gehört haben. Ich hatte mal einen Spitzbuben von Papagei, der konnte gerade so schön «Papa» und «Mama» sagen wie meine Puppe – der Papagei hat es von der Puppe gelernt. Viele Puppenmacher haben meine Puppe schon auseindergenommen, um an mein Geheimnis zu kommen. Ich kannte mal einen klugen Kopf, der versuchte zwölf Monate lang, sie nachzubauen, zum Schluß hat er seine ganze Arbeit ins Feuer geworfen. Ich muß lachen – mich kümmert das keinen Deut. Der Ruhm und das Geheimnis gehören mir, und ich werde sie auch behalten; der Gewinn ist nicht besonders hoch – und was den Ruhm angeht, darüber zu reden ist nicht meine Angelegenheit.

Das einzige Exemplar einer mit Bazzoni gemarkten Puppe (siehe Seite 71) ist keine Sprechpuppe. Sie hat einen wachsüberzogenen Pappmachékopf, eine Echthaarperücke und Glasaugen und trägt Babykleidung.

Die Pierottis

Die Pierottis sind ein typisches Beispiel für einen Puppenmacherbetrieb. Ihre Arbeit ist unverwechselbar, und man kann noch heute schöne Exemplare aus ihrer Hand sowie einige der verwendeten Gußformen und Werkzeuge besichtigen. Großzügige Gaben der Familie Pierotti und ihrer Nachkommen an das Bethnal Green Museum und an das Spielzeugmuseum in Rottingdean, Sussex, vermitteln uns einen vollen Überblick.

Die Pierottis hatten Erfolg, weil sie ein Familienbetrieb waren, in dem die Handwerkskunst stets vom Vater an den Sohn weitergereicht wurde. Es haben tatsächlich sämtliche Familienmitglieder eine Lehre als Wachsbildner oder Mechaniker absolviert. Die Mädchen machten Stoffkörper und Puppenkleider und

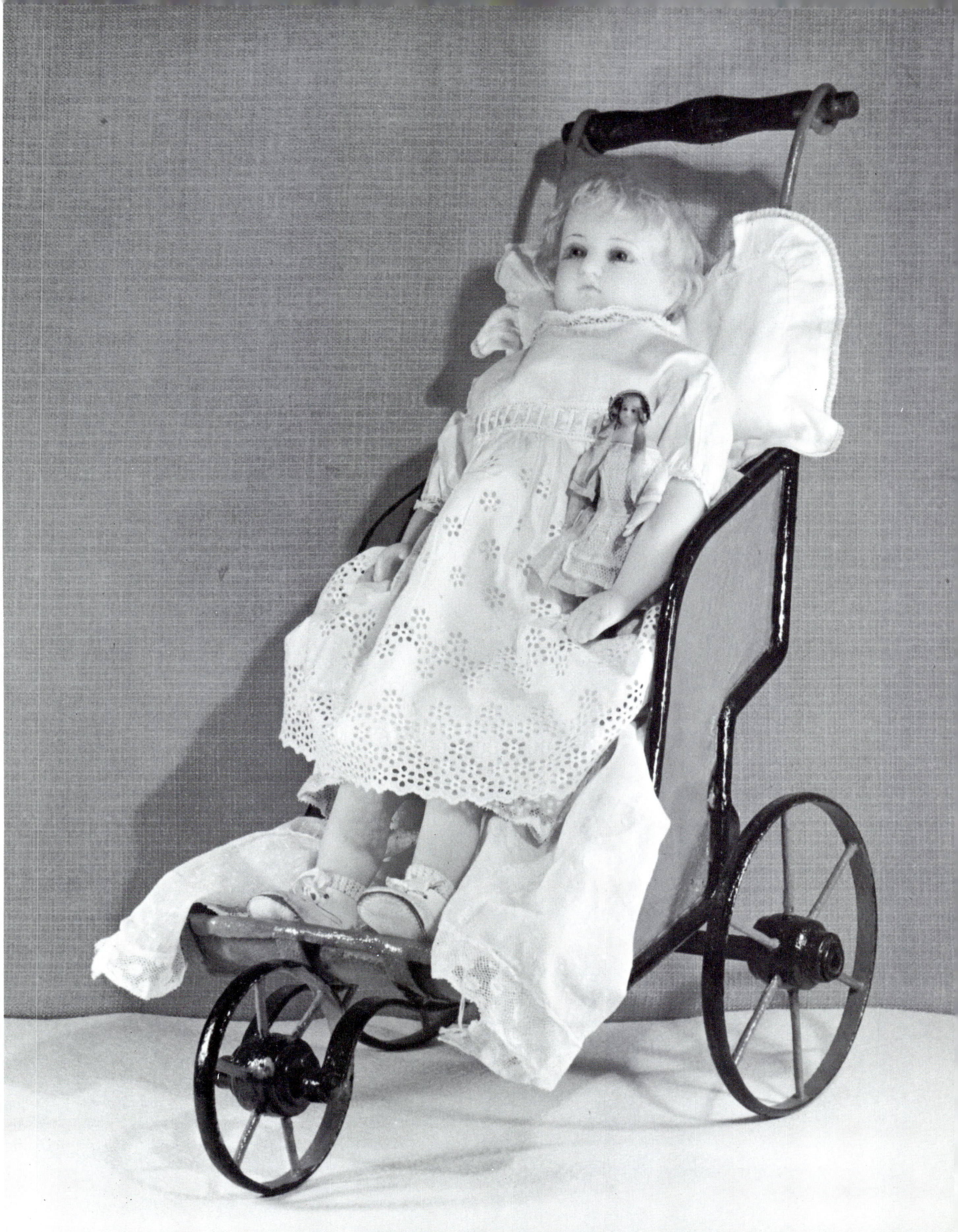

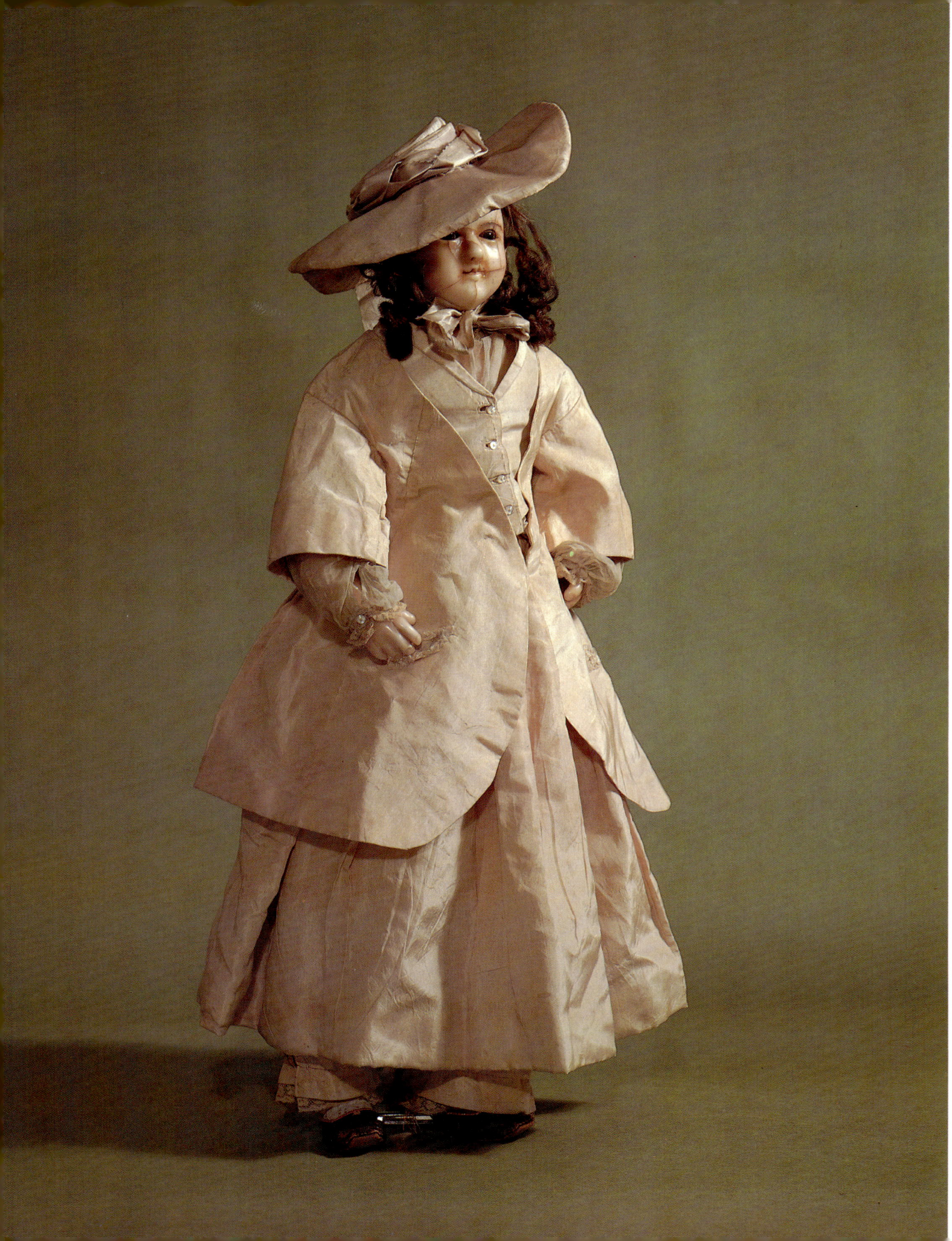

Links Mrs. Bloomer im Reformkleid. Composition mit Wachsüberzug. 1851. 53 cm. (Mary Hillier)

Rechts Mrs. Bloomer in der Kleidung der vielgescholtenen Mary Caudle mit Souvenirnadelkissen aus dem Kristallpalast. Papiermaché mit Wachsüberzug. 1851. 53 cm. (Mary Hillier)

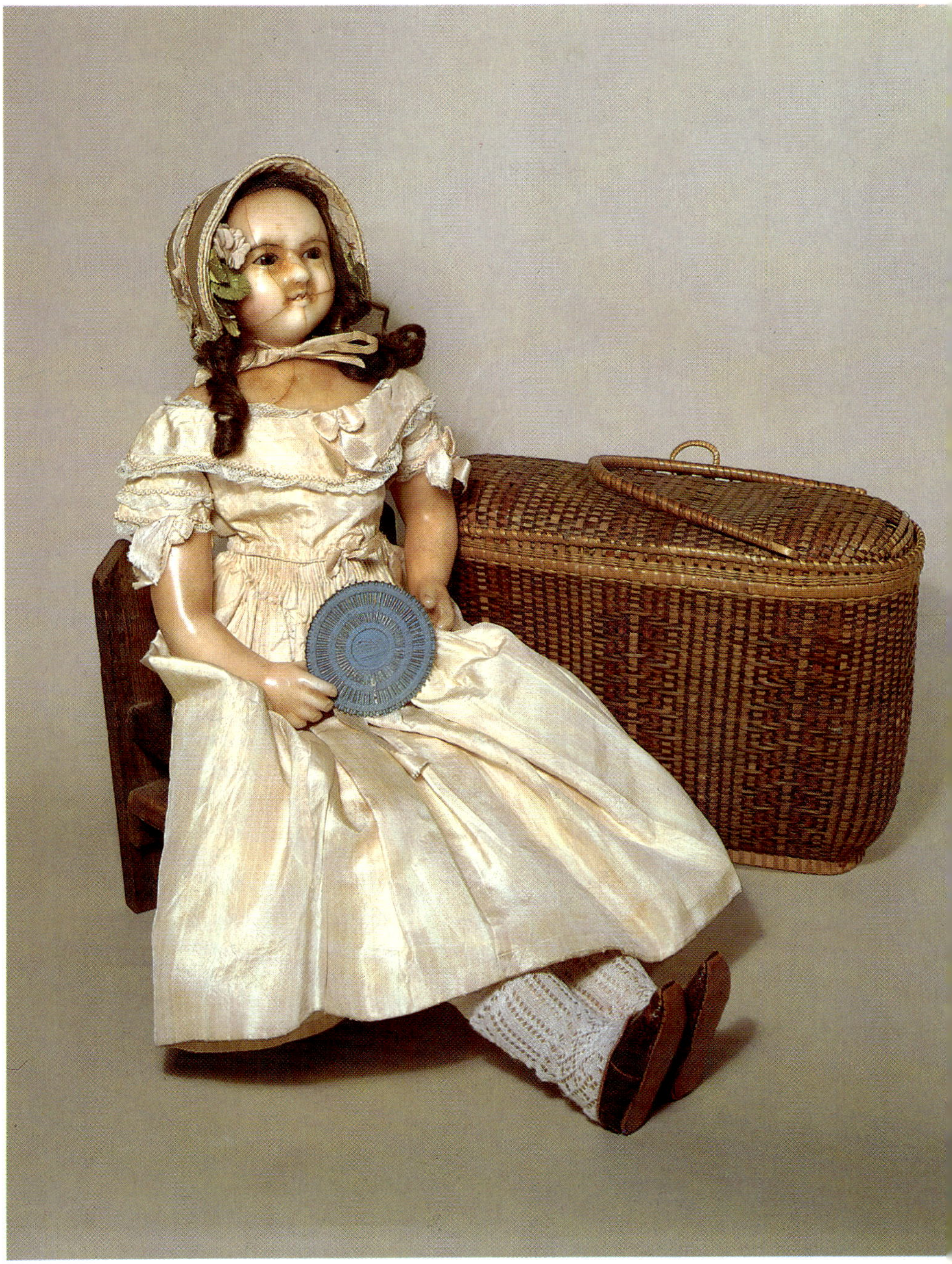

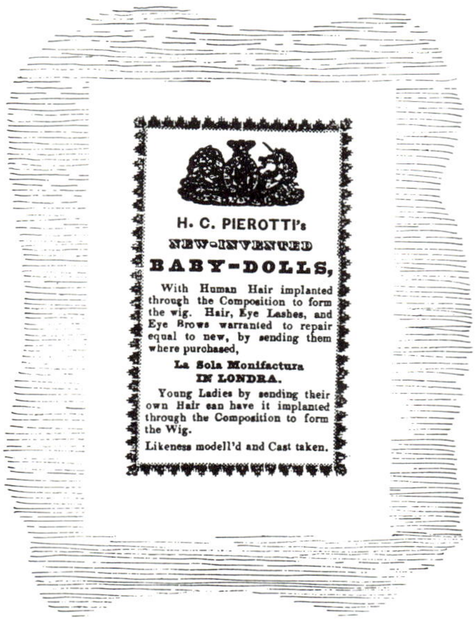

Geschäftskarte von Pierotti. Um 1860.
(Brighton Art Gallery and Museum)

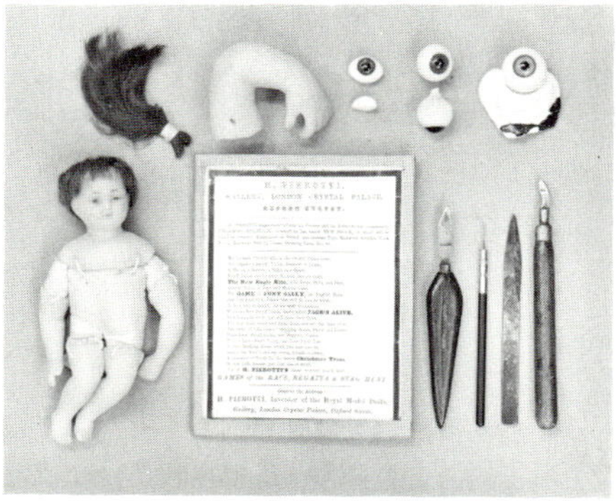

Geschäftskarte von Pierotti mit Wachspuppenteilen und Werkzeugen, dem Spielzeugmuseum Rottingdean vom letzten Pierotti übereignet. (Rottingdean Toy Museum)

Rechts Porträt von Charles William Pierotti (1841–1892). Er war der Vater von C.E. und Harry Pierotti und der Großvater von Irene Pierotti. (Irene Pierotti)

nahmen die mühevolle Aufgabe auf sich, die weichen Körper und Gliedmaßen auszustopfen. Dem Familienstammbaum nach (Seite 79) war die Familie sehr zahlreich.

Die Pierottis stammen aus der Gegend um Bergamo und Volterra in Norditalien. Sie müssen von höherem Stand gewesen sein, denn sie führten ein Familienwappen. Giovanni Stefano Pierotti, geboren 1730, besaß Weinberge in Volterra und einen Weinexporthandel, der ihn vielleicht auch nach England gebracht hat; denn es ist belegt, daß er 1750 in Reading eine Engländerin heiratete. Ein Kind aus dieser Ehe, der in Italien geborene Domenico, wurde 1770 nach England geschickt, um dort am St. Bartholomew Hospital eine Verletzung behandeln zu lassen, die er sich beim Sturz von einem Baum zugezogen hatte. Die Schwester seiner Mutter, eine Mrs. Castelli, lebte in Portsmouth und kümmerte sich nicht nur um ihn, sondern unterwies ihn auch im Modellieren und Gießen. Von ihr wird berichtet, sie habe Figuren für Putzmacherinnen und wachsüberzogene Papiermachépuppen angefertigt sowie Gipsformen zur Stuckierung von Wänden und Decken, was damals sehr beliebt war.

1790 heiratete Domenico die Engländerin Susanna Sleight und ließ sich in London nieder. Er hat nachweislich bereits 1793 im Pantheon Basar Puppen verkauft, scheint in diesem Gewerbe Hervorragendes geleistet zu haben und wurde 1810 eingebürgert. Von seinen vielen Kindern (fünf Jungen und sechs Mädchen) trat das neunte, Anericho Cephas (Henry) in des Vaters Fußstapfen und spezialisierte sich auf Wachsporträts prominenter Persönlichkeiten und auf die Herstellung hochwertiger Wachspuppen. Vor allem er machte den Namen der Familie berühmt. Um 1847 erscheinen er und sein Bruder Giovanni in Londoner Adreßbüchern als Puppenmacher und Hersteller von Gipsfiguren. Henry gewann eine Medaille auf der Londoner Ausstellung von 1849 und nahm für sich in Anspruch, der Erfinder der Königskinderpuppen zu sein, die den zahlreichen Kindern Königin Viktorias nachgebildet waren (siehe auch Seite 66).

Henry eröffnete einen Stand auf dem Londoner Kristallpalast Basar in der Oxford Street 108, dem heutigen Standort des Ladens von Peter Robinson. Das hat dazu geführt, daß in mancher Familienüberlieferung eine Puppe als im «Kristallpalast» gekauft bezeichnet wird, aber der Basar eröffnete natürlich erst nach der Weltausstellung von 1851. Henry bot sowohl Spielzeug als auch Puppen an. Die Überlieferung in der Familie Pierotti, daß Henry einige seiner Wachspuppen seinen eigenen Kindern nachgebildet habe, geht auf deren stark italienische Gesichter und in einigen Fällen auf das schöne tizianrote Haar, das er verwendete, zurück. Eine Wachsgußpuppe mußte zunächst von einem Künstler modelliert werden; hatte man dann zwei oder drei teilweise aus Gips bestehende Formen von diesem Original genommen, konnte jede Anzahl von Wachskopien gegossen werden. Die Vorrichtung dazu war einfach, weshalb die Puppenmacherei leicht in Heimarbeit betrieben werden konnte. Es gibt Indizien dafür, daß sich andere Pierottis Einfälle aneigneten, aber selbstverständlich lag die eigentliche Kunst in der Fertigkeit, die es brauchte, um aus einem hohlen Wachsteil einen schönen Puppenkopf zu machen. Warmes, flüssiges Wachs wurde in die Form gegossen der Rest wieder zurückgegossen, sobald eine dünne Schicht an der Formwandung festgeworden war. Gefärbt wurde durch Zusatz von Karmin und Bleiweiß, das auch als Härter diente. Für Luxusausführungen goß Pierotti das Wachs oft in zwei oder drei Schichten, sowohl um das Material zu verstärken als auch der besseren Farbabstimmung wegen. Nach Entnahme des Wachskopfes aus der Form entfernte man Gußspuren und glättete ihn mit kleinen Werkzeugen. Die Augenlöcher wurden ausgeschnitten und die geblasenen Glasaugen mit Hilfe von Stäben von innen angebracht und mit flüssigem Wachs befestigt. Damit es noch

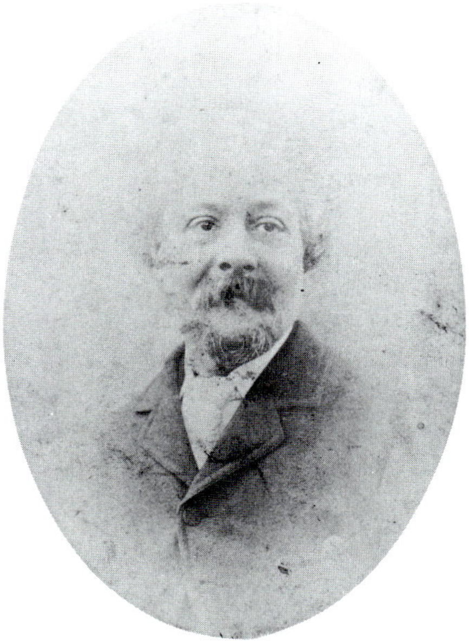

STAMMBAUM PIEROTTI

Giovanni Stefano Pierotti * 1730
∞ 1750 Engländerin (Schwester von Mrs. Castelli)

Domenico Pierotti * Volterra, Italien, 1760
(in England eingebürgert 1810)
∞ (England) 1790 Susanne Sleight

Sera 1792	Susanna 1794	Lucia 1796	Stefano 1798	Nurata 1799	Anna 1802	Giovanni Dominic 1804	Nitilla 1807	**Anericho Cephas** *1809 † 1871 ∞ 1828 Jane Gumbrell	Guiseppi 1811	Carlo Stefano 1814

Jane 1829	Anerico Cephas 1830	Celia 1831	Alfred 1834	John 1836	Nanna 1838	George Henry 1840	**Charles William** * 1841 † 1892 ∞ 1859 Anna Roache († 1932)	Helena 1848	Jessica Maria 1851	Cephas 1852	Walter 1853

Charles Ernest *1860 † 1942	Arthur 1862	Alice 1863	Alfred 1865	Florence 1867	Rose 1869	Joseph 1870	**Harry** 1872	Albert 1873	Augustus 1875	Maud 1879	Beatrice 1882

Nach Aufzeichnungen von Irene Pierotti

Rechts Hier steht der Beweis dafür, daß Augusta Montanari tatsächlich Puppen nach Königin Viktoria modelliert hat. Diese schöne Puppe ist auf der unteren Körperhälfte mit ihrem Namen und «Soho Bazaar» gemarkt. Sie hat richtig geflochtenes Blondhaar und trägt als Schmuck Kunstperlen und -blumen. Körper, Beine und Füße aus Stoff. 1851. 60 cm. (Museum of London)

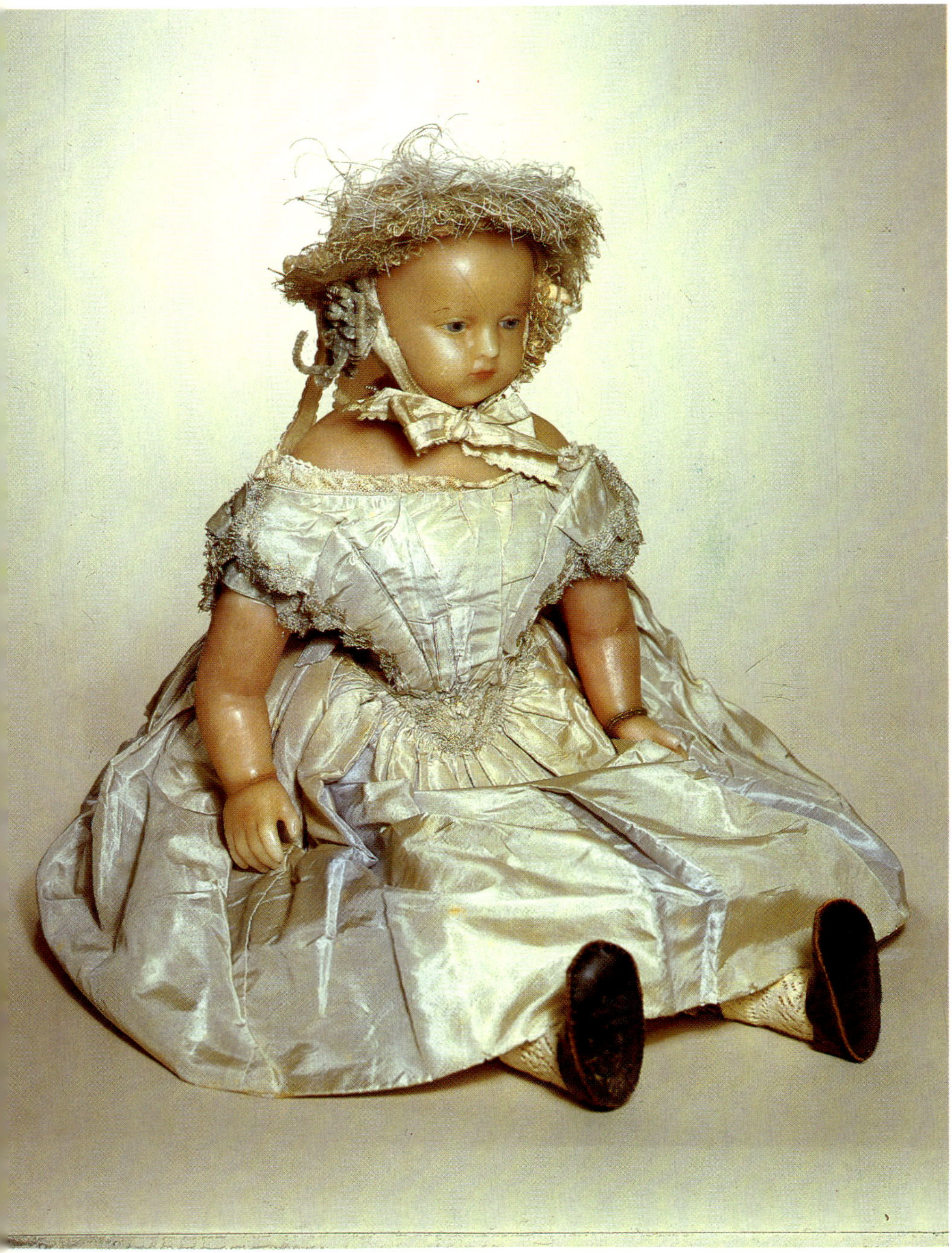

Oben Dieses Schätzchen ist eine wertvolle Montanari-Puppe namens «Selina» und wurde auf der Pariser Ausstellung von 1855 erworben. Die Stirne ist ziemlich kahl, weil das Haar nahe dem Wirbel eingesetzt ist. Sie hat den Blick aus ihren blauen, eingesetzten Augen unter modellierten Lidern gesenkt. Das Kleid ist aus schönem eisblauem Satin. Der dekorativ eingefaßte Hut ist mit hellblau gefärbten Pfeifenreinigern verziert. Montanari gewann mit dieser Puppe auf der Pariser Ausstellung eine Medaille. Sie ist ein schönes Beispiel für Montanaris Stil, bis hin zu den Applikationen aus winzigen Perlen. Es geht das Gerücht, daß Montanari seine Köpfe innen mit einem M gemarkt habe. Ich habe nie eines gefunden – aber ich habe auch noch nicht viele abgenommene Köpfe gehabt! 1855. 58 cm. (Tunbridge Wells Museum)

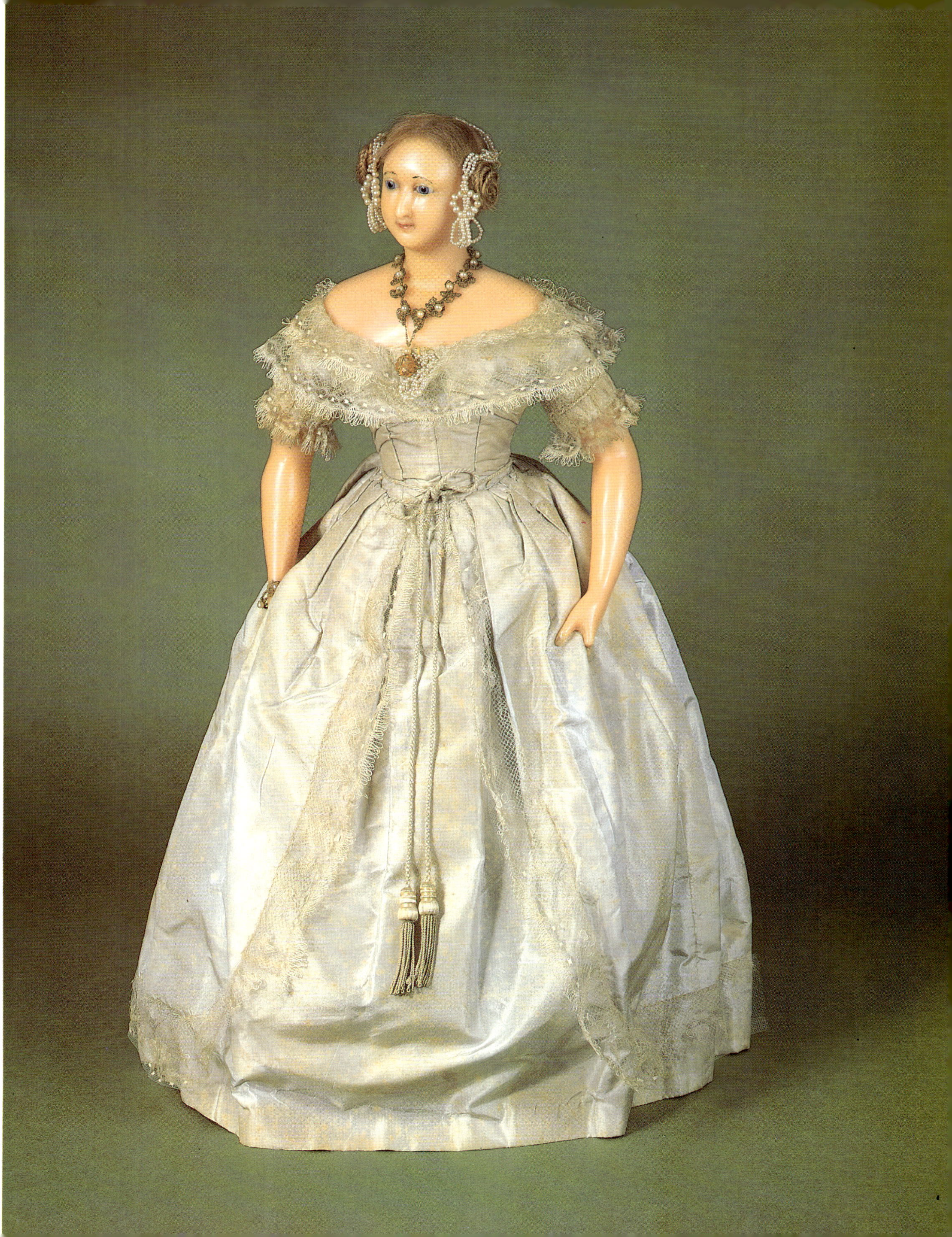

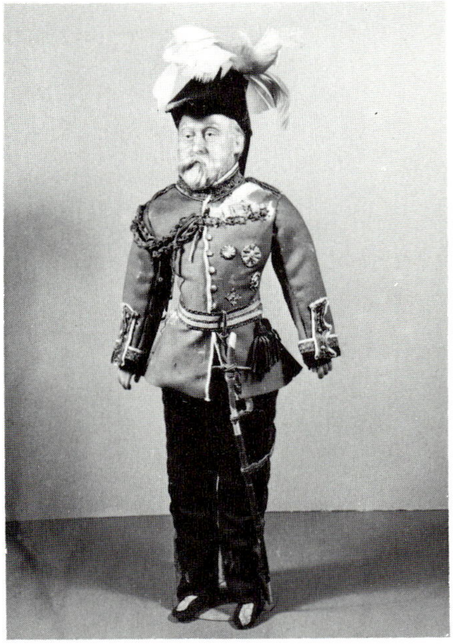

König Eduard VII. als Feldmarschall. Figur von Pierotti. 1901. 53 cm. (Wenham Museum, Massachusetts)

echter aussah, stattete man größere Puppen oft mit Augenbrauen und Wimpern aus und pflanzte sorgfältig und naturgetreu Haare in kleinen Büscheln auf die Kopfhaut, die dazu mit einem Skalpell geschlitzt wurde. Am Scheitel setzte man zuweilen jedes Haar einzeln ein, damit alles so echt wie möglich wirkte.

Henry Pierotti starb 1871, aber sein Sohn Charles William und seine Tochter Celia führten das Puppenmachergewerbe fort, wahrscheinlich mit Unterstützung durch andere Mitglieder der großen Familie. Es entstanden Puppen für Königin Viktoria, und einmal schmückten ein paar winzige Wachsfigürchen eine Torte bei einer königlichen Hochzeit. Charles stellte auch Schaufensterpuppen her und machte Frisierköpfe und Schneiderpuppen. Er heiratete 1859 und starb 1892 in jungen Jahren an Bleivergiftung - eine der Gefahren bei der Arbeit mit Wachs, doch das hat man vermutlich damals noch gar nicht gewußt. Unterstützt von zwei Söhnen und drei Töchtern führte die Witwe das Geschäft zu Hause in Shepherds Bush in West London weiter. Die wenigen Meilen bis zur Stadtmitte wurden die Puppen in der Droschke befördert und in verschiedenen Geschäften des Londoner West End verkauft, so zum Beispiel bei Hamley, Morrell und F. Aldis (siehe Seite 66).

Einer direkten Nachfahrin der Familie, Irene Pierotti, habe ich für die Mitteilung ihrer Erinnerungen zu danken. Sie denkt daran zurück, als sie als kleines Mädchen an Wochenenden ihre Großmutter besuchte, wo sie ihren «Onkeln» Charles und Henry fasziniert bei der Arbeit zusah: Die «liebenswerten Alten» schafften in der Küche, wo ein großer Kessel auf dem Herd warmgehalten wurde, und über dem ganzen Haus lag, unvergeßlich, der Duft von Wachs. Eine Schachtel mit Augen stand neben der anderen, Gipsformen reihten sich auf Wandborden oder standen auf einer langen Bank bereit für die nächste Serie Köpfe und Glieder. Kindheitseindrücke sind sehr lebendig, und so erinnert sie sich an das Weihnachsfest im Kreis der Familie und an das Wachsengelchen, das sie von ganz oben vom Christbaum bekam. Ein prächtiger Birnbaum beherrschte im Sommer den Garten hinter dem Haus, und stets standen leckere Kuchen auf dem Teetisch, wenn die zahlreichen Enkelkinder zu Besuch kamen. Ihre Tanten und ihre Großmutter, die bis zu ihrem neunzigsten Lebensjahr arbeitete, schnitten fleißig die Baumwollteile für die Puppenkörper zu, nähten sie zusammen und stopften sie aus. Die Puppen trugen immer handgenähte Kleidchen, und ihre hübschen Gesichter erhielten stets von Hand den letzten Schliff. Sie wurden mit weißem Stärkepuder oder Veilchenpuder bestäubt, um ihnen natürliches Aussehen (die «blühende Schönheit» neuer Wachspuppen) zu verleihen, ein Hauch Rouge wurde auf Bäckchen und Ohren mit Watte verrieben, und schließlich wurden Lippen, Nasenlöcher und Ohren mit feinem Pinsel und trockener Farbe bemalt.

Unter der Leitung von Charles Ernest produzierte die Firma weiterhin die traditionellen Pierotti-Babypuppen, fertigte aber auch Originalmodelle. Miss Pierotti besitzt eine braune Wachspuppe, die Charles für einen Wahrsager auf einem Basar gemacht hatte. Nach dem Burenkrieg stellte er eine Porträtpuppe von «Bobs» her, das heißt von Lord Roberts, dem Oberkommandierenden von Südafrika und Helden von Kandahar aus dem vorausgegangenen Krieg in Afghanistan (siehe Seite 65). Welch ein geschickter Künstler Charles war, zeigt uns eine große Figur von König Eduard VII. bei seiner Krönung. Der Monarch ist ganz naturgetreu mit Schnurrbart, Bart und Halbglatze dargestellt (siehe Seite 64). Man vermutet, daß diese Figur einen bevorzugten Ausstellungsplatz hatte, aber ihre Geschichte ist verlorengegangen.

Nach dem ersten Weltkrieg büßten die Wachspuppen ihre Beliebtheit ein und wurden zunächst von Porzellan- später von Zelluloidpuppen verdrängt. Charles setzte seine Arbeit fort, bis er sich, schon über siebzig Jahre alt, in den dreißiger Jahren aus dem Geschäft zurückzog. Er betrieb jedoch weiterhin eine Werkstatt zur Reparatur alter Wachspuppen. Sein Werkzeug und einige Beispiele seiner Arbeiten und der verwendeten Materialien sind im Spielzeugmuseum von Rottingdean in Sussex zu sehen, und erstklassige Puppen, die die gleichbleibende Fertigkeit der Pierottis demonstrieren, sind in Museen in aller Welt ausgestellt.

Die vielseitigen Montanaris

Der bekannteste Name unter den Wachspuppenmachern ist womöglich der Montanaris. Bei den alten Sammlern scheint es sogar der einzige Name gewesen zu sein, und man nannte jede Gußwachspuppe eine Montanari oder einen Montanari-Typ. Das geht insbesondere auf die große Bekanntheit zurück, die Augusta Montanari durch ihre Auszeichnung auf der Weltausstellung von 1851 erlangt hatte, und auch auf gelegentliche Funde von Puppen, über deren Stoffkörper sie ihre Signatur gekritzelt hatte.

Bis vor kurzem noch waren Herkunft und Hintergrund der Montanaris geheimnisumhüllt, obwohl ich – mehr aufgrund ihrer Näharbeiten und ihres Modestils sowie ihrer offenkundigen Begeisterung für das Königshaus als aufgrund erwiesener Tatsachen – schon immer das Gefühl hatte, daß Augusta Montanari Engländerin gewesen sein muß. Es war mir daher eine besondere Genugtuung, den Beweis dafür in den Akten der Volkszählung von 1861 zu finden. Augusta Montanari wurde 1818 in Grantham als Charlotte Augusta Dalton geboren. Ihr Gatte Napoleon, in Korsika geboren, wie schon sein Name vermuten läßt, war sechs Jahre älter. Nach dem ältesten Sohn, der wie sein Vater Richard Napoleon hieß und selbst Wachsbildner wurde, hatten sie noch drei Kinder: Julie, Constance und Charles Albert Victor Augustus. Man fragt sich betroffen, was wohl aus den Kindern geworden ist, als ihre Mutter 1864 an Schwindsucht starb, und ob sie über das Kindesalter hinaus am Leben geblieben sind. Als Richards Geburtsort ist New York belegt, demnach haben sich seine Eltern also in den USA aufgehalten.

Der erste Beleg für Napoleon Montanaris Arbeit als Wachsbildner stammt aus dem Jahre 1849. Eine Pierotti weiß zu berichten, daß sich ihr Vater erinnert, als

Abschrift des Totenscheins von Augusta Montanari, die an «phthisis» (Schwindsucht) starb. (Mary Hillier)

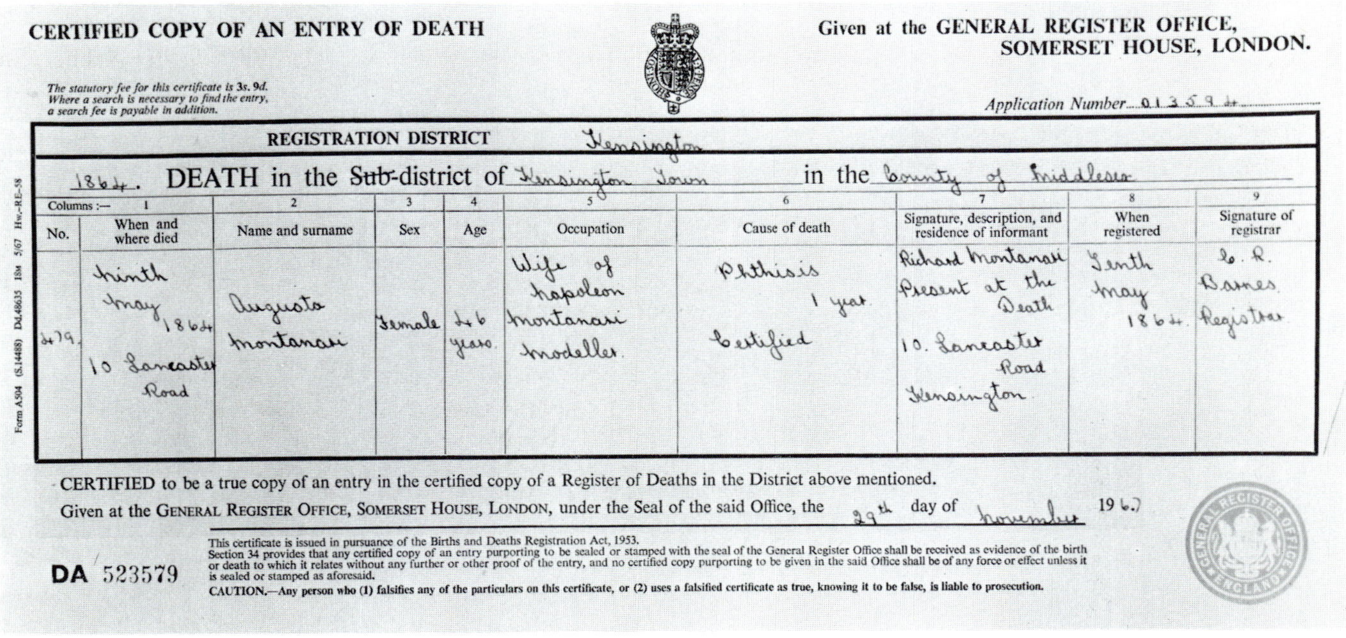
CERTIFIED COPY OF AN ENTRY OF DEATH

Given at the GENERAL REGISTER OFFICE, SOMERSET HOUSE, LONDON.

The statutory fee for this certificate is 3s. 9d. Where a search is necessary to find the entry, a search fee is payable in addition.

Application Number 01359

Form A504 (S.14488) Dd.48635 18M 5/67 Hw.-RE-58

REGISTRATION DISTRICT Kensington

1864. DEATH in the Sub-district of Kensington Town in the County of Middlesex

Columns:— 1 No.	1 When and where died	2 Name and surname	3 Sex	4 Age	5 Occupation	6 Cause of death	7 Signature, description, and residence of informant	8 When registered	9 Signature of registrar
479	Ninth May 1864 10 Lancaster Road	Augusta Montanari	Female	46 years	Wife of Napoleon Montanari Modeller	Phthisis 1 year Certified	Richard Montanari Present at the Death 10. Lancaster Road Kensington	Tenth May 1864	G. R. Barnes Registrar

CERTIFIED to be a true copy of an entry in the certified copy of a Register of Deaths in the District above mentioned.
Given at the General Register Office, Somerset House, London, under the Seal of the said Office, the 29th day of November 1967

This certificate is issued in pursuance of the Births and Deaths Registration Act, 1953.
Section 34 provides that any certified copy of an entry purporting to be sealed or stamped with the seal of the General Register Office shall be received as evidence of the birth or death to which it relates without any further or other proof of the entry, and no certified copy purporting to be given in the said Office shall be of any force or effect unless it is sealed or stamped as aforesaid.
CAUTION.—Any person who (1) falsifies any of the particulars on this certificate, or (2) uses a falsified certificate as true, knowing it to be false, is liable to prosecution.

DA 523579

General Register Office England

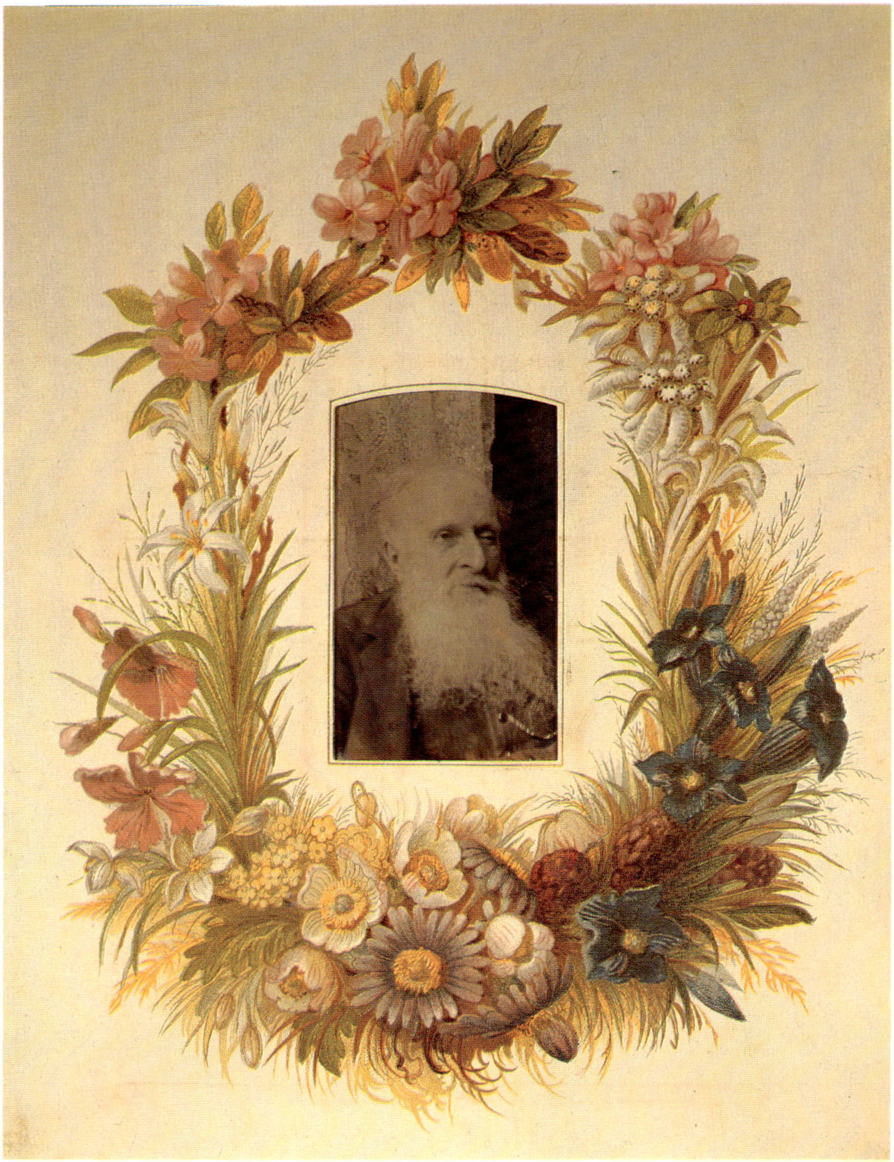

Links Der Puppenmacher Herbert John Meech. (Privatbesitz)

Rechts Brautpuppe. Unsigniert, aber wahrscheinlich von Meech. 1870. 48 cm. (Bethnal Green Museum)

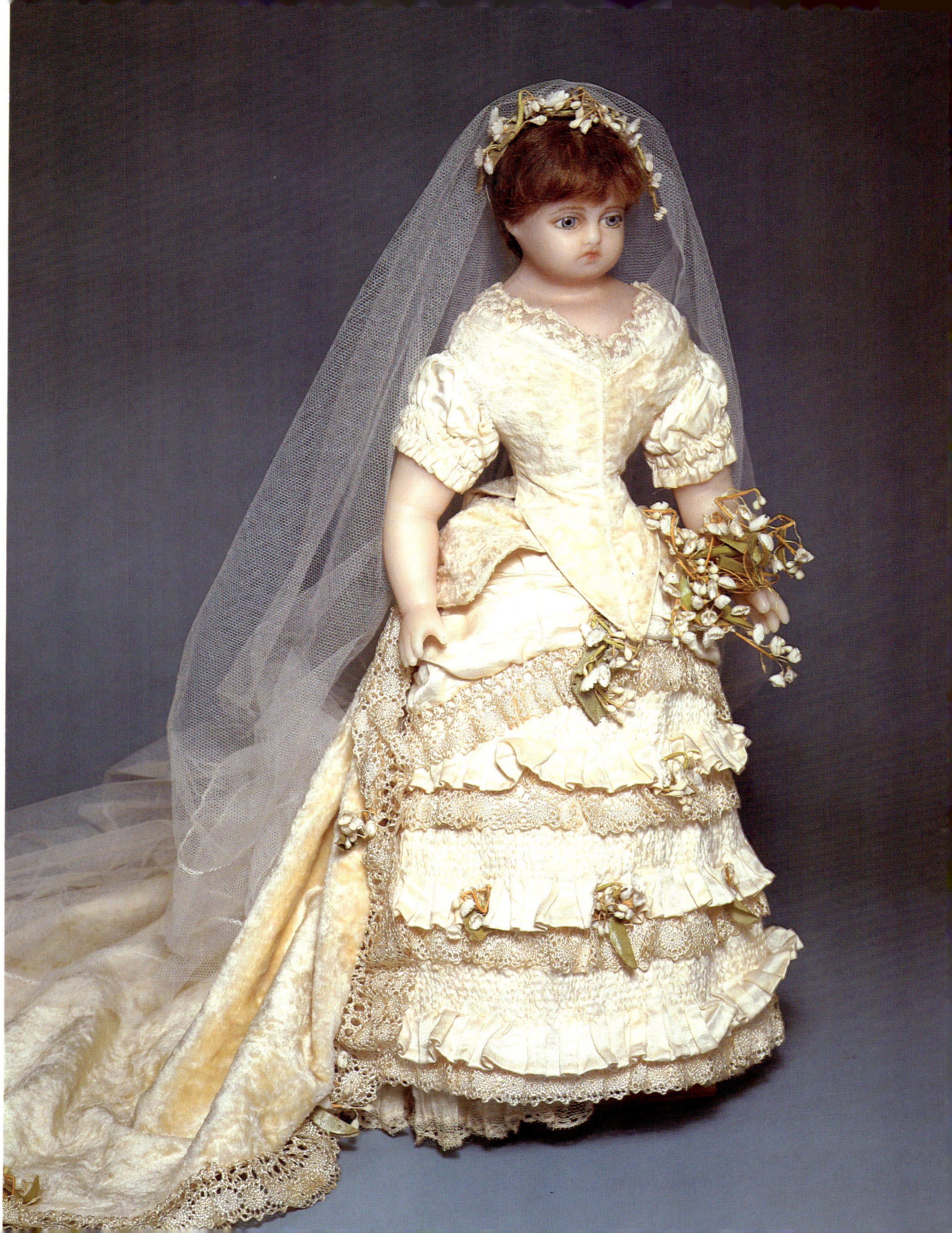

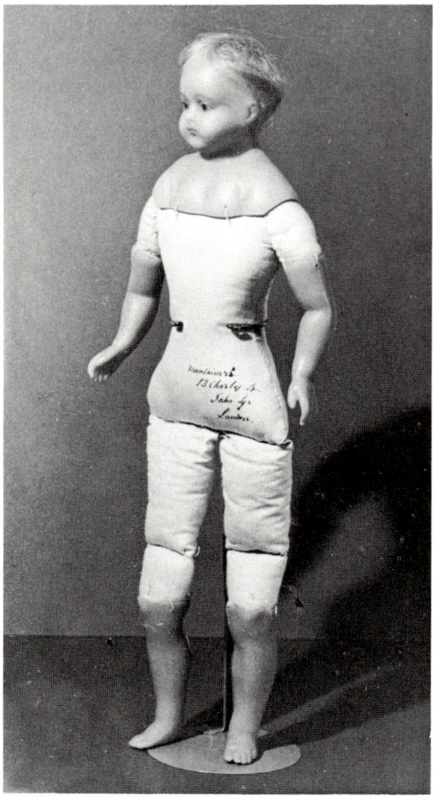

Unbekleidete Babypuppe, gemarkt mit dem Namen Montanaris und «13 Charles St, Soho Sq, London». 50 cm.
(Sammlung Madeline Merrill)

kleiner Junge in den 1860er Jahren einen Besuch Montanaris bei seinem Vater erlebt zu haben; die beiden Familien wohnten ja in der Tat nicht weit voneinander. Montanari muß ein großer, gut aussehender Mann gewesen sein, man hielt ihn für einen Südamerikaner; der Junge glaubte, er sei Schauspieler. Maude Montanari, die letzte noch lebende Enkelin, bestätigte, daß sie ebenfalls der Meinung war, ihr Großvater käme aus Südamerika. Sicher verleiten manche seiner frühesten und besten Exemplare zu der Annahme, er sei mit mexikanischen Typen aus eigener Anschauung vertraut. Ein Besucher der Weltausstellung schrieb:

> Die schönen mexikanischen Figuren die Montanari im Fine Art Court ausstellte, zogen jeden Tag eine Menge Bewunderer an. Es war ja auch wirklich interessant, wie sie das Leben in den Städten und der Wildnis Mexikos in allen Abläufen veranschaulichten. Am bemerkenswertesten waren die groteske Figur eines «Aquador» (Wasserträger), eines «Remendor» oder Schuhflickers in seinem zerlumpten Aufzug, eine religiöse Gruppe von drei Figuren, zwei Indianerinnen, die auf dem Rasen Fandango tanzen, während ein Aussätziger Gitarre dazu spielt, und eine Szene auf einem Bauernhof, wo der reiche Bauer und seine Frau gerade zu einer Reise aufbrechen. Interessant war auch eine schöne Gruppierung mexikanischer Früchte (50 an der Zahl, in natürlicher Größe).

Die Handschrift Madame Montanaris bei einigen Kostümen läßt sich kaum verleugnen, denn hier lag ja ihre Stärke. Weitere Figuren der Ausstellung waren ein nordamerikanischer Indianer, der gerade einen Weißen skalpiert, ein anderer, der ein Kind verschleppt, und schließlich die entsetzliche Figur eines Schwindsüchtigen im letzten Stadium, bei der man sich fragt, ob diese schreckliche Krankheit in der Familie schon öfter vorgekommen war.

Maud Montanari erinnert sich, daß Napoleon Montanari auch ein Modell der berühmten siamesischen Zwillinge Chang und Eng anfertigte, deren Zurschaustellung in London großen Zulauf hatte.

> «Siamesen»-Bilder sind zu haben
> In jedem Kupferstecherladen,
> und jede Wandertöpferei
> hat ihre Gipsfigur dabei.

Es ist nicht ausgeschlossen, daß sich Augusta Montanari ziemlich stark mit der jungen Königin Viktoria identifizierte. Sie war praktisch gleich alt, und ihr erstes Kind kam 1840 zur Welt, als das Land die Geburt der Kronprinzessin feierte. Königin Viktoria fand das Tempo, mit dem sie zu einer großen Familie kam, beängstigend und meinte, kleine Babys sähen aus wie Frösche und seien häßlich, wenn man ihre kleinen Kahlköpfe nicht «unter hübschen Häubchen versteckte». Augusta Montanari, die so hübsche Abbilder aus Wachs herstellen konnte, ahnte wahrscheinlich, daß sie ihren Erfolg der beständigen Produktion königlicher Babys verdankte. Tatsächlich gab sie ihrem letzten Kind einen sehr königlichen Namen.

Pierotti nahm für sich in Anspruch, die Königskinderpuppen eingeführt zu haben, aber diese erfreuten sich derartiger Beliebtheit, daß andere Wachspuppenmacher ohne Zögern folgten. In den damaligen Zeitungen herrschte kein Mangel an Abbildungen von den Babys. Der königliche Nachwuchs verschaffte der Produktion teurer Wachspuppen den entscheidenden Antrieb.

1851, zur Zeit der Weltausstellung, müssen die Montanaris hart gearbeitet haben, vielleicht half ihnen auch ihr Sohn, der auf der Pariser Ausstellung 1855 mit eigenen Arbeiten vertreten war. Bestimmt waren sie sehr stolz darauf, sowohl für die mexikanischen Figuren als auch für die Puppenausstellung eine Medaille er-

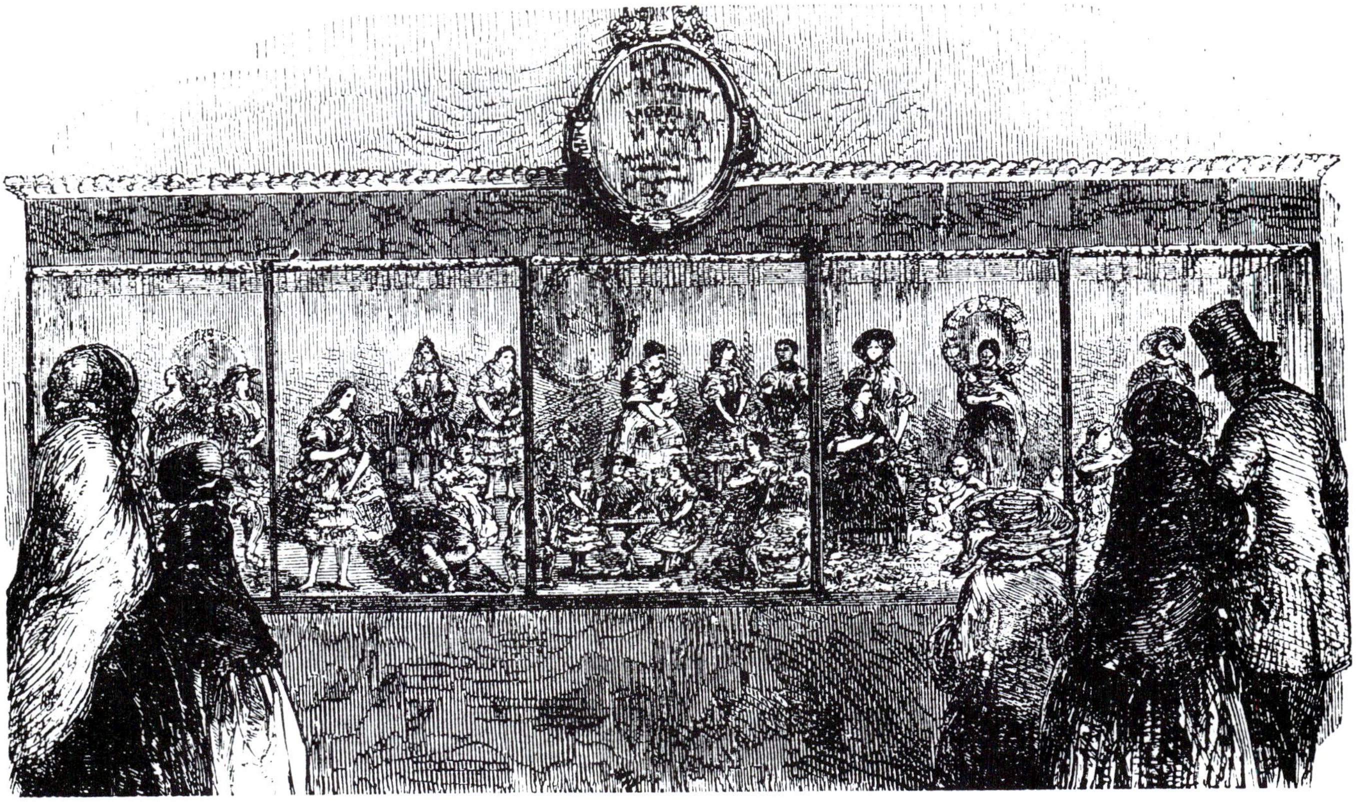

Stich des Montanari-Schaukastens auf der Weltausstellung 1851. Die Zeitung *The Illustrated London News* berichtete: «Ein großer Glaskasten, der stets derart von Muttis und kleinen Mädchen umlagert ist, daß sich ein männlicher Kritiker wie ein Eindringling vorkommt. Man kann sich kein bezaubernderes Märchenschloß vorstellen. Eine süße Nackedei steht vornedran wie Puck unter den Feen ...» Einige Puppen stellten Königskinder dar, andere amerikanische und afrikanische Kinder in der jeweiligen Kleidung. Auch Montanaris Lumpenpuppen waren vertreten und «fanden guten Absatz bei Ihrer Majestät für das königliche Kinderzimmer».
(Mary Hillier)

halten zu haben. Die *de luxe* Ausgabe der *Illustrated London News* beschreibt die Exponate.

> In der North Transept Gallery, Klasse 29, Vitrine 122, befand sich eine reiche Auswahl an Wachspuppen und Lumpenpuppen von Madame Montanari. Diese Spielsachen sind wirklich schön gearbeitet: das Haar in den Kopf eingesetzt, Wimpern und Augenbrauen. Sie verkörpern die verschiedenen Entwicklungsstufen vom Kind zur Frau und sind im Schaukasten zu interessanten Familiengruppen zusammengestellt. Auch Porträts einiger Königskinder sind dabei. Das Innere des Schaukastens stellt einen Empfangssalon dar, die Möbel sind geschnitzt und vergoldet und auf das sorgfältigste gefertigt.

In der Reportage heißt es weiter, eine Vitrine daneben enthalte «die neuerfundenen Lumpenpuppen, besonders für Kinderzimmer geeignet, weil weich und dauerhaft ...» Kritisch wurde lediglich vermerkt, daß die Puppen wohl eher für die Kinder der Reichen als zum allgemeinen Verkauf gedacht waren. Unbekleidet kosteten die Puppen 10 bis 105 Schillinge, angezogen waren sie noch viel teurer.

Signierte Montanari-Puppen zeigen, daß Madame Montanari eine Zeitlang einen Stand auf dem Soho Basar hatte. Andere Puppen tragen die Adresse Charles Street, wo sie arbeitete und wohnte (siehe Seite 86). Die Charles Street war eine kleine Abzweigung vom Soho Square unweit des Basars; sie existiert heute nicht mehr. Napoleon wurde im Londoner Adreßbuch immer als Wachsbildner geführt, und Richard Napoleon bezeichnete sich selbst als Wachskünstler. Erst die Großzügigkeit, mit der Madame Montanari ihre Puppen einkleidete, machte sie zu außergewöhnlichen Stücken. Sie verwendete feinste Spitzenstrümpfe und handgemachte Schühchen, und die Zuschnitte der Kostüme folgten nicht nur der

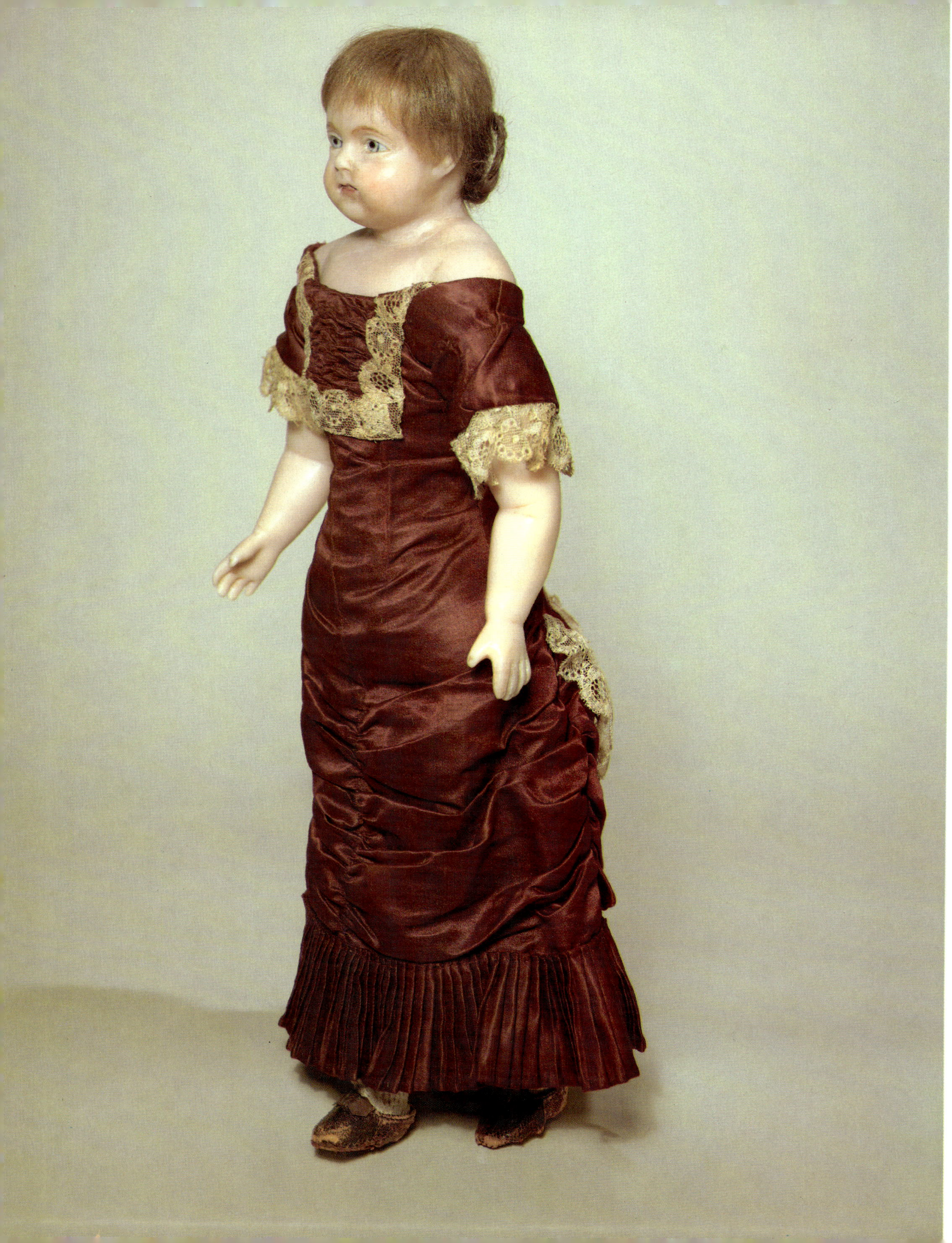

Links Diese raffiniert in malvenfarbene Seide gekleidete Puppe könnte eine Meech sein. Sie hat ausgeprägte Gesichtszüge, Augen und Lider sind modelliert. Das brünette Haar, das vielleicht einen Haarschnitt erhielt, ist festes Echthaar und im Nacken zu einem Knoten frisiert. Um 1870. 48 cm. (Tunbridge Wells Museum)

Rechts Puppe mit dem ovalen Markenzeichen von Meech, Kennington Road. Musselin mit blauen Bändern und Spitzen, sehr veilchenblaue Augen. Um 1865. 58 cm. (Museum of London)

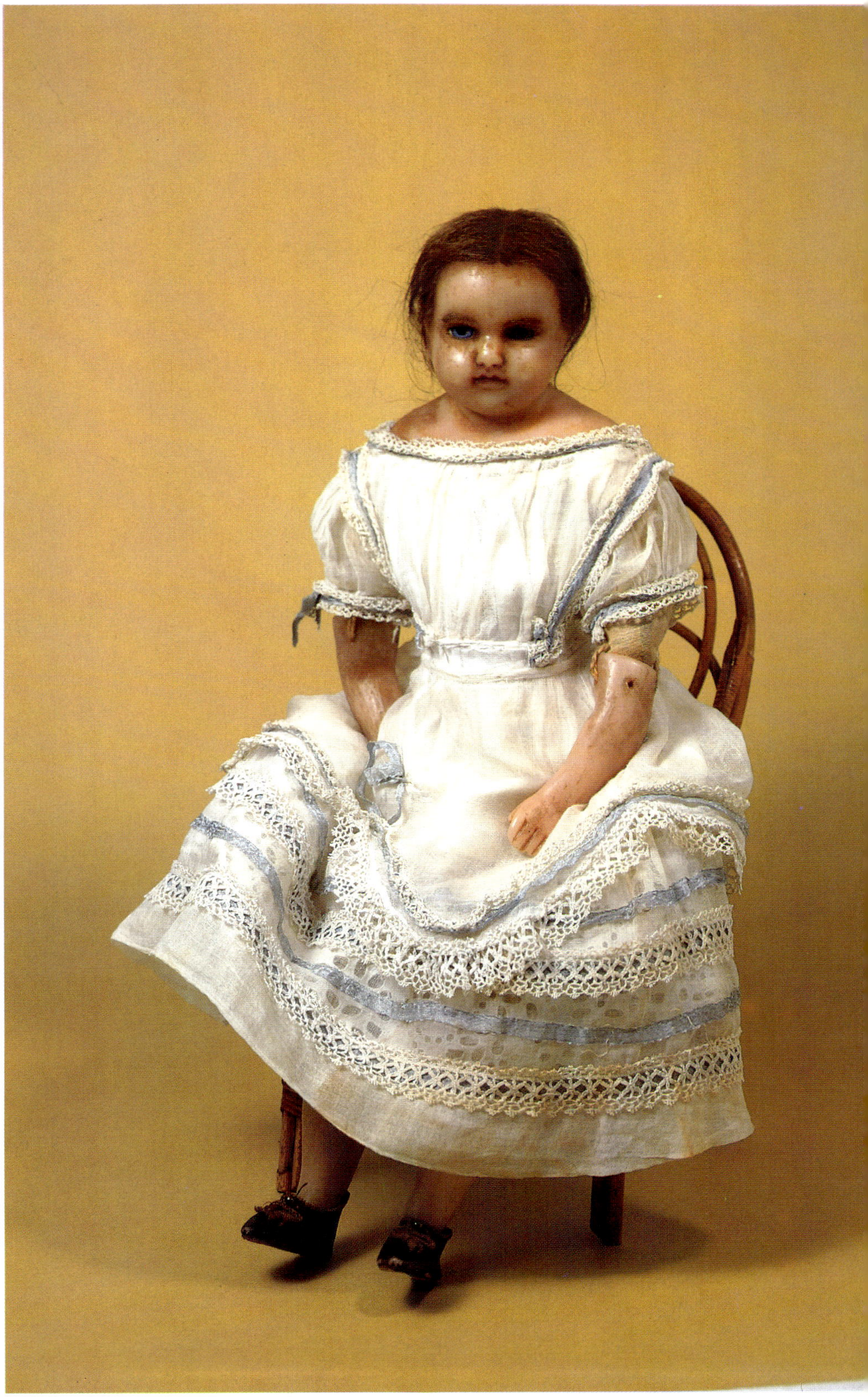

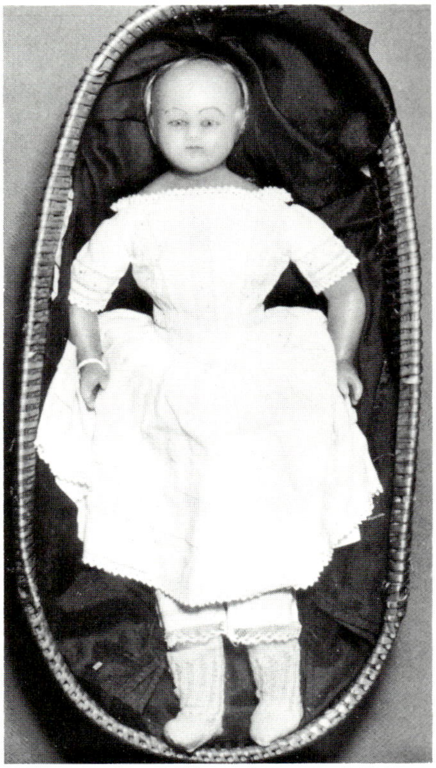

Oben Londoner Lumpenpuppe von Montanari. Gesichtsmaske mit Musselinüberzug, die fest angebrachte Haube bedeckt den ganzen Kopf. Kleine schwarze Glasaugen («Knopfaugen»), unter dem Haubenrand blonde Echthaarsträhnen. Originalkleidchen mit V-förmig zugeschnittenem Brustlatz, entsprechend damaliger Abbildungen des königlichen Babys. Medaillon mit der Aufschrift «A. Montanari Class XXIV. Exhibition prize model 1851. Ich Dien [Devise des Königshauses]» und den Profilen des Königspaars Viktoria und Albert. Die Puppe muß kurz nach der Weltausstellung von 1851 verkauft worden sein. 33 cm. (Museum of Childhood, Edinburgh)

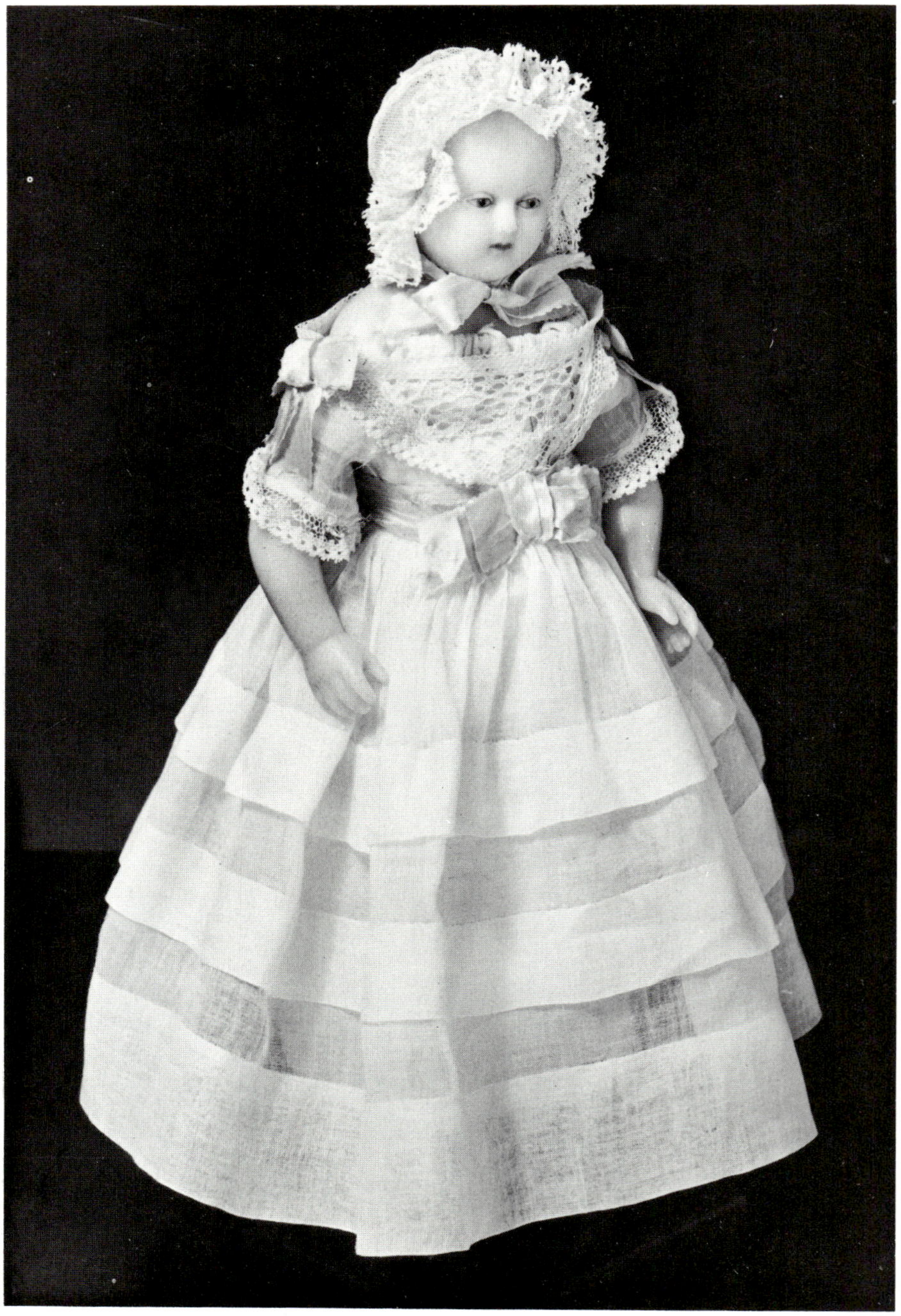

Rechts Puppe nach Prinzessin Louise, gezeigt auf der Londoner Ausstellung von 1853. 37 cm. (Bethnal Green Museum)

aktuellen Mode, sondern trugen auch individuelle Züge. Ein Aquarell im Victoria and Albert Museum illustriert ihre Kunstfertigkeit; die Schleifen und Rosetten sind ihr Markenzeichen. Sie liebte die verschwenderische Putzmacherei der viktorianischen Zeit: die Fransen und Spitzen, die Tressen und die Perlstickereien. Sie machte Halsketten und Armbänder aus winzigen Perlen, die sie auch in Frisuren einflocht, und der V-förmige Sattel an Kinderkleidchen wie an modischen Roben war sehr hübsch und bot sich zugleich für allerlei Stickereien an. Das Material, das sie verwendete, war nur vom besten und hat sich deswegen oft so wundervoll gehalten.

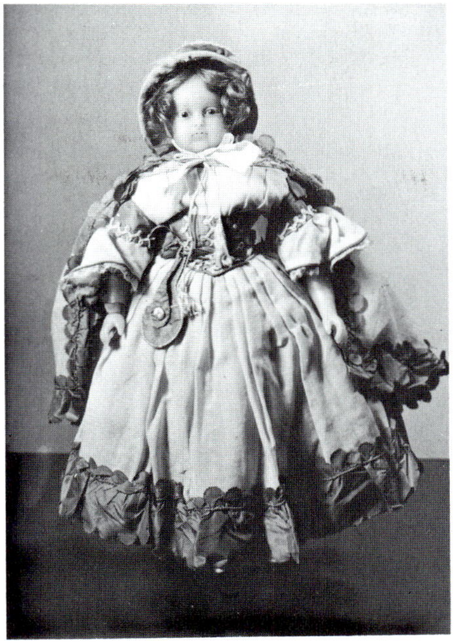

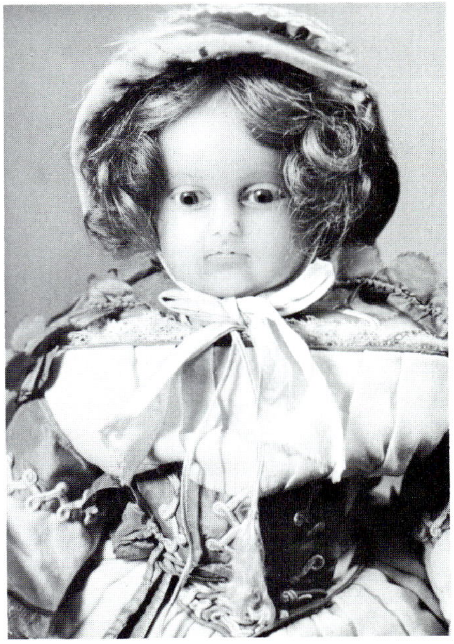

Unsignierte Puppe. Kopf, Arme und Beine Wachsguß, Stoffkörper mit schmaler Taille. Die Originalkleidung könnte aufgrund ihrer Eleganz von Madame Montanari sein: Kleid aus cremefarbenem Wollgewebe, weit und tief ausgeschnittenes Oberteil, kurze Trompetenärmel, üppige Applikationen und Einfassungen aus dunkelrotem paspoliertem Seidenband auf Kleid und Cape, Borten an Mieder und Ärmeln; dunkelroter, drahtversteifter Samthut, cremefarbene Halsschleife aus Seide, Reste einer weißen Straußenfeder; am Gürtel roter Pompadour an rotem Band mit seidenüberzogenem Knopf, am Handgelenk rote Schleife; Netzstrümpfe, flache, handgenähte Lederschuhe mit schwarzem Schuhband und Metallschnallen, auf den Ledersohlen mit Bleistift «8». Die Unterkleidung ist ebenso exquisit: handgenähter, am Knie enger Leinenschlüpfer mit fünf Zugbändern und Spitzenbesatz, Leinenhemd, Unterrock aus glattem Wollflanell mit Zugband und bestickten Säumen, Leinenunterrock mit zwölf Zugbändern und eingesetzten Spitzen. Das Kleid ist möglicherweise eine Kopie nach einer Modenabbildung der Zeit um 1850 und gleicht im Stil dem auf Seite 116 gezeigten. 48 cm. (Sammlung Lorna Liebemann)

War Augusta auf der New Yorker Weltausstellung 1853 vertreten? Im Ausstellungskatalog heißt es, daß «die bekleideten Puppen mit Sicherheit alles bisher Gesehene in bezug auf geschmackvollen Entwurf wie auf Schönheit der Ausstattung übertreffen». Wenn das keine Montanaripuppen waren, dann wurde sicher ihr Stil nachgeahmt, wie der Druck von dem Stand Tuttles auf Seite 67 vermuten läßt. Wie erwähnt, haben die Montanaris und ihr Sohn an der Pariser Ausstellung von 1855 teilgenommen, wo Madame erklärte, das Wachs werde auch den Temperaturen in heißen Ländern standhalten.

Für die Gesellschaft Londons war 1855 ein aufregendes Jahr. Kaiser Napoleon III. brachte zu einem Staatsbesuch in Windsor seine schöne neue Gemahlin mit. Eugénie war groß und elegant, sie hatte rotbraunes Haar und einen wundervollen Teint, Merkmal ihrer schottischen Vorfahren – ihre Erscheinung war ein starker Kontrast zu der kleinen, gedrungenen Viktoria. Bei ihrem Englandbesuch trug sie eine graue Krinoline mit schwarzen Spitzen und rosa Schleifen, dazu Chrysanthemen im Haar. Madame Montanari ist bestimmt keine Einzelheit entgangen, und der Gelegenheit, eine so schicke Dame zu porträtieren, konnte sie nicht wiederstehen. Die Königin inspizierte persönlich die Staatsgemächer in Windsor und das zu Ehren der Besucher neu entworfene königliche Schlafgemach. Die Bettvorhänge aus violettem Satin (Eugénies Lieblingsfarbe) waren mit Federn besetzt, und mit goldenen Adlern und den Buchstaben «LN» und «EI» in leuchtendem Grün bestickt. Als im August desselben Jahres die Pariser Ausstellung eröffnet wurde, waren Königin Viktoria und Prinz Albert zu einem Gegenbesuch eingeladen. Machten sie Halt am Schaukasten der Montanaris? War Madame Montanari persönlich zugegen? Man kann sich die Szene nur in der Phantasie ausmalen.

Eine hochinteressante Eintrittskarte (links), vermutlich Mitte 1856 ausgegeben, verweist auf die Geschäfte der Montanaris nach den Aufregungen der Ausstellungen. Einige seiner Indianerfiguren und ihre Puppen wurden in einem Wachsfigurenkabinett in der Linwood Galerie gezeigt, wobei auf den französischen Besuch angespielt wird, der die Freundschaft zwischen Viktoria und Eugénie festigte.

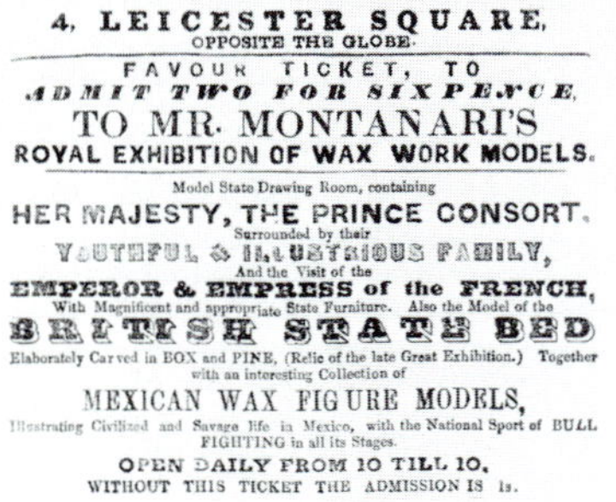

4, LEICESTER SQUARE,
OPPOSITE THE GLOBE.

FAVOUR TICKET, TO
ADMIT TWO FOR SIXPENCE,
TO MR. MONTANARI'S
ROYAL EXHIBITION OF WAX WORK MODELS.

Model State Drawing Room, containing
HER MAJESTY, THE PRINCE CONSORT,
Surrounded by their
YOUTHFUL & ILLUSTRIOUS FAMILY,
And the Visit of the
EMPEROR & EMPRESS of the FRENCH,
With Magnificent and appropriate State Furniture. Also the Model of the
BRITISH STATE BED
Elaborately Carved in BOX and PINE, (Relic of the late Great Exhibition.) Together with an interesting Collection of
MEXICAN WAX FIGURE MODELS,
Illustrating Civilized and Savage life in Mexico, with the National Sport of BULL FIGHTING in all its Stages.
OPEN DAILY FROM 10 TILL 10.
WITHOUT THIS TICKET THE ADMISSION IS 1s.

Vorzugskarte zu ermäßigtem Preis für Montanaris Wachsfigurenschau.
(Westminster City Bibliothek, Archiv)

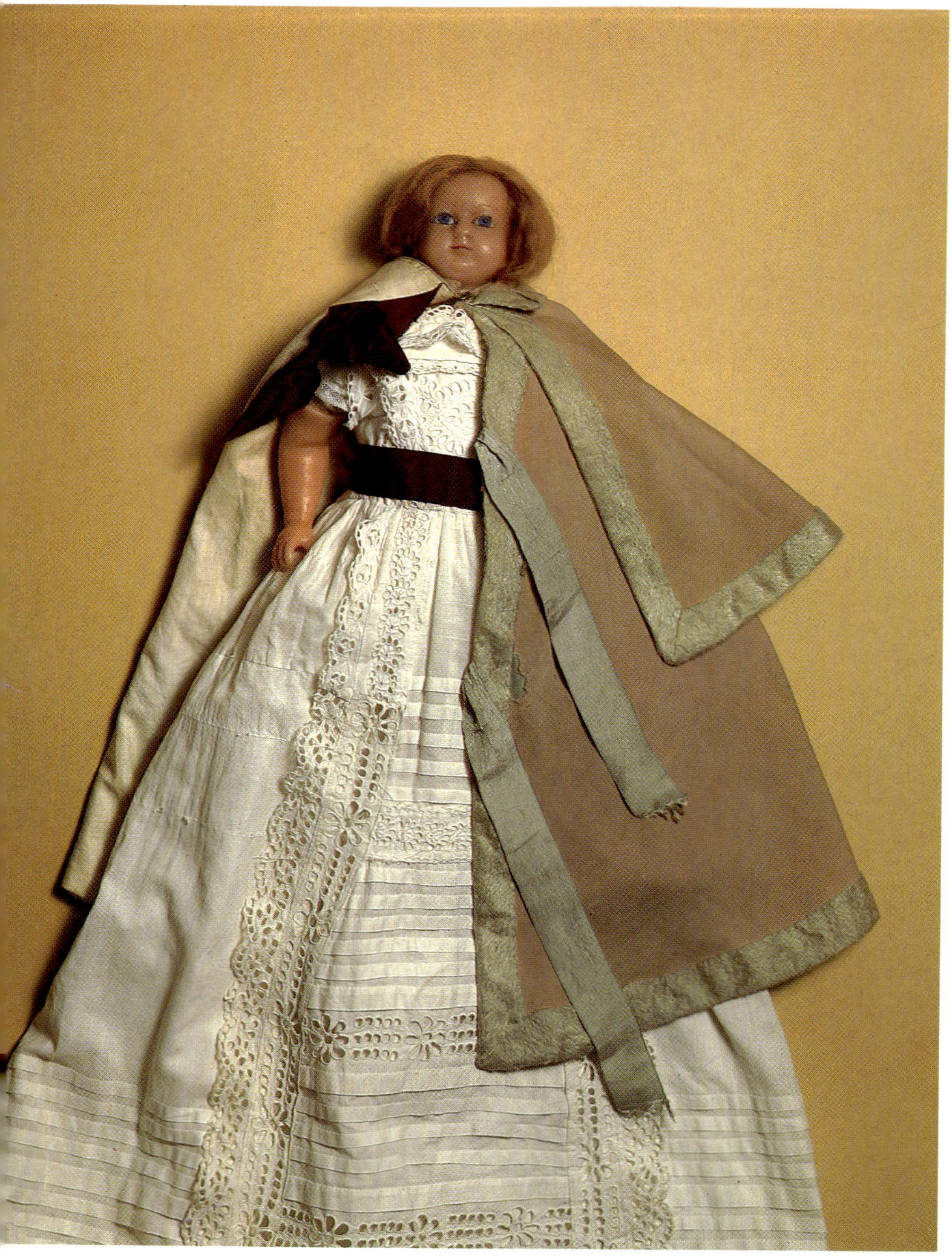

Links Mit «Marsh (E. Moody Soho Bazaar» gemarkte Puppe. Das rotblonde Mohair-Haar ist büschelweise in ca. 1 cm lange Schlitze eingesetzt, wobei die Büschel am Haaransatz der Stirne nur zwei bis drei Haare enthalten und zum Hinterkopf hin stärker werden. Mittelscheitel, wie bei Marsh üblich, kornblumenblaue Augen, Cape aus Seidenplüsch mit Trauerbändern. 1860/70. 43 cm. (Museum of London)

Rechts Wachsgußpuppe, auf Vorder- und Rückseite von Marsh gemarkt («Sole Manufacturer» – analog Pierottis «sole monifactura»). Die Puppe wurde in einem der bekannten Pariser Puppenkleidergeschäfte eingekleidet. Kleid nach der Mode zwischen 1870 und 1875 aus dunkelblauem Seidentaft mit üppigem Besatz aus reich gemusterter schwarzer Spitze; halblanger Überrock, Kleid im Rücken geschnürt. Blondes Mohair-Haar aus kleinsten Büscheln, Brauen ebenfalls aus Haar, große blaue Glasaugen, durchstochene Ohrläppchen und schön modellierte, große Arme und Beine aus Wachsguß. Die Puppe ist von gedrungener Statur. Um 1870. 68 cm. (Sammlung Lorna Liebemann)

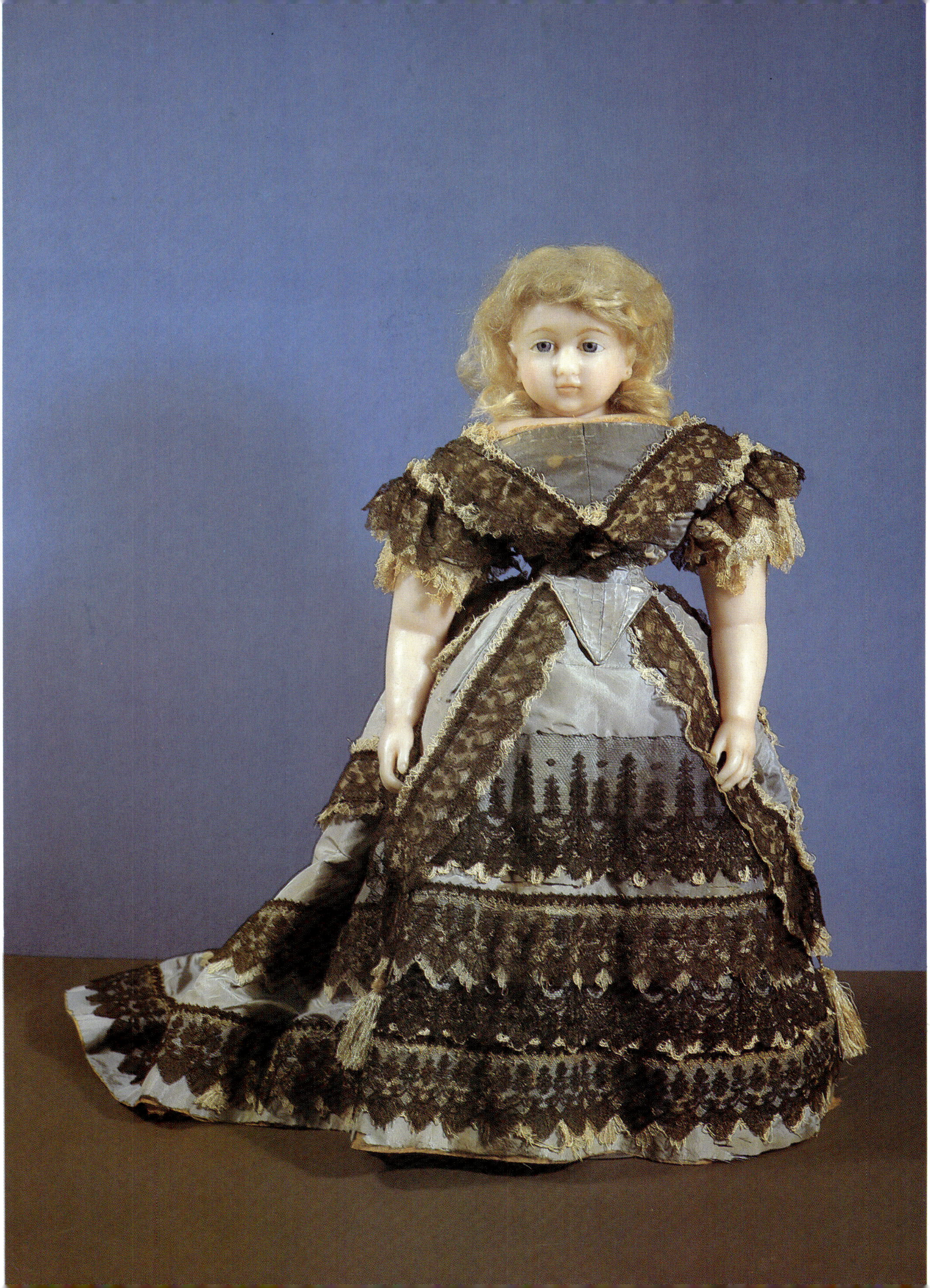

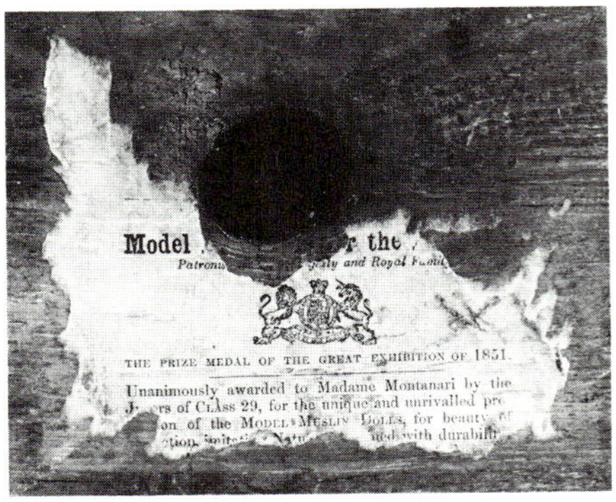

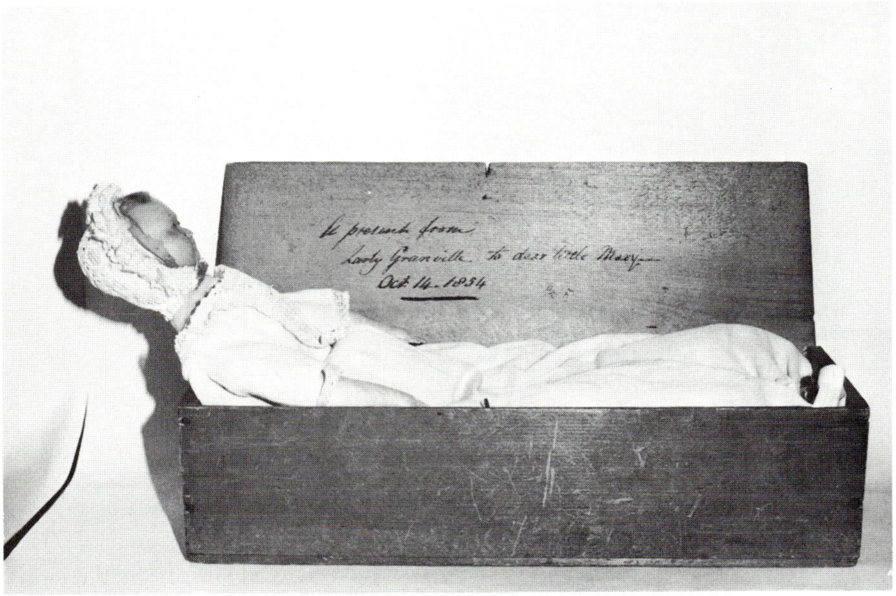

Oben Etikett des Kistchens, das Montanaris preisgekrönte Babypuppe «Model Muslin» von 1851 enthielt. (Marianne Bodmer, Zürich)

Rechts Londoner Lumpenpuppe von Montanari, die Lady Granville 1854 einem Kind schenkte. Originalkistchen. 33 cm. (Sammlung Cadbury, Sudbury Hall, Derby)

Die Linwood Galerie war in einem alten Gebäude am Leicester Square, der ehemaligen Wohnung von Sir George Savile, untergebracht. Einstmals war sie wegen der dort ausgestellten Petit-Point-Bilder bekannt, die eine gewisse Miss Linwood nach alten Meistern angefertigt hatte. Die Ausstellung lief von 1816 bis zu ihrem Tod 1845 und galt als eine der Londoner Sehenswürdigkeiten. Nach dem Verkauf der Bilder verkam das Anwesen und wurde, wie es ein damaliger Kritiker ausdrückte, eine «Arche Noah der Unterhaltung». Eine Zeitlang war die Galerie wegen der lebenden Bilder der Madame Warton – sie nannte sie Walhalla – recht beliebt. Kurioserweise waren diese *poses plastiques*, wie sie auch hießen, eine Art umgekehrtes Wachsfigurenkabinett. Schauspieler standen bewegungslos da und mimten Statuen. Sie waren gänzlich weiß gepudert oder bemalt, um Marmor vorzutäuschen. Solche Charaden hatte als erste Madame Genlis aus Paris (eine Freundin Madame Tussauds) eingeführt, und man fragt sich, ob sie nicht vielleicht von einem der hervorragenden Wachsfigurenkabinette mit lebensgroßen Figuren dazu angeregt worden ist, von denen die Zuschauer zuweilen sagten: «Alles, was ihnen zum Leben noch fehlt, ist der Atem.» Es war selbstverständlich viel unterhaltsamer, Fleisch statt Wachs zur Schau zu stellen, und man vermutet in der Warton-Schau einen Vorläufer des Striptease, insbesondere da Lady Godiva auch auf dem Programm stand.

Anscheinend existiert kein zeitgenössischer Bericht von der Ausstellung der Montanaris im Savile Haus, ebensowenig ist bekannt, wie lange sie dort verblieb. Das alte Haus brannte 1864, im Todesjahr Madame Montanaris, nieder. Leicester Square war Londons Vergnügungszentrum. 1859 gab dort ein wundervoller amerikanischer Zirkus, Howes and Cushings United States Circus, seine Vorstellungen, und als Reklame dafür zogen vierzig falbe Pferde eine Drehorgel die ganze Straße entlang. Dem Zirkus gehörte auch eine echte Indianergruppe an, die ihren Kriegstanz, ihr Kriegsgeheul und ihre Reitkünste vorführten.

Richard Napoleon Montanari heiratete 1875 und hatte viele Kinder, von denen jedoch nur zwei das Erwachsenenalter erreichten. Er und sein Vater stellten 1878 in Paris aus, und Richard Napoleon blieb weiterhin für seine Londoner Lumpenpuppen berühmt. Er muß auch Lucy Peck assistiert haben, wie sich aus ihrem Inserat entnehmen läßt (siehe Seite 140). Napoleon scheint sich in Luft

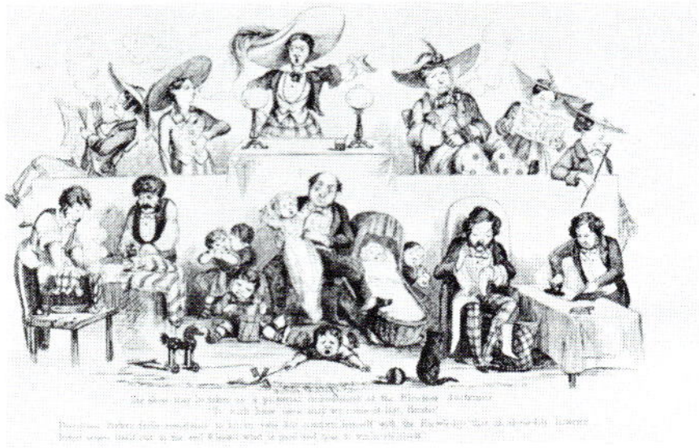

Karikatur des *American Reformer* auf Mrs. Bloomer. (Mary Hillier)

aufgelöst zu haben; vielleicht ging er wieder ins Ausland, oder hielt sich sogar in Paris auf. Seine 1886 geborene Enkelin konnte sich nicht an ihn erinnern, wohl aber an die Wachspuppen die in ihrer Wohnung am Rathbone Place 3 gemacht wurden, genau auf der anderen Seite der Straße zum Soho Square, wo Richards Mutter ihre ersten schönen Puppen verkauft hatte. Ein modernes Bürogebäude ist an die Stelle dieses Hauses gerückt, aber ähnliche stehen noch beim benachbarten Old Black Horse Pub.

Madame Montanari hat sich bei Ausstellungen bestimmt nicht nur auf die teuren Gußwachspuppen verlassen. Für einige der Charakterpuppen, die sie einkleidete, hat sie vielleicht die wachsüberzogenen Papiermachépuppen verwendet, die in der ersten Hälfte des 19. Jahrhunderts in London verbreitet waren. Die Abbildung auf Seite 76 zeigt eine solche Puppe; sie ist wie die amerikanische Frauenrechtlerin Amelia Bloomer gekleidet. Ihre Garderobe ist erstklassig, sowohl das Schneiderkostüm, das Mrs. Bloomer allen Verfechterinnen der Gleichberechtigung empfahl, als auch der modische Hut und der Überzieher. Der breitkrempige Hut und der Überzieher sind typisch Montanari. Mrs. Bloomer war mit einem Staffordshire Toilettenkoffer und einem Souvenirnadelkissen aus dem Kristallpalast ausgestattet. Der Herzog von Northumberland kaufte sie auf der Weltausstellung für seine Kinder. Schließlich ging diese Puppe als eine Montanari an die Kinder seines Gärtners, die sie, als sie älter wurden, liebten und hüteten, weil sie «vom Herzog» war. Sie selbst durften nie mit ihr spielen, aber die Familie des Herzogs gaben ihr eine neue Rolle und nannten sie Mary Caudle, nach einer Figur aus einem damals sehr bekannten Buch. In jedes Kleidungsstück ist ein winziges «MC» eingestickt.

Die Wachsüberzugpuppen dieser Art sind einander zwar sehr ähnlich, weisen aber doch einige individuelle Charakterzüge auf. Manche sehen nett und bescheiden aus, andere ziemlich hochnäsig oder ein bißchen niederträchtig. Wieder andere wirken dumm oder gar völlig überdreht. Es kommt dabei immer auf die manuelle Nachbearbeitung der Gesichter an. Für die Kinder, die mit ihnen spielten, waren diese Puppen echte Persönlichkeiten – im selben Maß wie die späteren Lieblinge, die Teddybären. Und meine Puppe blickt mich mit einer gewissen Selbstzufriedenheit an, als wollte sie sagen: «... aber ich habe Madame Montanari gekannt.» Ach, wenn sie doch auch sprechen könnte!

STAMMBAUM MONTANARI

Richard Napoleon Montanari (∗ Korsika 1813)
∞ Charlotte Augusta Dalton (∗ Grantham 1818, † 1864)

Richard Napoleon
∗ New York 1840
∞ November 1875
Frances Emma Valentine
Prawley

Julie
∗ London 1848

Constance
∗ London 1855

Charles Albert Victor Augustus
∗ London 1859

Kinder von Richard Napoleon und Frances Emma Valentine Prawley:

Richard James Percy Napoleon
1876–1902, Pianist

George
∗ 1881, † als Kind

Arthur
∗ 1882, † als Kind

Frances Hebe A.
∗ 1884, † als Lind

Maud Eunice
1886–1982

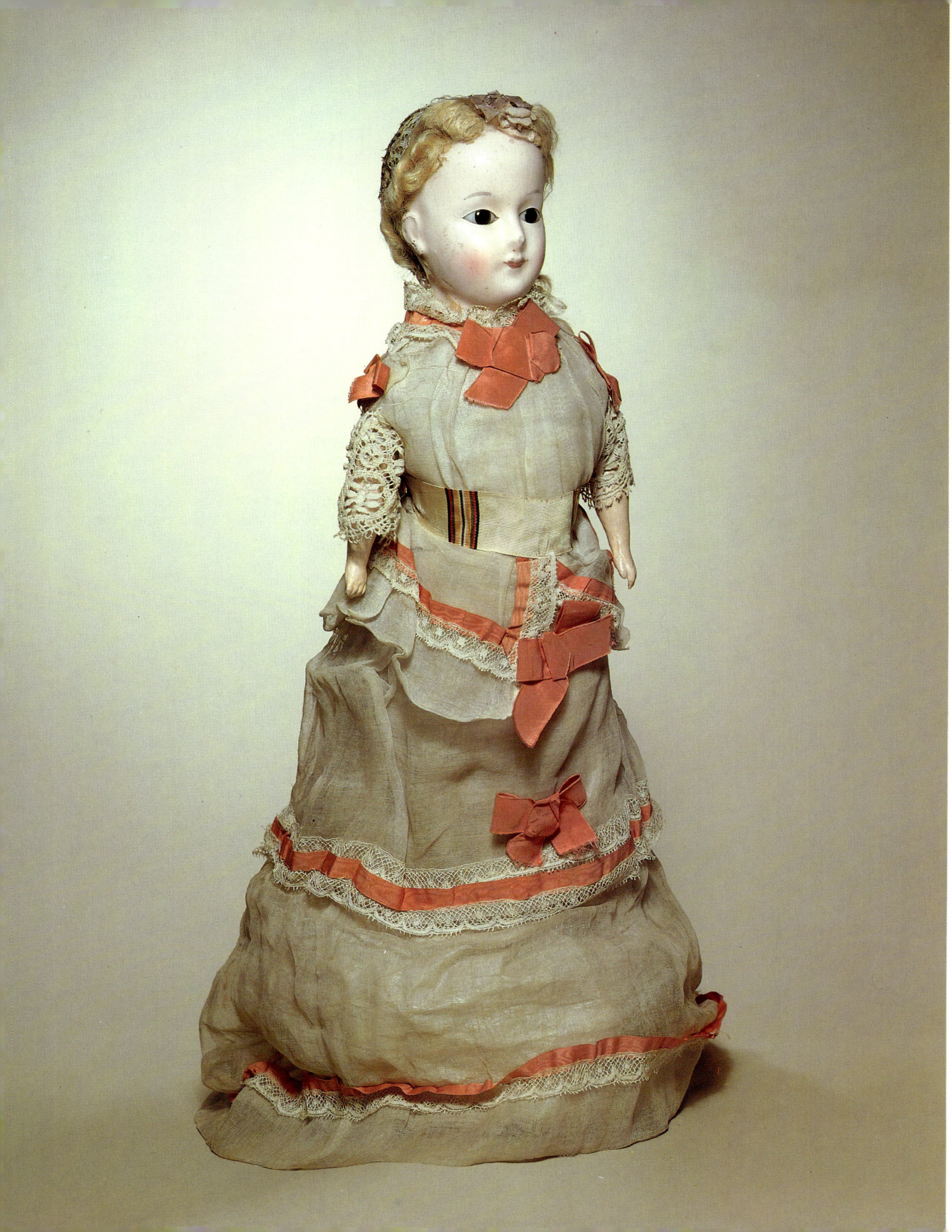

Links Große deutsche Wachsüberzugpuppe (vielleicht aus Sonneberg), sehr schöne Frisur aus Echthaar mit Haarnetz. Diese Machart zeigt sich an einigen deutschen Puppen aus der Zeit zwischen 1860 und 1870. Das Kleid ist aus Nessel, aber mit korallenroten Schleifen hübsch verziert. Unter dem steifen, bodenlangen Rock plumpe Beine aus Composition mit aufgemalten lila Stiefelchen. Arme und Beine aus Holz. 56 cm.
(Tunbridge Wells Museum)

Rechts Puppe, *à la Watteau* gekleidet. Werbebeilage von Cremer im *Englishwoman's Domestic Magazine*. 1865.
(Faith Eaton)

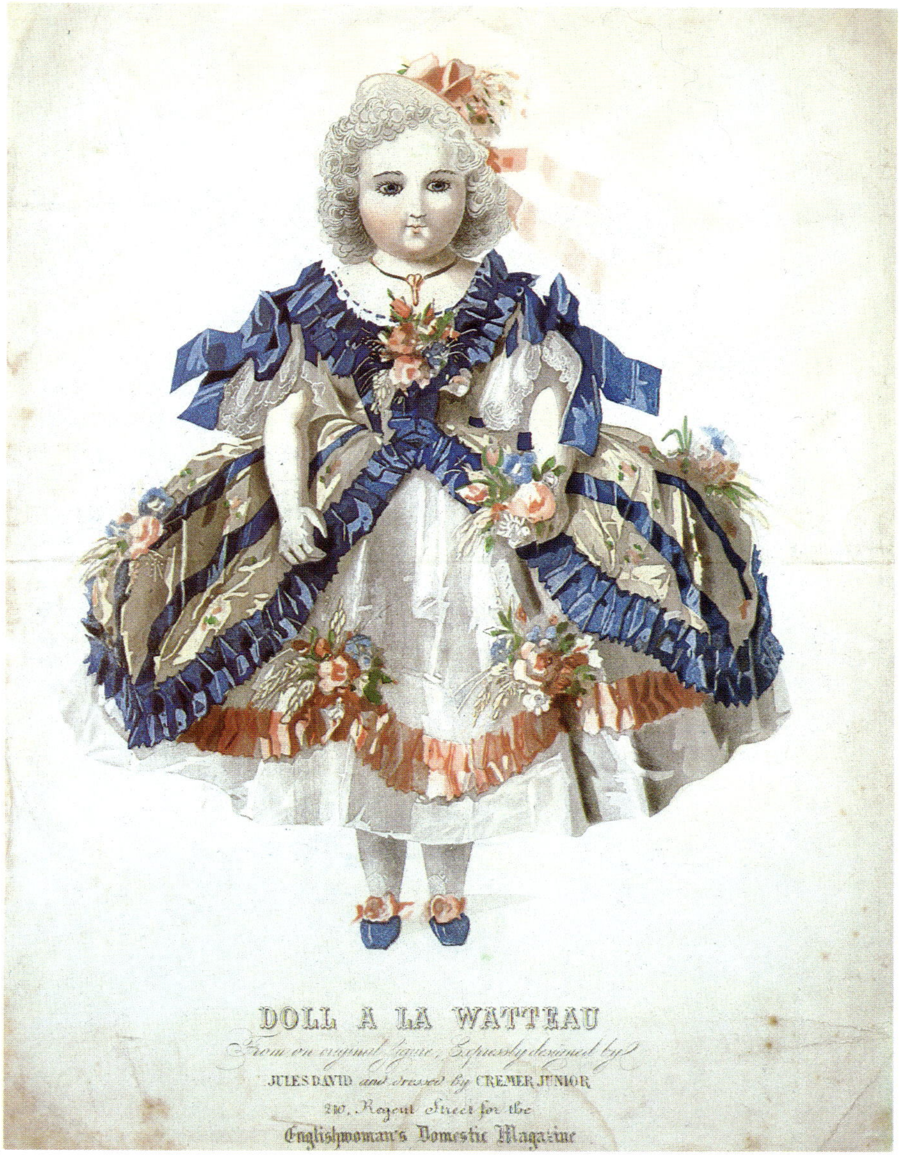

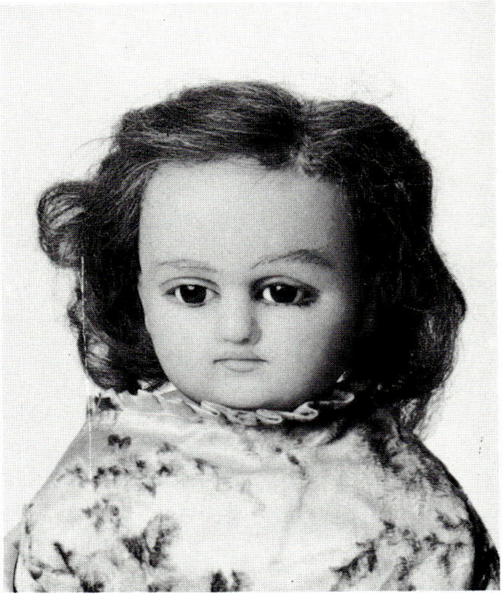

Oben Ersatzkopf aus Wachs für einen ursprünglichen Porzellankopf auf einer ungemarkten französischen Puppe. 53 cm. (Sotheby's)

Rechts Gutgekleidete Meech-Puppe mit Meech-Etikett «Dollmaker to the Royal Family» (Kgl. Puppenmacher). Feststehende blaue Augen, langes hellbraunes Haar, dicke Augenbrauen, Wimpern. 1890. 58 cm. (Worthing Museum and Art Gallery)

Die Familie Meech

«Der Puppenmacher Herbert John Meech war ein Individualist. Nicht nur zeichneten sich seine Puppen durch gewisse einzigartige Merkmale aus, sondern auch er selbst lebte völlig getrennt von der Kolonie der Puppenmacher», schrieb Jo Gerken in ihrem 1964 veröffentlichten Buch *Wonderful Dolls of Wax* (Wundervolle Wachspuppen). «Man hat das Gefühl, daß er als Künstler, der er war, mit seinem gegenwärtigen vergleichsweise anonymen Status nicht recht zufrieden wäre.» Allerdings tragen alle seine Puppen durchwegs seinen Stempel, und manchmal steht stolz dabei, daß er Hoflieferant der königlichen Familie war. Außerdem wissen wir, daß seine Werkstatt im südlichen London lag, direkt am Fluß in der Kennington Road und unweit der Fabrik von Edwards in der Waterloo Road. Von beiden Gebieten aus war das Westend mit seinen Luxusgeschäften und Basaren, die Wachspuppen verkauften, gut zu erreichen.

Ich konnte einige Nachkommen der Familie ausfindig machen, die noch immer im selben Bezirk leben. Sie konnten die Lücken in der Meech-Überlieferung schließen und die verwandtschaftlichen Zusammenhänge dieser Familie erläutern, die sich über einen beachtlichen Zeitraum mit Wachspuppen befaßt hat.

Herbert John Meech war der Sohn des Holzsägers John Meech aus Buckland Newton in Dorset. Er wurde 1833 oder 1834 geboren und wurde schon in sehr jungen Jahren nach London geschickt, wo er bei einer Tante in Bayswater lebte. Warum das geschah, ist nicht bekannt, aber vielleicht war er ein sehr aufgewecktes Kind, für das man sich in London bessere Möglichkeiten erhoffte. Jedenfalls scheint der Junge sehr rege gewesen zu sein. Er soll schon als Kind seine Freunde mit Puppentheateraufführungen unterhalten haben, für die er einen Farthing (kleine Münze) Eintritt verlangte. Er begann früh zu arbeiten und hatte mit fünfzehn eine Stelle in einem Eisenwarenladen. Er war anscheinend sehr ehrgeizig und fand bald eine Anstellung in Madame Tussauds Wachsfigurenkabinett in der Baker Street. Er war etwa siebzehn, als die berühmte alte Dame starb, und dürfte wohl unter ihren Söhnen weitergearbeitet haben. Aber 1852, neunzehnjährig, gründete er eine eigene kleine Fabrik in Kennington und stellte mehrere Leute ein.

Der große Erfolg der Weltausstellung von 1851 muß auch die Wachspuppenmacherei weiter bekannt gemacht haben, und vielleicht sah Meech hier eine Möglichkeit sich mit seinen neuerworbenen Fertigkeiten einen gewinnbringenden Geschäftszweig zu erschließen. Bei Madame Tussaud muß er Technik und Material gründlich studiert haben. Es ist nicht bekannt, ob Meech nach der Gründung seiner eigenen Firma noch für Madame Tussaud gearbeitet hat, zumal deren talentierte Enkel selbst mit dem Modellieren weitermachten. Gewiß hat er jedoch 1884 der Gala-Eröffnung des neuen Tussaud-Kabinetts in der Galerie an der Marylebone Road beigewohnt, denn er konnte dabei vom Umgang mit den Angehörigen der Oberschicht profitieren, die die Ausstellung besuchten und als neue Kunden für seine Luxuspuppen in Frage kamen.

Im Jahre 1858 lebte H. J. Meech, vermutlich zur Untermiete, in der Tower Street im Stadtteil Southwark. Am Weihnachtstag dieses Jahres heiratete er Eloise Cox, Tochter des Auktionators Samuel Cox, in der nahegelegenen Kirche St. George the Martyr, unweit seiner Werkstatt in der Kennington Road.

Aus dieser Ehe stammen vier Söhne und zwei Töchter. Herbert, der Älteste, hat nie bei seinem Vater gearbeitet, die anderen drei schon, vor allem Ernest John und seine Frau Lily, die nach dem Tode des Gründers die Firma bis nach 1920 fortführten. Wie das bei Selfmade-Männern oft ist, galt H. J. Meech als knauserig und als harter Diensther. Mit seinen Söhnen scheint er sich nicht besonders gut verstanden zu haben, und vielleicht ärgerte es ihn, daß seine Familie niemals

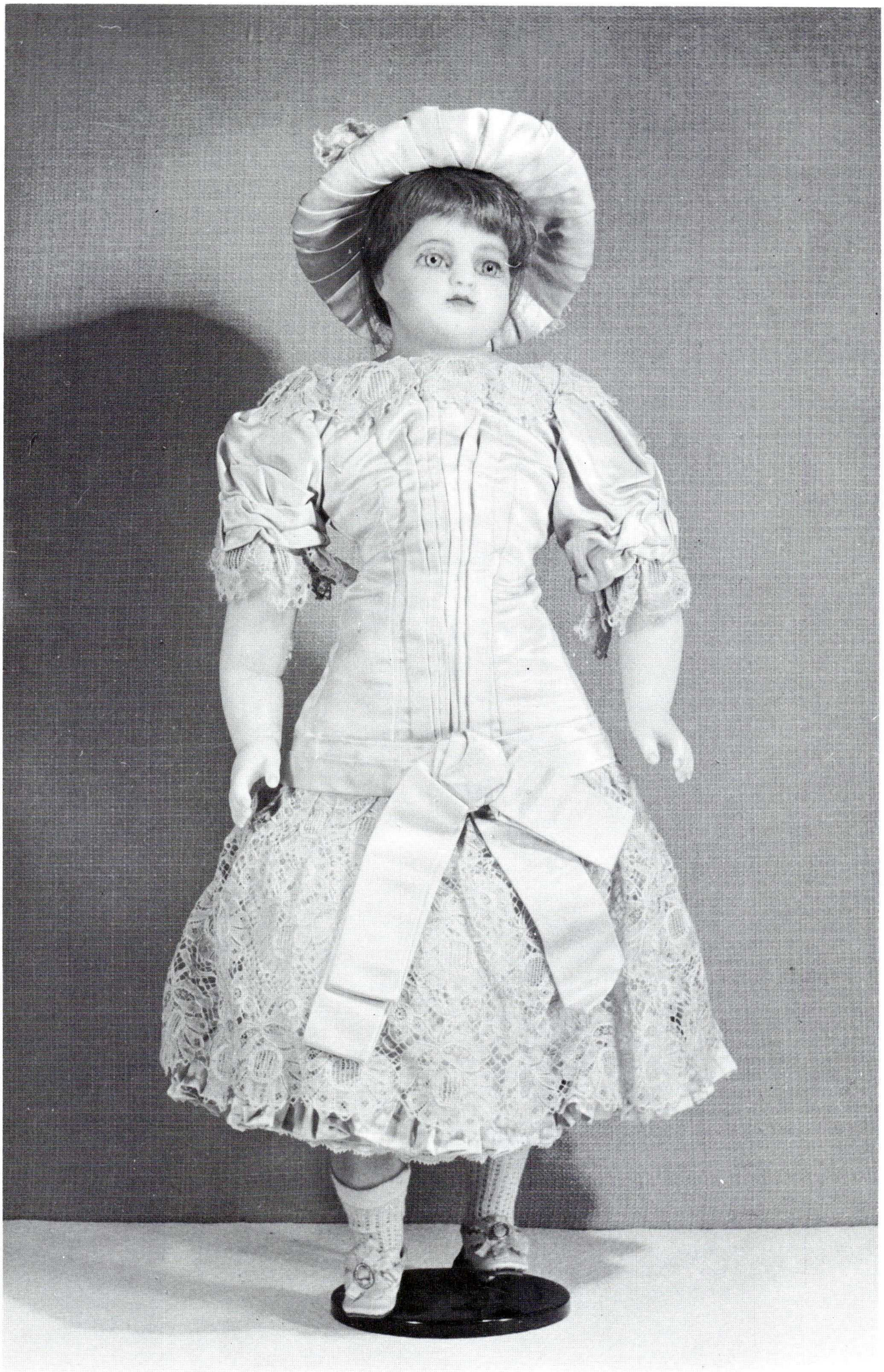

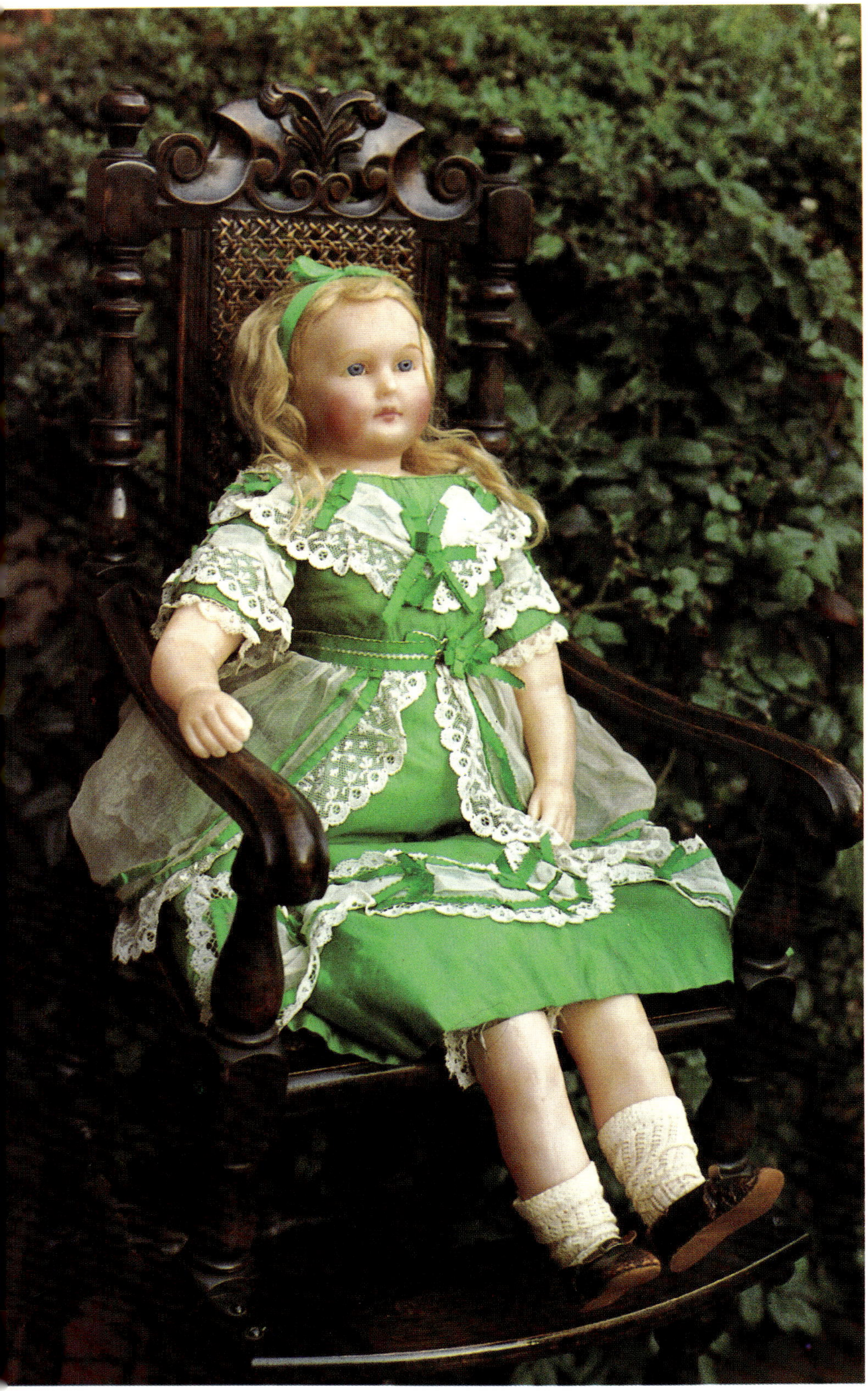

Links *À la Watteau* gekleidete Wachspuppe von Edwards, ähnlich der in Cremers Werbeblatt. Um 1860. 60 cm. (Jean Ogilvie)

Rechts Toilettengeschirr aus Keramik und Puppenmöbel. 1850/70. (Mary Hillier)

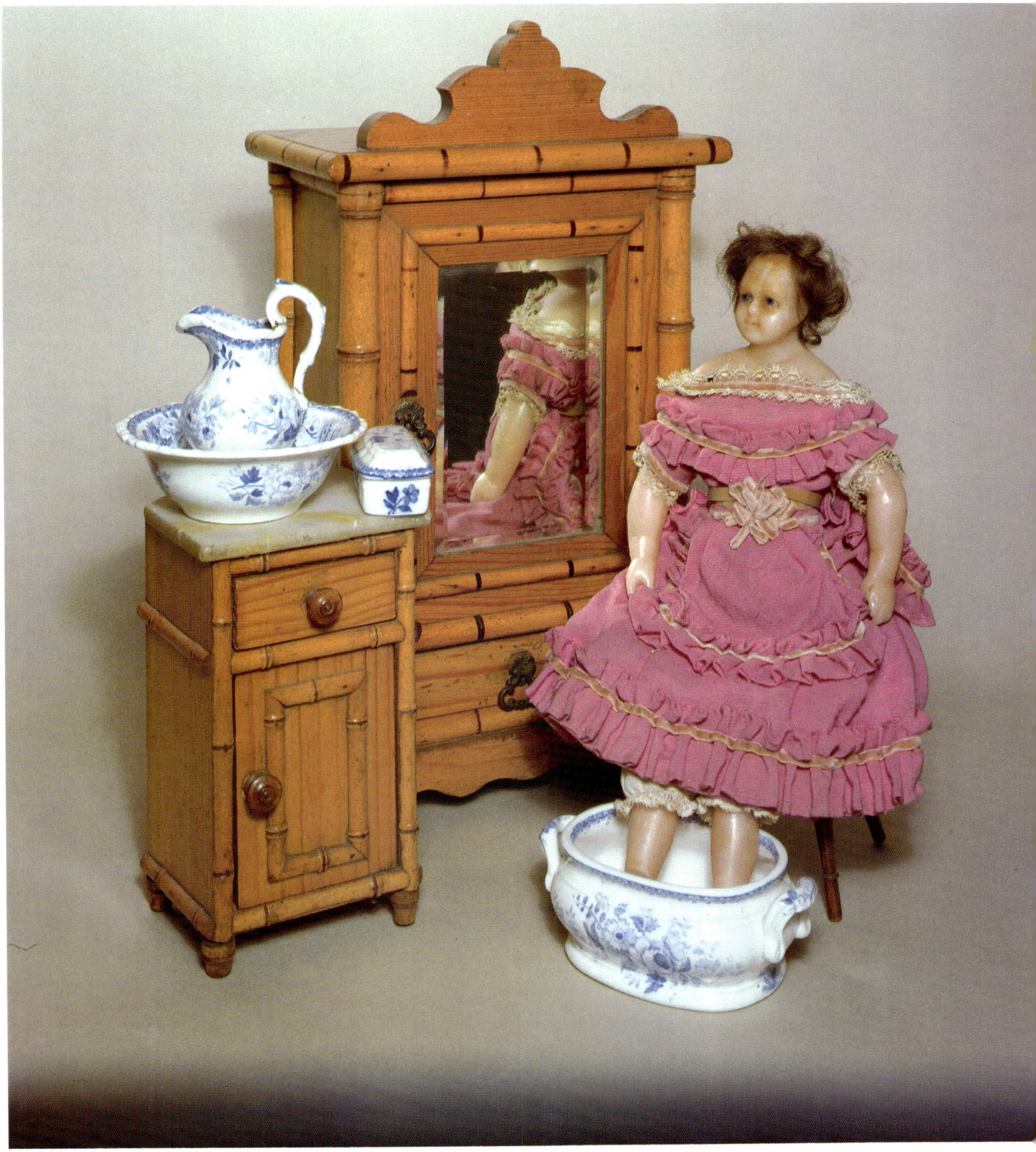

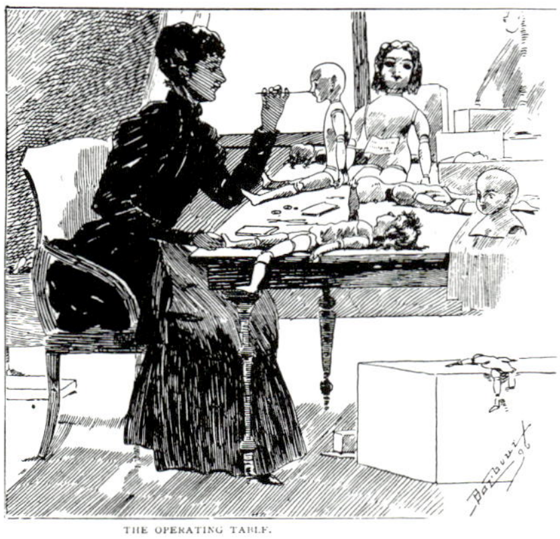

Oben «Ein Tag in der Puppenklinik». Abbildung des Arbeitstisches in Marshs Werkstatt. *Strand Magazine*, 1895. (Mary Hillier)

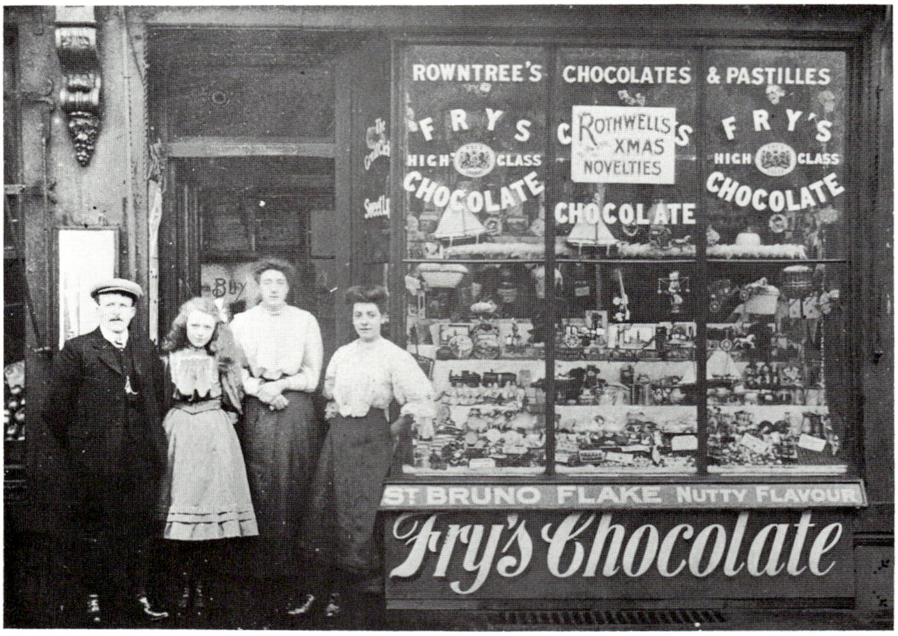

Rechts Die Puppenklinik von Manchester. Der Laden geht auf 1833 zurück und wurde erst später Puppenklinik. Fotografie, nach 1900. (Manchester Public Libraries)

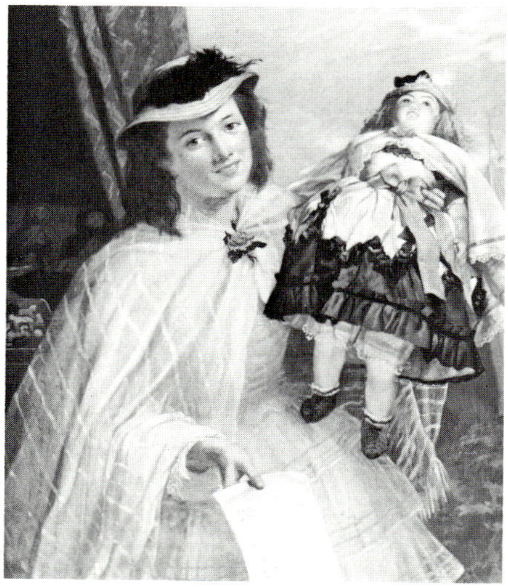

«Puppenverkäuferin». Gemälde von Henry Nelson O'Neill, am 18. Juni 1880 bei Christie's und am 12. Dezember 1938 erneut über Christie's von Mrs. Hudson verkauft.

so hart arbeiten mußte wie er selbst. Edgar hat offenbar ein eigenes Geschäft aufgemacht, nachdem er und seine Familie sich mit dem Vater zerstritten hatten und weggezogen waren.

H. J. Meech starb 1916 im reifen Alter von 82 Jahren. Seine Enkelin Florence Eloise war nach dem Tode ihrer Großmutter in die St. Faith Road 4 gezogen, um für den alten Mann zu sorgen. Nebenan im Haus Nummer 2, lebte sein ältester Sohn Herbert Arthur Meech, der sich zwar nie an der Puppenmacherei beteiligt hatte, aber für seine Nachkommen aus einem großen Vorrat an Erinnerungen schöpfen konnte, denn er wurde 92 Jahre alt. Er bewahrte auch eine interessante Arbeit seines Vaters auf. H. J. hatte den Auftrag erhalten, für eine römisch-katholische Kirche zwei Madonnenköpfe aus Wachs anzufertigen, und behielt einen Abguß für sich, den er auf einem Sockel unter einen Glassturz stellte. Dieser schön geformte Kopf, für den vielleicht seine Frau oder seine Tochter Modell gesessen haben, wurde leider gestohlen.

Das Londoner Adreßbuch von 1890 führt die Gebrüder Meech unter Fore Street 112, E. C., City of London, als Hersteller von Schneiderpuppen und Hutmacherköpfen. Es ist nicht bekannt, ob die beiden Brüder diese Firma getrennt von der des Vaters führten oder ob sie nur Zweigbetrieb war. Auskünften von P. J. Meech zufolge unterhielt Edgar Henry John Meech zu Anfang des 20. Jahrhunderts einen eigenen Betrieb zur Herstellung von Wachspuppen und Köpfen für Schaufensterpuppen in der Aliwal Road, Clapham Junction, und überraschenderweise auch am Eden Quay in Dublin. Vielleicht finden sich eines Tages irische Sammler mit Exemplaren von Meech-Puppen! P. J. erinnert sich, wie er bei ihrer Herstellung während der zwanziger Jahre geholfen hat:

> Ich erinnere mich daran, wie die Köpfe, Ärmchen und Körper auf Holzklötzen mit Papiermaché geformt wurden, das man über die Klötze strich. Über die trockenen Teile wurde dann Wachs geknetet. Haar kam dazu, Wimpern, Brauen etc. Eine meiner kleinen Handreichungen war, ein Art Haken über ein Kohlenfeuer zu halten, den der Vater zum Formen der Augenhöhlen im Kopf

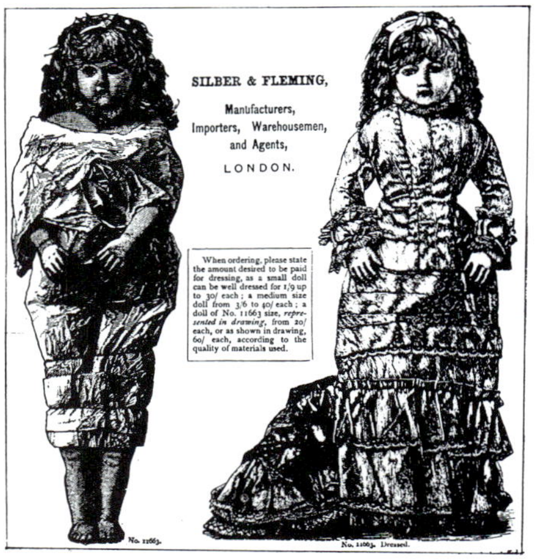

Wachspuppen, wahrscheinlich von Edwards. Abbildung in Silber & Flemings Verkaufskatalog. 1833/34. (Christie's)

benützte. Ich erinnere mich auch daran, daß mein Großvater mir eine große Büchse voller Augen gab, da mußte ich dann jeweils ein Paar in der gleichen Farbe heraussuchen, das zur jeweiligen Puppe paßte. Zum Färben dienten verschiedene Kreiden die in einer Marmorschale mit einem Klöppel zermahlen wurden [Mörser und Pistill]. Kopf, Beine und Arme hielt eine dünne Schnur zusammen, die durch vorgebohrte Löcher im Wachs-Pappmaché gefädelt wurde. Meine Großmutter machte die Puppenkleider.

P. J. Meech erzählte auch, daß sein Großvater von ihm und seiner Zwillingsschwester lebensgroße Porträtfiguren machte, die er in den Windfang stellte, um «Besucher zu verwirren».

H. J. Meechs frühe Puppen sind aus feinem Gießwachs und einige, die ich gesehen habe, sind hübsch angezogen. Sie sind stark ausgearbeitet und haben recht ausgeprägte Gesichtszüge. Die Puppen von P. J. Meechs Großvater waren nicht aus Gießwachs, sondern aus wachsüberzogenem Pappiermaché. Meechs Geschäft erlebte anscheinend Ende des 19. Jahrhunderts einen Rückgang, als die aus Europa importierten billigeren Puppen den luxuriösen Wachspuppen Konkurrenz machten.

STAMMBAUM MEECH

- **John Meech** (Holzsäger in Buckland Newton, Dorset)
  - Herbert John Meech (Wachsmodellierer 1833/34–1916) ∞ 1858 Eloise Cox
    - Herbert H. ∞ Mary Parker
      - Herbert Arthur (1889–1982)
    - Ernest John (1806–1927) ∞ Lily
      - Florence Eloise (1885–1939)
      - Alfred (1886–1952) ∞ Catherine
        - Lily
        - Dennis * 1926 o Joan
          - Michael
          - Colin
          - Amanda
      - Harold (1895–1952) ∞ Florence Allen
        - Audrey * 1927; ∞ Denis Mahoney
          - Anne, * 1953
            - Julie * 1977
            - Natalie * 1979
          - Rosamund, * 1956
            - Sebastian * 1982
          - Hilary, * 1958
          - Jeremy, * 1962
      - Doris * 1898
      - Albert
    - Edgar Henry John
      - Edgar Henry John
        - P. J. Meech * 1918
    - Arthur
    - 2 Töchter

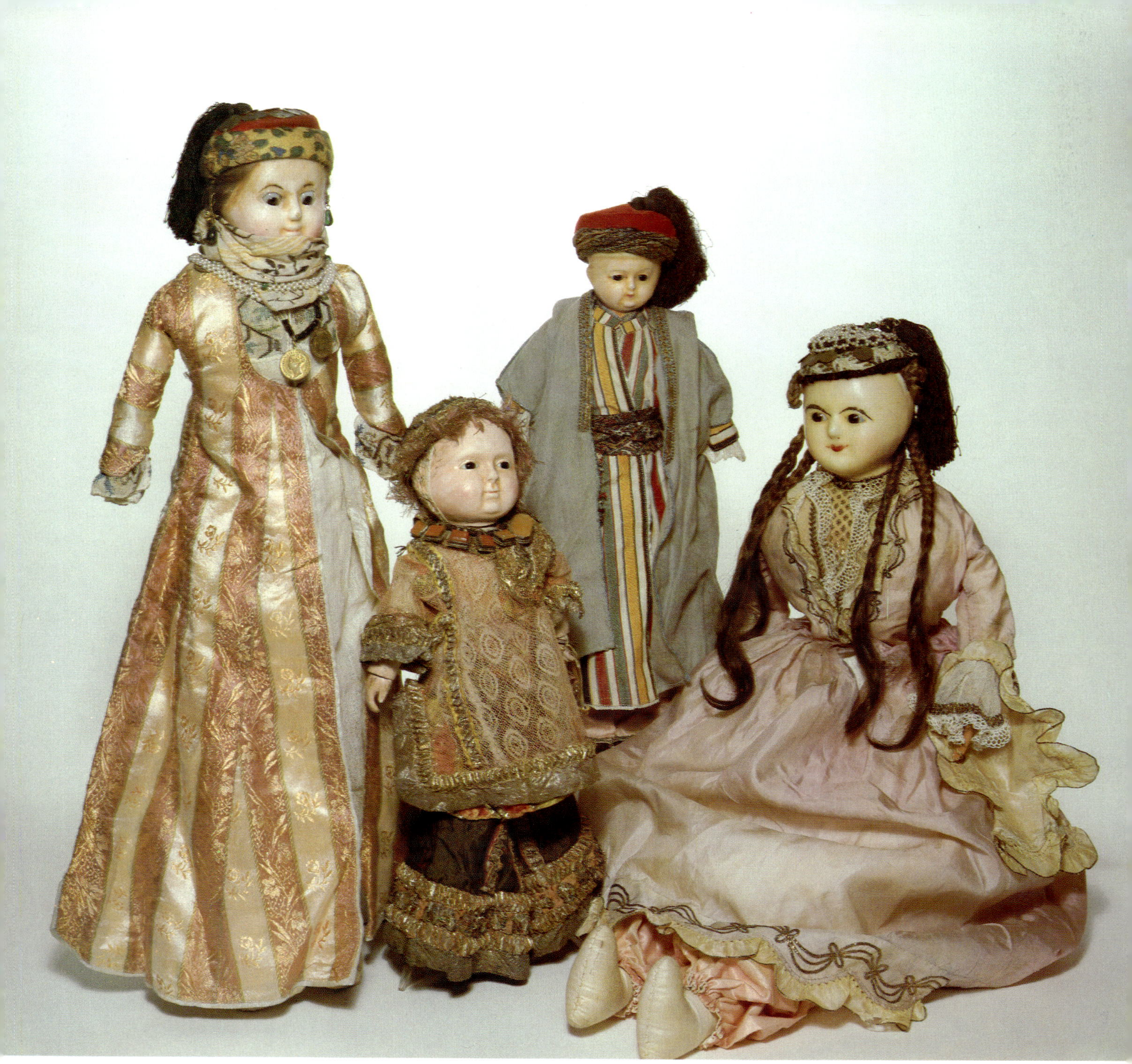

Puppen aus Baghdad, 40, 46, 53 und 66 cm groß. Bestürzt stellte 1868 Mrs. S. G. Herbert, die Frau des britischen Statthalters C.L. Herbert, fest, daß die Haremsdamen sich eigentlich nur mit Süßigkeiten und Gezänk die Zeit vertrieben. Sie verfiel auf die Idee, einige Puppen aus London kommen zu lassen und die Damen zur Einkleidung nach der gängigen Mode anzuregen. Es macht Spaß, sich diese Szene vorzustellen, und das Ergebnis ist ausgesprochen pittoresk, denn die Damen verwendeten winzige Ornamente und Münzen, Metalldraht und sehr hübsche Stoffe. Mrs. Herbert bat um vier Puppen, keine wie die andere, und erhielt drei deutscher Herkunft, darunter eine bezaubernde Mottschmann, und eine englische (rechts), die ganz schön hochnäsig und überlegen dreinschaut. Mrs. Herbert hat wohl um billige Puppen gebeten, denn keine ist vom damals erhältlichen hübscheren, aber teureren Wachsgußtyp. Die hier gezeigten Puppen könnten alle bei Cremer gekauft sein. (Tunbridge Wells Museum)

Rechts Zwillingspuppen von Cremer, beide blau gekleidet, das Kleid rechts mit Zickzackborte. Körper gemarkt «Cremer Junior MAKER». 1870. 41 cm. (Marianne Bodmer, Zürich)

Unten Zwei deutsche Wachsüberzugpuppen. Ihre Kleidung kaufte Lady Potterton vermutlich 1871 in Paris. 1871. 30 cm. (Mary Hillier)

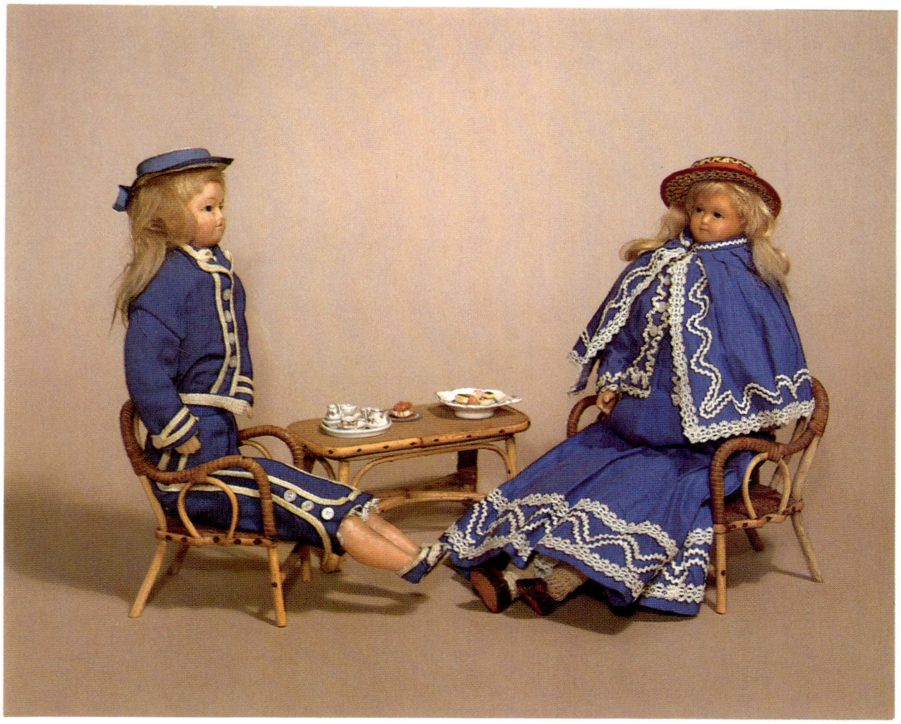

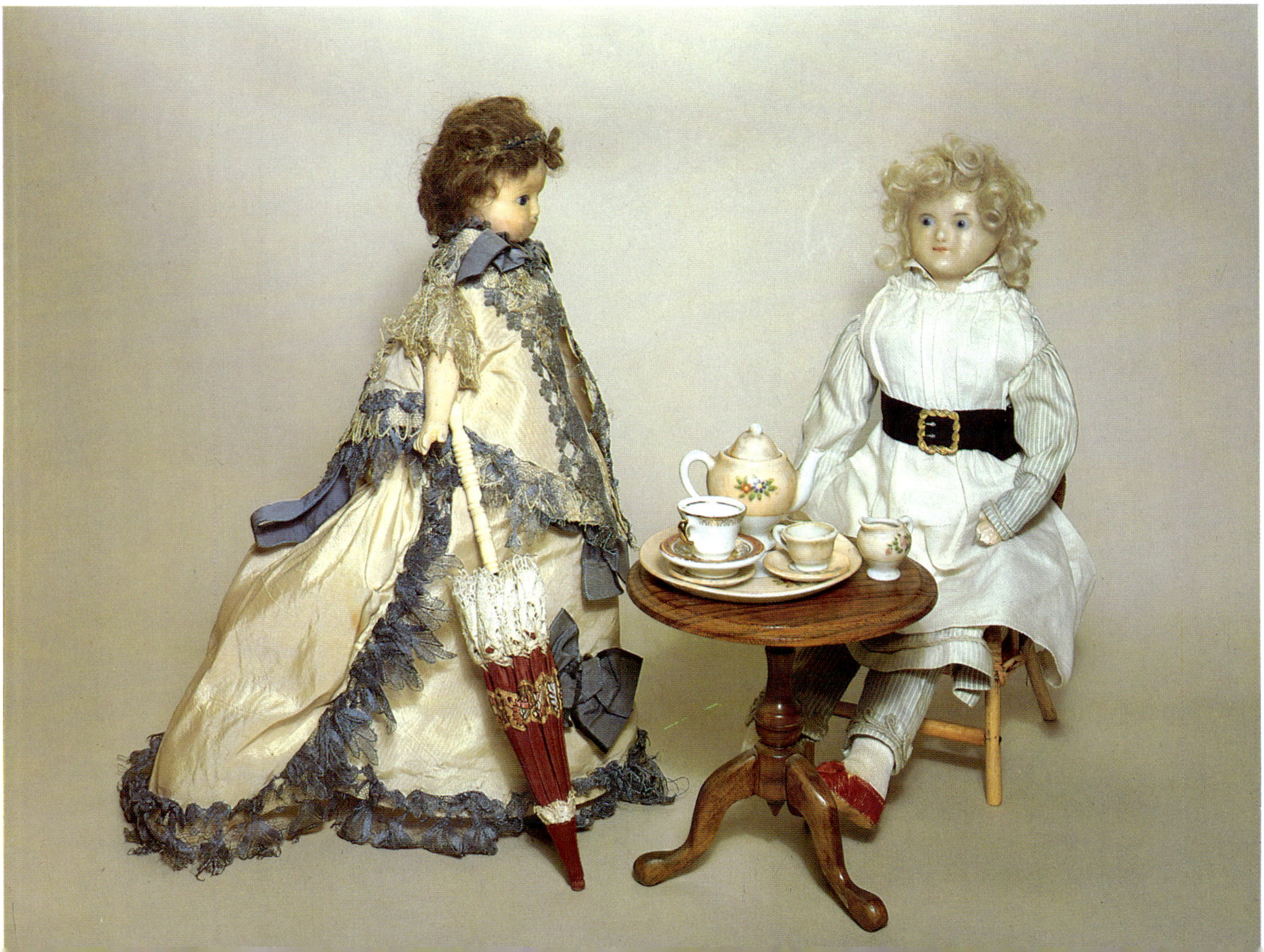

«Die neue Puppe». Die puppenhafte Besitzerin mit ihren beiden treuen Freunden könnte selbst von Marsh sein. Um 1890.
(Mary Hillier)

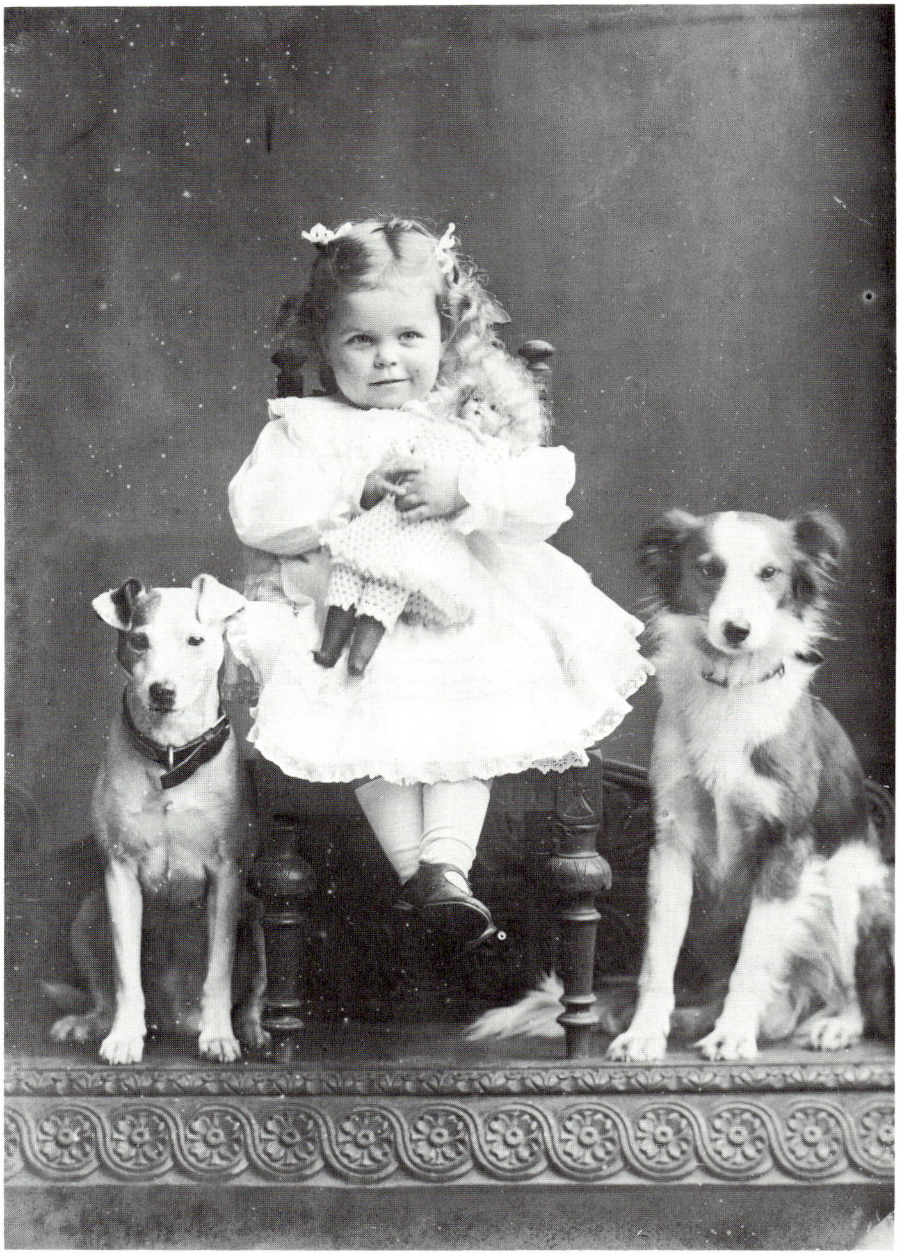

Die Familie Marsh
In den zwanziger Jahren wurde ich als kleines Kind einmal in eine Puppenklinik irgendwo in Fulham, wo wir wohnten, mitgenommen. Außer dem durchdringenden Geruch von heißem Leim und einem flüchtigen Eindruck von allen möglichen Puppenteilen, die auf der Werkbank verstreut herumlagen, ist mir leider nichts im Gedächtnis geblieben. War es vielleicht der kleine Laden von Jessica Marsh? Möglich wäre es schon. Das Puppenkrankenhaus in der Fulham Road 114 gibt es schon lange nicht mehr, und der kleine Laden ist einem recht protzigen Einrichtungshaus gewichen. Doch es gibt noch Berichte aus der Zeit, als der Laden ein vielbeschäftigtes Zentrum zur Reparatur von «Puppenunfällen» war.

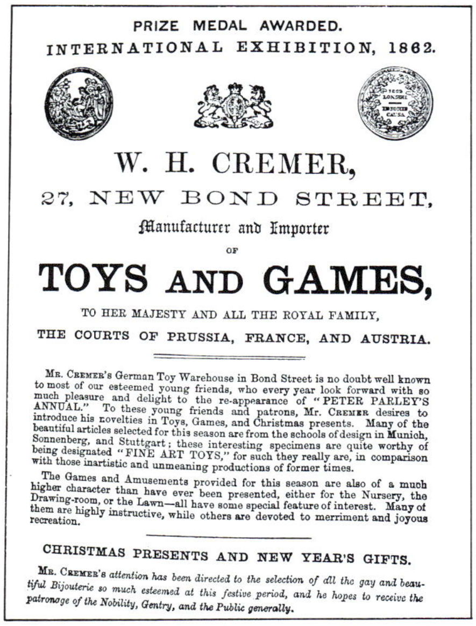

Anzeige von W. H. Cremer in Peter Parleys *Annual* von 1866. Das Geschäft in der New Bond Street war Hoflieferant. (Mary Hillier)

1883 berichtete das Magazin *Little Folks*, daß fast jede Reparatur ausgeführt werden konnte, und erwähnt auch den «Modellierer», der «ein Stück Ton in die Hand nahm und mit ein paar einfachen Werkzeugen in die gewünschte Form brachte. Dabei verwendet er ein heil gebliebenes Glied als Vorlage. Über dieses Tonmodell gießt er dann etwas Gips und erhält damit eine Gußform.» Der Artikel zählt die verschiedenen Beschädigungen auf, die einer Wachspuppe widerfahren können, und fügt hinzu, daß man bei einem kahlen Kopf neue Haare oder in ganz schlimmen Fällen gleich einen neuen Kopf einsetzen konnte. «Neue Köpfe liegen auf Lager, ebenso Beine und Arme, und häufig ist es einfacher und billiger, eine Puppe mit einem neuen Kopf auszustatten, anstatt den beschädigten zu reparieren.»

Der Puppendoktor war vermutlich Mr. Marsh, aber zwölf Jahre später bringt ein Artikel im *Strand Magazine* einen guten und recht humorvollen Bericht über Frau Dr. M. Marsh MD (Mender of Dolls, Puppenflicker), deren Mann Wachsbildner war. Eine Zeichnung zeigt eine junge Frau bei ihrer Arbeit, die die junge Jessica Marsh sein könnte. «Die Frau Doktor hält stets ein freundliches Schwätzchen mit ihrer kleinen Kundschaft.» Sie war sehr mitfühlend und «gebrauchte die Nadel nie öfter als notwendig, und sie verschwendete nie einen Tropfen Alkohol, den sie zum Reinigen der Gesichter hernahm.» Natürlich beantwortet dieser Artikel keine der Fragen, die wir gerne gestellt hätten. Aber er berichtet, daß an den Wänden Bilder ihrer engsten Freunde (Wachspuppen) hingen und daß «eines davon eine prächtige, große Puppe darstellte, die nach Amerika geschickt wurde». Sie muß etwa 60 cm groß gewesen sein, wenn man sie mit dem kleinen Hund auf der Couch vergleicht, der mit aufgenommen wurde.

Gewiß wurden Marsh-Puppen nach Amerika versandt, eine davon ist auf Seite 93 zu sehen. Es ist nicht bekannt, ob Charles Marsh William Marshs Bruder oder Sohn war oder ob sie überhaupt verwandt waren, obwohl ihre Namen zusammen im Londoner Adreßbuch von 1864 erscheinen. Nach dem Tode von Charles Marsh haben seine Witwe und seine Tochter anscheinend nur die Reparaturwerkstatt weitergeführt. Die schönen Kleider der älteren Marsh-Puppen wurden wahrscheinlich von der Familie genäht. Die Puppen selbst sind groß und von guter Qualität und in Gesichtszügen und Teint sehr englisch. Die meisten sind blauäugig und flachsblond.

W. H. Cremer & Sohn

W. H. Cremers erstes Londoner Geschäft lag in der eleganten Bond Street und wurde von ihm selbst als Deutsches Spielzeuglager inseriert. Vermutlich hatten die Cremers deutsche Vorfahren, und ihr Gewerbe und ihre Reisen brachten es mit sich, daß sie enge Verbindungen mit der Puppenmacherei um Sonneberg unterhielten und als Vertreter für Spielwaren und Puppen in London tätig waren.

1862 zeigte Cremer Spielzeug auf der Londoner Ausstellung, und wohl nur kurz danach eröffnete er in der Regent Street 210 ein exquisites Geschäft. Ein hübscher Farbdruck von 1865, Beilage zu *Englishwoman's Domestic Magazine*, zeigt eine «à la Watteau» gekleidete Wachspuppe und gibt eine Anleitung zur Anfertigung solcher Kleider. Ob das eine englische oder eine deutsche Puppe war, kann man nicht genau sagen, aber die sehr schöne Wachsgußpuppe (siehe Seite 97) gleicher Art, die um 1860 gekauft wurde, scheint auf Londoner Herkunft hinzudeuten. Cremer vertrat einige bekannte Wachsverarbeiter: mit Sicherheit Pierotti und höchstwahrscheinlich auch Edwards. Das bezaubernde Zwillingspaar auf Seite 105 ist mit «Cremer» gemarkt und bestätigt, daß er Wachspuppenmacher war. Doch ich halte es für wahrscheinlicher, daß er eine Werkstatt hatte, wo er angelieferte Puppen verschönerte und in hübsche Kleider steckte.

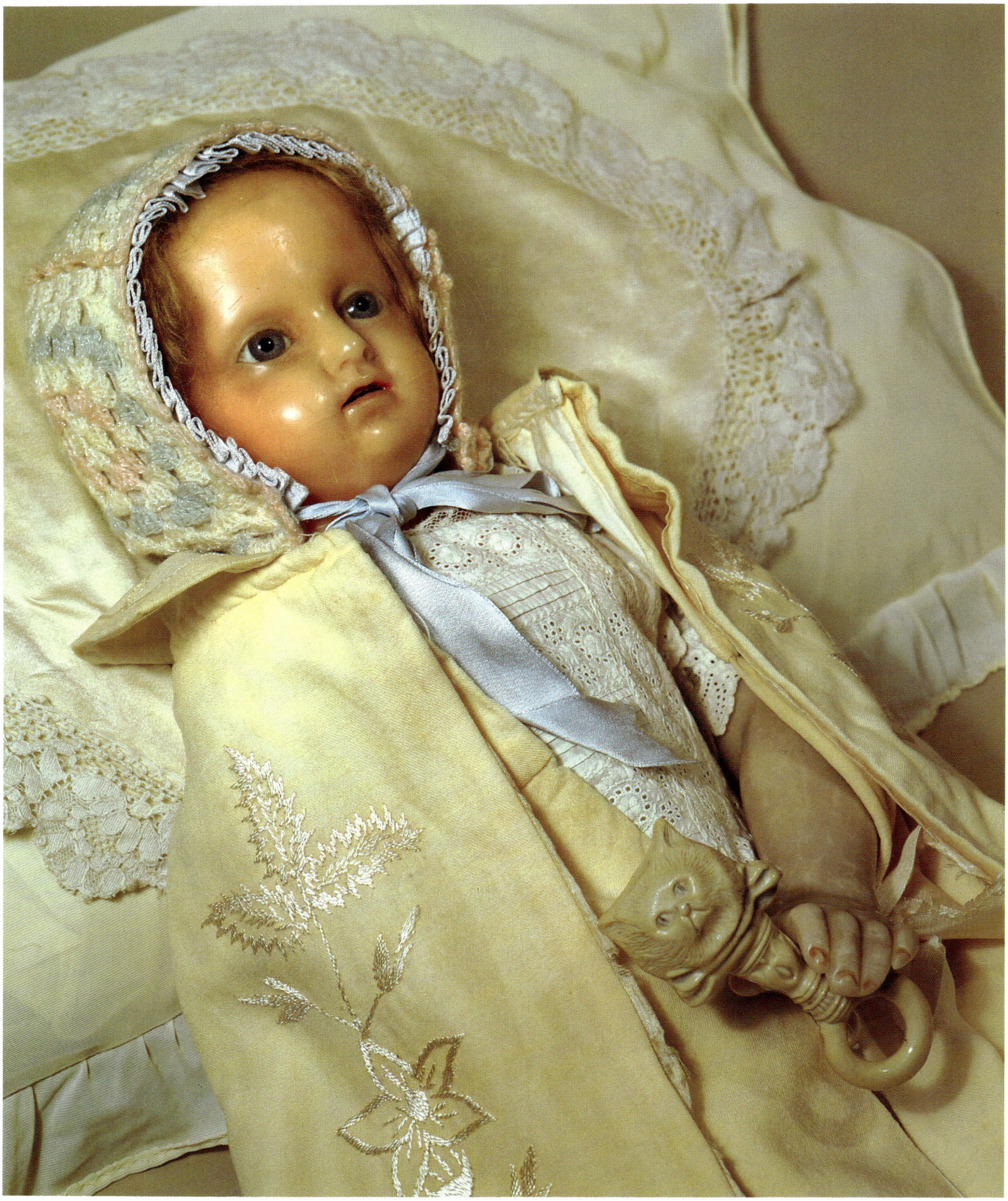

Links Deutsche Babypuppe von Dressel. Composition mit Wachsüberzug, gemarkt «Holzmasse». 1880. 61 cm. (Mary Hillier)

Unten Deutsche Puppe aus Sonneberg. Composition mit Wachsüberzug, Stimme. 51 cm. Daneben eine französische Schmitt. 46 cm. Ende 19. Jahrhundert. (Heather Bond)

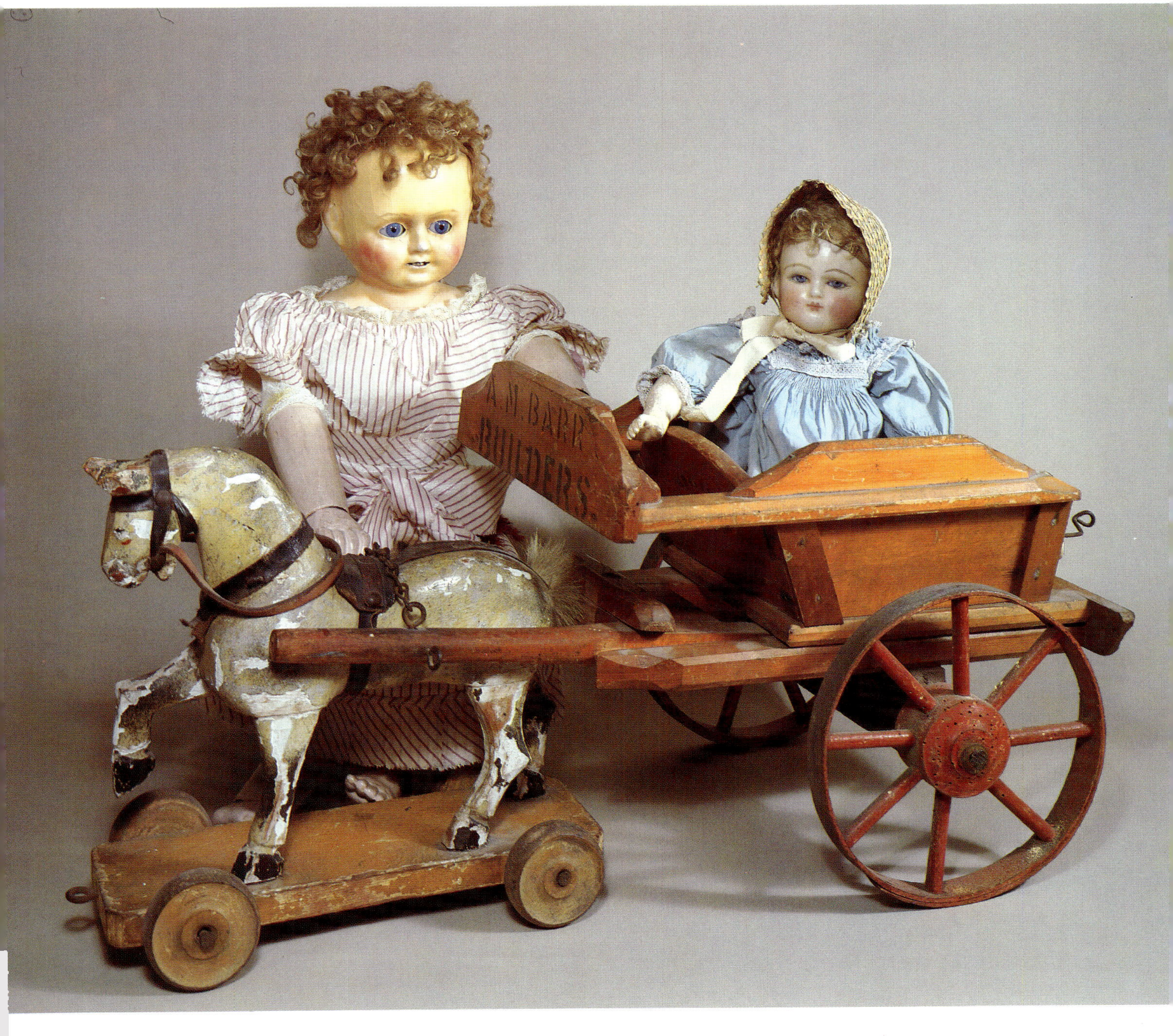

1875 befaßte sich W. H. Cremer junior in einem kleinen Bildbändchen, das wahrscheinlich für Werbezwecke aufgelegt wurde, mit den englischen «wächsernen Schönheiten». Er vergleicht eine billige Holzpuppe mit den bekleideten Puppen auf der Londoner Ausstellung von 1871, auf der auch Edwards vertreten war (siehe Seite 117).

Das Rotkäppchen, die junge Dame in ihrem ersten Abendkleid, das Blumenmädchen. Ihre Schönheit war beinahe atemberaubend. Das Rotkäppchen, dessen bin ich sicher, hätte selbst den wildesten und gierigsten Wolf gezähmt. Und die Kleider dieser lichten Geschöpfe! Welche Materialien und was für eine bewundernswerte Paßform. Müssen sie die jungen Damen auf ihrem ersten Ball nicht um diese verschwenderischen Spitzen beneidet haben und das hübsche Blumenmädchen mit seinen Grübchen um das grüne Satinunterkleid und den leichten Seidenumhang? Hatte sie nach zehn Minuten vor lauter Anträgen noch eine einzige Blume übrig? Die andere junge Dame aus diesem bezaubernden Kreis lag in der halbgeöffneten Schublade ihrer Kommode versteckt, ich glaube, sie schlief. So konnte man nur ihre Ausstattung sehen, und die enthielt ganz offensichtlich alle nötigen und unnötigen, aber kostbaren Stücke einer Garderobe, die sie sich nur wünschen konnte – Morgenröcke, Promenadenkleider, Reitkostüme, Reisekleider, Abendroben, Ballkleider, Jacken aus Samt und Seal, hochgeschnürte Stiefelchen aus Seide, Satin und Leder, Brokatpantöffelchen und Sonnenschirme mit Fransen, Spitzen und Tressen – von allem das Beste und Teuerste, dazu noch ein überquellender Vorrat an anderen

Ausstellungspuppe: Ruhendes Kind. 48 cm. (Sammlung Cadbury, Sudbury Hall, Derby)

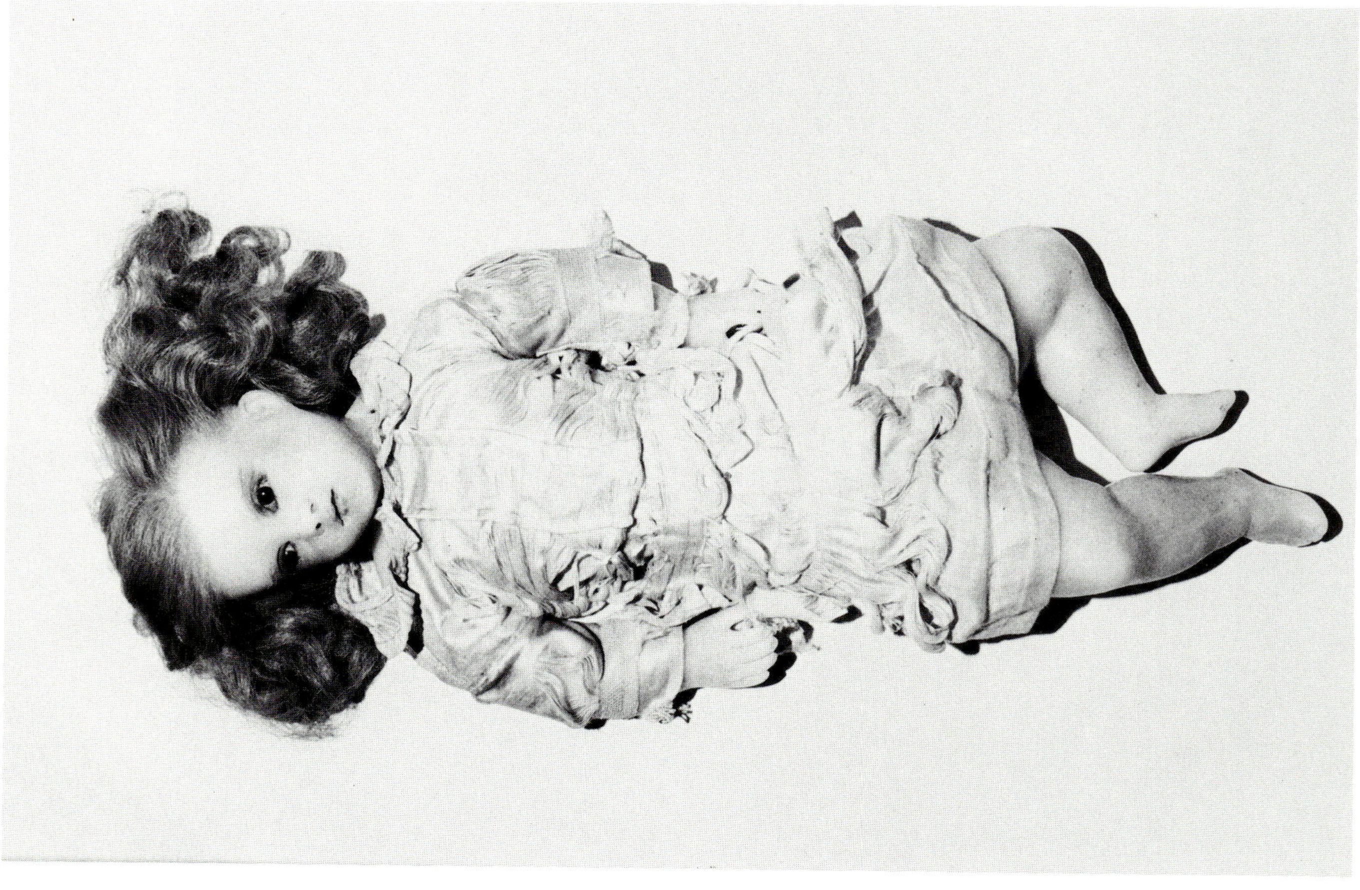

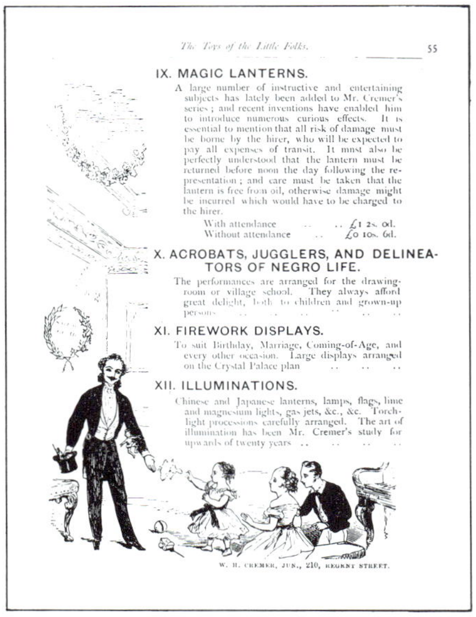

The Toys of the Little Folks. 55

IX. MAGIC LANTERNS.

A large number of instructive and entertaining subjects has lately been added to Mr. Cremer's series; and recent inventions have enabled him to introduce numerous curious effects. It is essential to mention that all risk of damage must be borne by the hirer, who will be expected to pay all expenses of transit. It must also be perfectly understood that the lantern must be returned before noon the day following the representation; and care must be taken that the lantern is free from oil, otherwise damage might be incurred which would have to be charged to the hirer.

With attendance .. .. £1 2s. 0d.
Without attendance .. £0 10s. 6d.

X. ACROBATS, JUGGLERS, AND DELINEATORS OF NEGRO LIFE.

The performances are arranged for the drawing-room or village school. They always afford great delight, both to children and grown-up persons .. ..

XI. FIREWORK DISPLAYS.

To suit Birthday, Marriage, Coming-of-Age, and every other occasion. Large displays arranged on the Crystal Palace plan .. .. ..

XII. ILLUMINATIONS.

Chinese and Japanese lanterns, lamps, flags, lime and magnesium lights, gas jets, &c., &c. Torch-light processions carefully arranged. The art of illumination has been Mr. Cremer's study for upwards of twenty years .. ..

W. H. CREMER, JUN., 210, REGENT STREET.

Eine Seite aus *The Toys of the Little Folks* (Spielzeug für die Kleinen) von W. H. Cremer junior, Regent Street 210, London. 1875. (Mary Hillier)

Bestandteilen der Ausstattung einer Dame: die Unterkleidung, alles handgemacht. Ihre glitzernden Juwelen und erst die Speise- und Teeservice; vergoldetes Silber und feinstes Worcestershire, wie es nur die Vornehmsten des Landes ihren Gästen vorsetzen können.

Nach dieser Fülle an Details, die eines Dickens würdig wäre, fährt Cremer mit einer Bemerkung fort, die sich nur auf die Londononer Lumpenpuppen der Montanaris beziehen kann (siehe Seite 87):

> Hier sahen wir auch eine der hübschen Babypuppen in Wachs oder aus Stoff, für die wir verdientermaßen berühmt sind. Man konnte bei den letzteren nichts Künstliches finden. Die Gesichter waren so sanft, die Haut so weich, wie es eine Wachspuppe niemals hätte vortäuschen können. Hübsch angezogen mit langen Kleidchen und Häubchen – die alle so gut gearbeitet waren, daß man sie wann immer nötig zum Waschen geben konnte –, waren sie auf das überzeugendste babyhaft. Muttis hätten sie als ihre eigenen Kinder angenommen und mißgelaunte Junggesellen wären zu ihren Füßen in Ohnmacht gefallen!

W. H. Cremer junior scheint ein außergewöhnlich ehrgeiziger und einfallsreicher Geschäftsmann gewesen zu sein. Er war auch der Alleinunterhalter, der versprach, jede Art von Fest zu organisieren, sei es mit Spielen und Geschenkverteilung, mit Kasperltheater, Feuerwerk im Garten oder Feste für Erwachsene, Festzelt inbegriffen. Er konnte Vorführungen mit der Laterna Magica arrangieren, Tänze, akrobatische Veranstaltungen und Vorstellungen von Zauberern und Bauchrednern. Eine seiner Spezialitäten war ein Füllhorn, aus dem auf Kinderfesten «Geschenke aus Paris, Berlin und Wien» strömten. Man sieht ihn direkt vor sich, ständig beschäftigt im luxuriösen Gesellschaftsleben des spätviktorianischen London.

In einem anderen Bericht gibt er an, Mittelsmann bei der Sammlung europäischen Spielzeugs für die Ausstellung von 1871 gewesen zu sein. Tatsächlich sprach man ihm offiziell Dank aus für seine Rolle bei der Beschaffung der Exponate trotz der durch den deutsch-französischen Krieg hervorgerufenen Schwierigkeiten. Cremer erwähnt einen Besuch in Sonneberg, wo er mit Adolf Fleischmann (1819–1895) zusammentraf, einem der Häupter des deutschen Puppenmachergewerbes und Mitglied der weitverzweigten Familie Dressel-Fleischmann-Müller, die während des 19. Jahrhunderts ihre Blüte erlebte. Damals, in den siebziger Jahren, war Fleischmann Partner eines gewissen Carl Craemer, mit dem die Londoner Cremers möglicherweise verwandt waren. Sie hätten dann ihren Namen anglisiert.

Die Sonneberger Puppenindustrie

Die Puppenindustrie in Sonneberg, Thüringen, behielt ihre Bedeutung bis zum Zweiten Weltkrieg. Laut Ciesliks Artikel im *Doll Reader* (Herbst 1984) kaufte das amerikanische Unternehmen F. W. Woolworth 1913 den Betrieb von Wilhelm Dressel und erbaute 1925 ein hübsches Lagerhaus für den Puppenexport nach USA, das 1945 zerbombt wurde. Ein finanzieller Grund für das Überleben der Puppenmacherei während der Inflation der zwanziger Jahre war die Stabilität des amerikanischen Dollars, die es einerseits den mit Amerika handelnden Firmen ermöglichte, ihr Geschäft weiterzuführen, und andererseits den Amerikanern, Puppen nach eigenem Entwurf billig in Deutschland produzieren zu lassen.

Etwa hundert Jahre nach W. H. Cremers Besuch in Sonneberg nahm Jo Gerken im Zusammenhang mit der Arbeit an ihrem Buch *Wonderful Dolls of Papier Mâché* (Wundervolle Papiermachépuppen) dort Kontakt mit einigen noch leben-

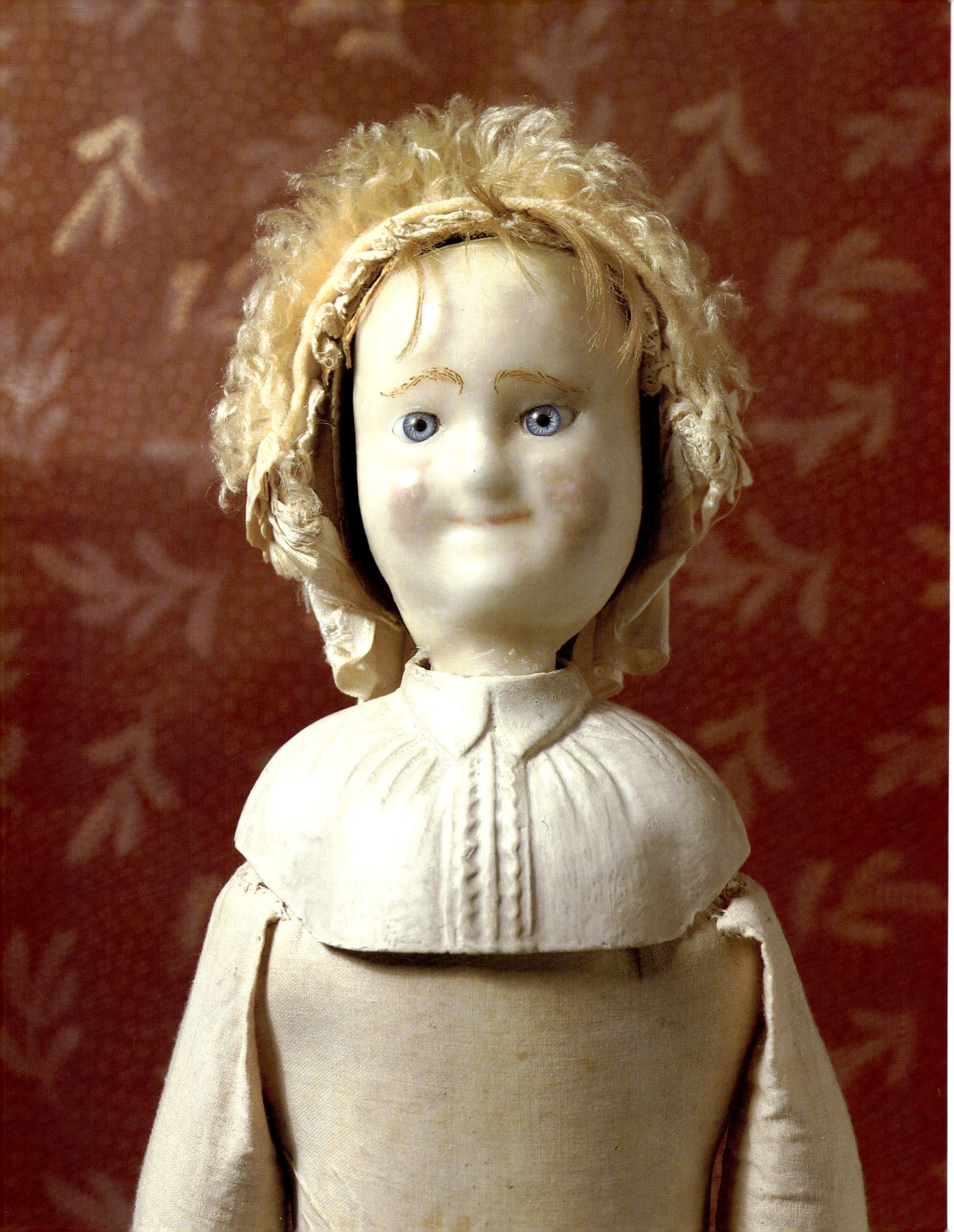

Links Wachspuppe von Bartenstein. Zwei Gesichter, Geräuschmechanismus über seitlichen Schnurzug, Metallkappe unter dem Häubchen. Patentiert 1881. 58 cm. (Bethnal Green Museum)

Unten Anzeigenseite für den «Täufling». Um 1850. (Privatbesitz)

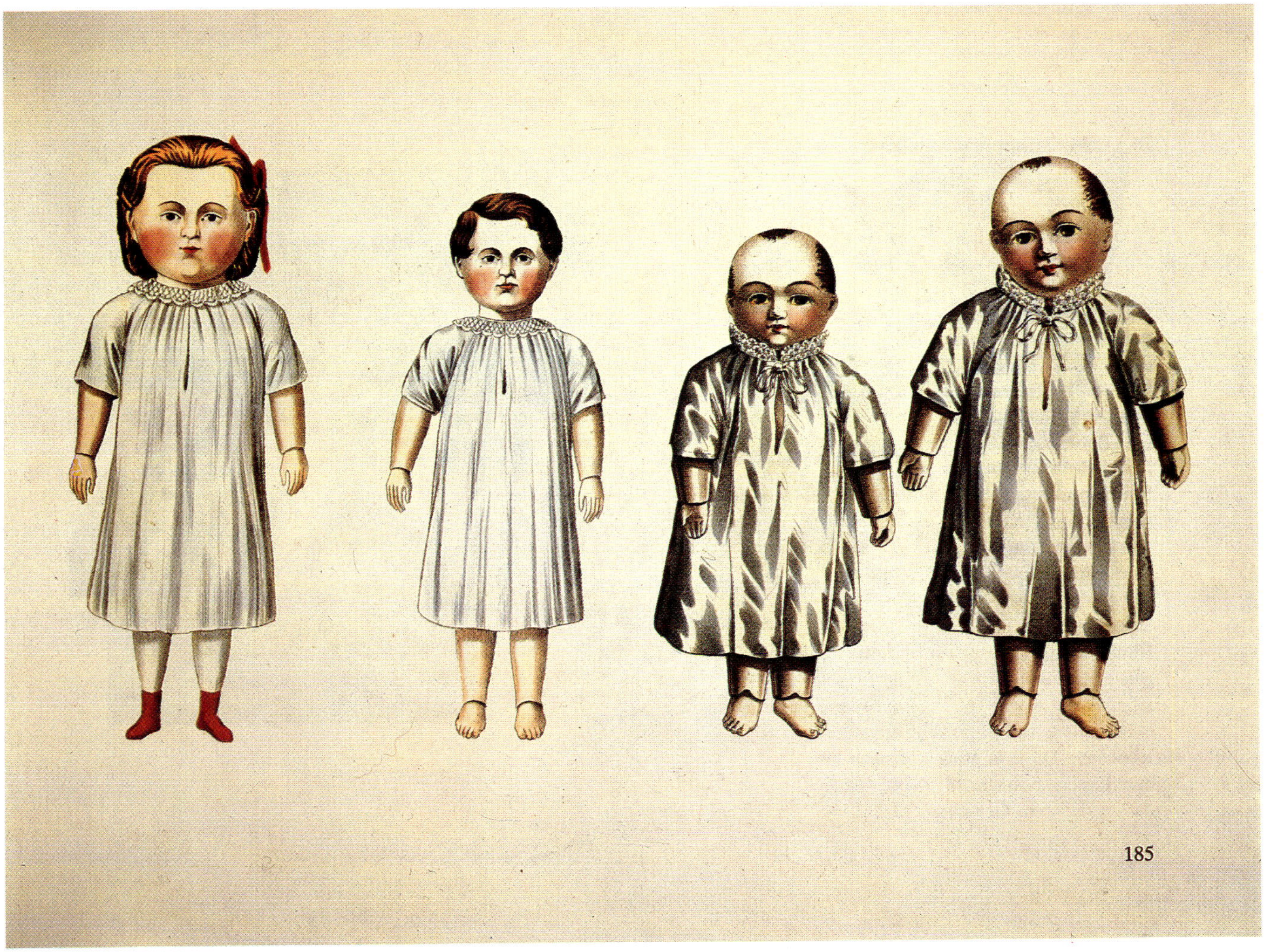

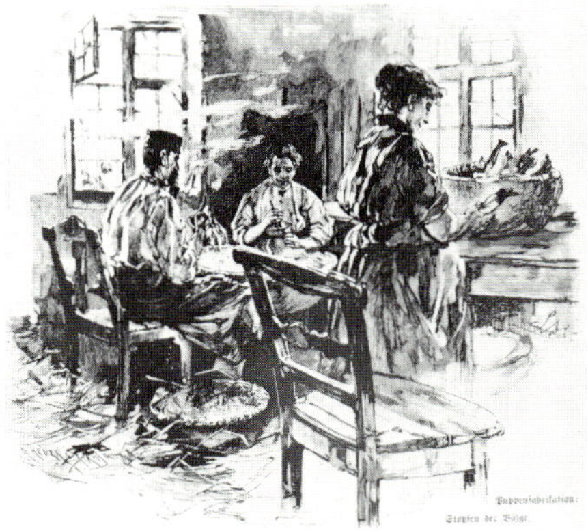

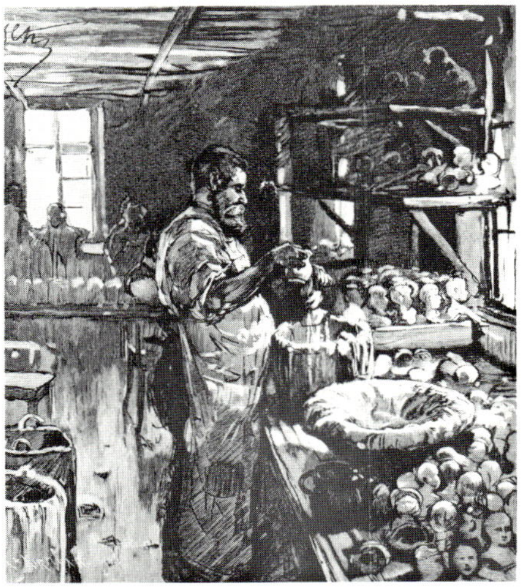

Zwei Arbeitsszenen aus Sonneberg, 1896: Ausstopfen von Körpern und Wachsüberzug von Köpfen. (Mary Hillier)

Rechts Illustrationen zu deutschen Herstellungsmethoden in *Wonderland of Work* (Wunderland der Arbeit) von C.L. Matéaux, 1880. (Mary Hillier)

den Nachkommen der bekanntesten Puppenmacherfamilien auf. Ihre Aufzeichnungen sind von unschätzbarem Wert, denn sie zeigen, wie eng diese Familien untereinander verbunden waren. Das Puppenmachen hatten sie im Blut und sie erbten traditionell gut geführte Fabriken. Die berühmte Firma Dressel dürfte 1730 von Johann Paul Dressel (1709–1738) gegründet worden sein. 1732 heiratete er Sophie Fleischmann; aus dieser Ehe stammt Johann Philipp Dressel (1735–1804). Dessen Sohn Ernst Friedrich (* 1797) hatte acht Kinder, darunter die berühmten Brüder Kuno und Otto Dressel (* 1829 bzw. 1831) und etliche Schwestern, die in andere Puppenmacherfamilien einheirateten.

Das ganze Gebiet um Sonneberg hatte sich der Puppenmacherei verschrieben. Cremer nannte im Zusammenhang mit seinem Besuch die Orte Friedenbach, Neustadt und Schalkau mit je 3000 bis 4000 Einwohnern, die sich eigentlich mit nichts anderem befaßten. Zu den Arbeiten gehörten sowohl die groben, das Holzfällen, Drechseln, Papierbreimachen usw., als auch das Modellieren und das Nähen. 1870 berichtet Cremer, daß in Thüringen jährlich zwei Millionen Dutzend Puppen hergestellt und ausgeführt wurden. Von Alfred Fleischmann erfuhr er, daß daran nicht weniger als 32000 Menschen beteiligt waren, die Frauen, die Spanschachteln machten und die Bemalung ausführten, eingeschlossen. Mrs. Molesworth, eine viktorianische Kinderbuchautorin, verbrachte ihre Kindheit teilweise in Deutschland. Sie machte sich offenbar wenig aus Puppen, aber sie verwendete ihre Kenntnis deutscher Puppenmacherdörfer in einigen ihrer Geschichten. In ihrer Erzählung *The Toymaker of Bergstein* (Der Spielzeugmacher von Bergstein) schildert sie eine Dörflerfamilie, in der die Mutter Puppenperücken montiert und der Vater in der Puppenfabrik arbeitet. Ein Kind aus England, das dort zu Besuch ist, ist von einem Kopf mit wunderschönem Haar so entzückt, daß ihm die Häuslerin verspricht, die ganze Puppe zu beschaffen. In einer anderen Geschichte, die in London spielt, erzählt Mrs. Molesworth von einer Puppe, die von «Marshalls» (Marshall & Snelgrove, ein bekanntes viktorianisches Geschäft) geliefert wurde. «Wachspuppen», so schreibt sie, «waren in diesen Tagen die einzigen wirklich hübschen Puppen. Aber es gibt zwei oder drei Sorten Wachs. Manche machen die Augen auf und zu, andere sind erheblich größer, kosten aber dabei nicht mehr, weil sie die Augen nicht auf- und zumachen.»

In *The Wonderland of Work* (Das Wunderland der Arbeit, 1880), einem mit schönen Stichen illustrierten Kinderbuch über die Industrie, schreibt C. L. Matéaux über die «große Schule für Entwurf», wo Puppen studiert und Techniken verbessert wurden, und geht dabei auch auf die Arbeitsteilung ein, bei der jeder Arbeiter auf einen Teilbereich der Gesamtproduktion spezialisiert ist. Er läßt sich auch darüber aus, daß die Männer offenbar ununterbrochen ihre großen Hängepfeifen rauchten und daß die hübschen blauäugigen Mädchen mit blonden Zöpfen ohne Ausnahme die heimatliche Tracht und ordentliche Häubchen trugen. In der betreffenden Werkstatt wurden die Puppenköpfe nach dem Trocknen in Wachs getaucht – «je öfter getaucht, um so besser wird sich die Dame in der Puppenwelt stellen» – und mit duftendem Veilchenpuder bestäubt, der sie «wie frisch gepflückte Pfirsiche aussehen ließ». Diese Fabrik produzierte eindeutig Qualitätspuppen, denn die Haare wurden mit den Wurzeln in die wächserne Kopfhaut eingedrückt und manche der Puppen wurden auch mit Wimpern ausgestattet. Einige der hübschesten deutschen Wachspuppen stammen sicherlich aus den Dressel-Werken.

Eine Reportage in einer deutschen Zeitschrift von 1896 über die «Puppenstadt» Sonneberg vermittelt ein sehr lebendiges Bild der kleinen Werkstatt eines Familienbetriebs. Eine der Abbildungen zeigt, wie ein Arbeiter zum Abschluß eines Fertigungsgangs flüssiges Wachs aus einem Krug über jeden Kopf gießt.

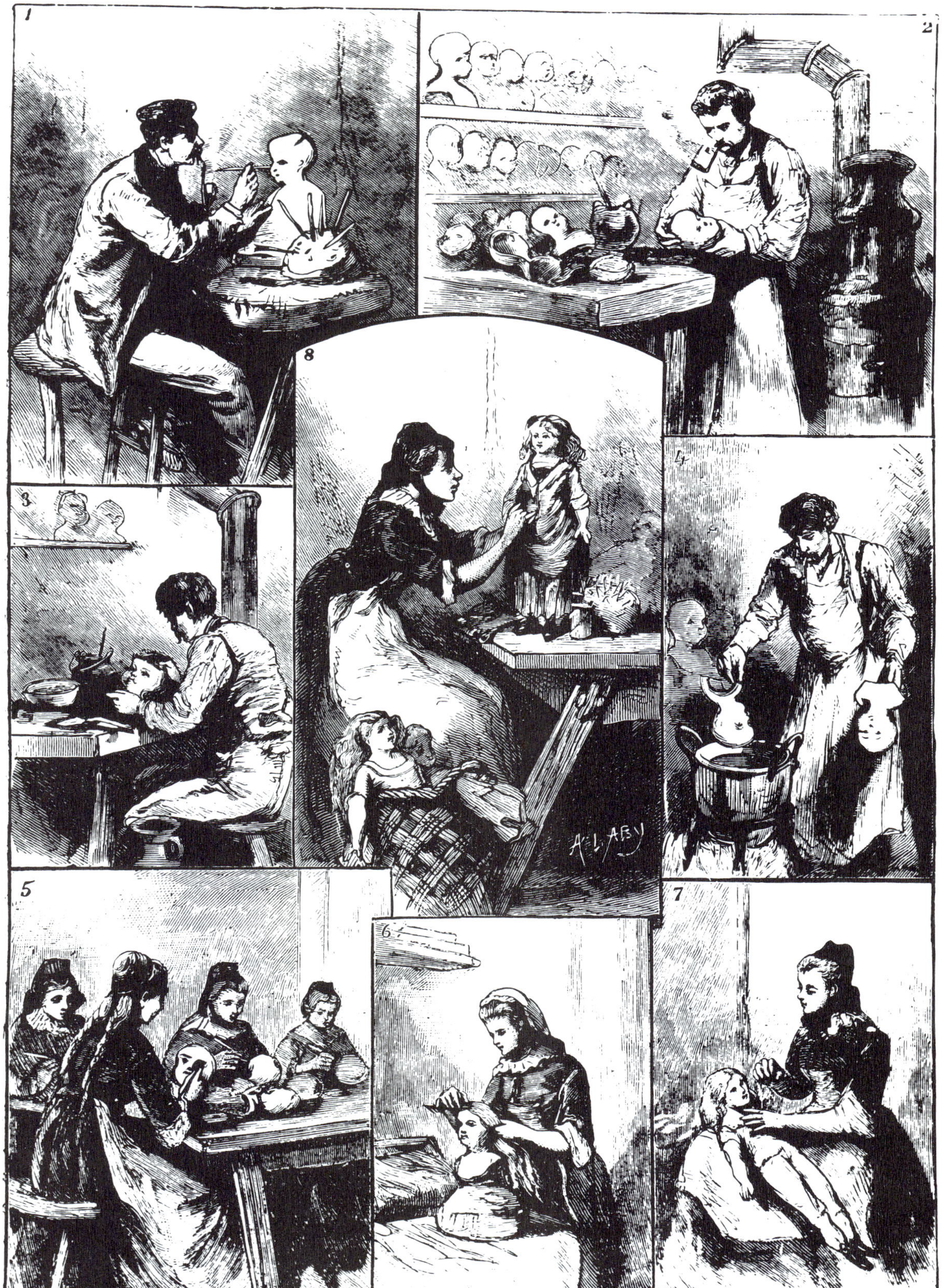

Rechts Betende Puppe von Edwards, auf der Ausstellung von 1871 gezeigt. Schön detaillierte Ausformung von Händen, Fingern und Nägeln, weicher Stoffkörper mit Metallösen zur Anbringung der Glieder, echtes Haar für Kopf, Brauen und Wimpern, schön proportionierte Augen, versunkener Blick. 43 cm bis zum Knie. (Mary Hillier)

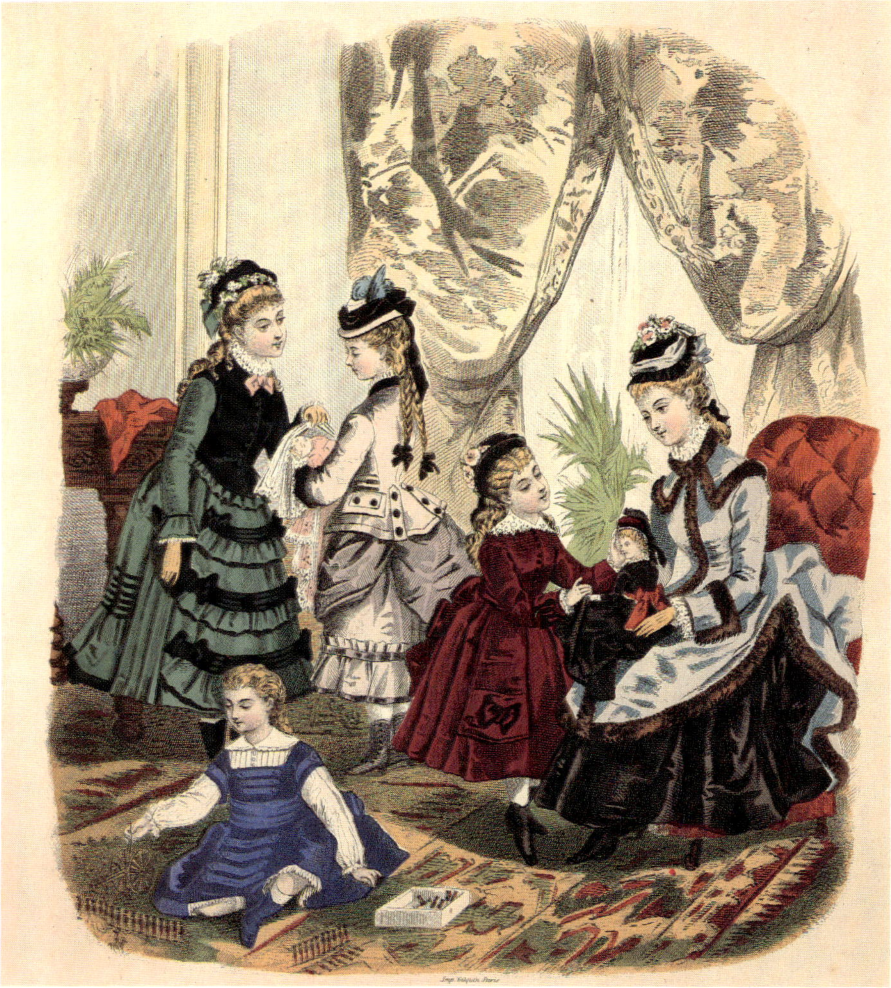

Oben Tafel aus einer Beilage «Lady's Newspaper and Court Circular» zur Zeitschrift *The Queen* vom 24. Oktober 1874. Damenzeitschriften wie *The Queen* oder *Harper's Bazaar* berichteten freudig über die jeweiligen von Paris diktierten Modeneuheiten. Französische Künstler bevorzugten Farblithographien für ihre Bildtafeln, deren Begleittext Einzelheiten zu Stil und Material aufführte: Cheviot-Samt, blaues Samtkleid (für den etwas mädchenhaften Jungen mit Zinnsoldaten und Kanone), grauer Popeline, dunkelroter Kaschmir, einfaches Baumwollsamtkleid, pelzverbrämte lange Jacke aus Baumwollsamt. Zu den Moden der abgebildeten Puppen werden keine Angaben gemacht, aber ein Neugeborenes in Spitzentüchern und eine sitzende blonde Gliederpuppe in Schwarz mit leuchtendroter Schärpe sind zu sehen. Puppe, Kinder und Mutter tragen Hüte mit Blumenbesatz wie die französische Puppe Violet (Seite 126). Natürlich war das Spielen mit Puppen ein beliebter Zeitvertreib, und wie für die heutigen Mädchen mit ihren Barbie-Puppen waren die Anziehsachen das wichtigste. Puppen tanzten mit im Pariser Modereigen. Sie waren verhätschelte Bewohner der Salons mit ihren Portieren und Volants und gehörten schon lange in diese verkünstelte Gesellschaft. (Mary Hillier)

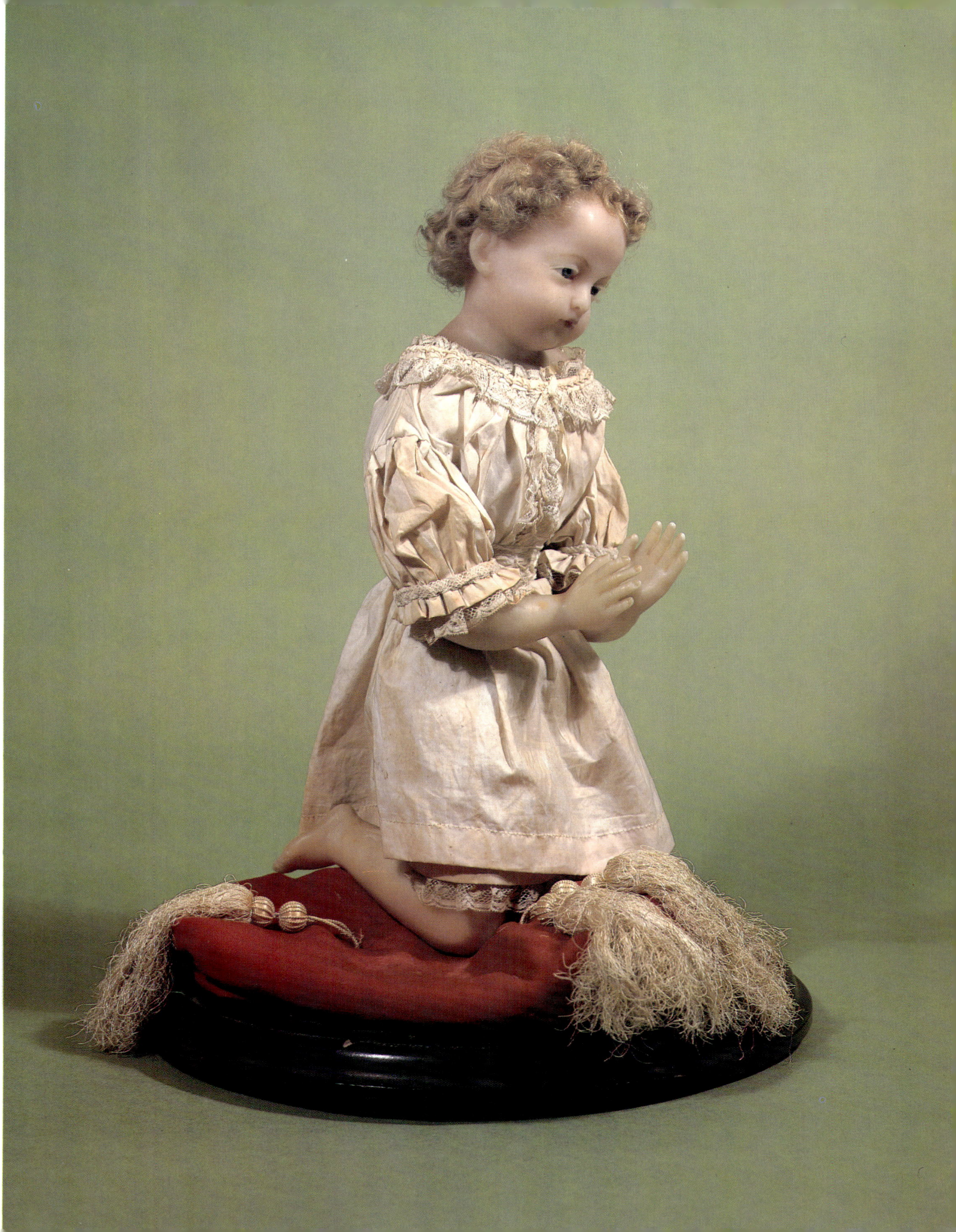

Rechts Deutsche «Kürbiskopf»-Puppen. Composition mit Wachsüberzug, Arme und Beine aus Holz. 1860. 25 und 43 cm. (Sotheby's)

Gegenüber Das «Westwood»-Baby. Diese Tauffigur aus Wachs mit gemalten Augen und Mund gab Thomas Westwood seiner Frau Eliza am 2. Januar 1844. Er befürchtete, sie könne ihm keine Kinder gebären – sie bekam sage und schreibe 17. Die Puppe ging am 7. Oktober 1884 an ihre Tochter Ethel und 1938 dann an ihre Enkelin Rosemary. Zarte deutsche Wachspuppen in hübschen Kleidern, die in Spanschachteln verpackt waren, wurden zu religiösen und vielen anderen Zwecken gebraucht und waren wohl ein billiger und beliebter Puppentyp für «Basare». 1844. 16½ cm.
(Worthing Museum and Art Gallery)

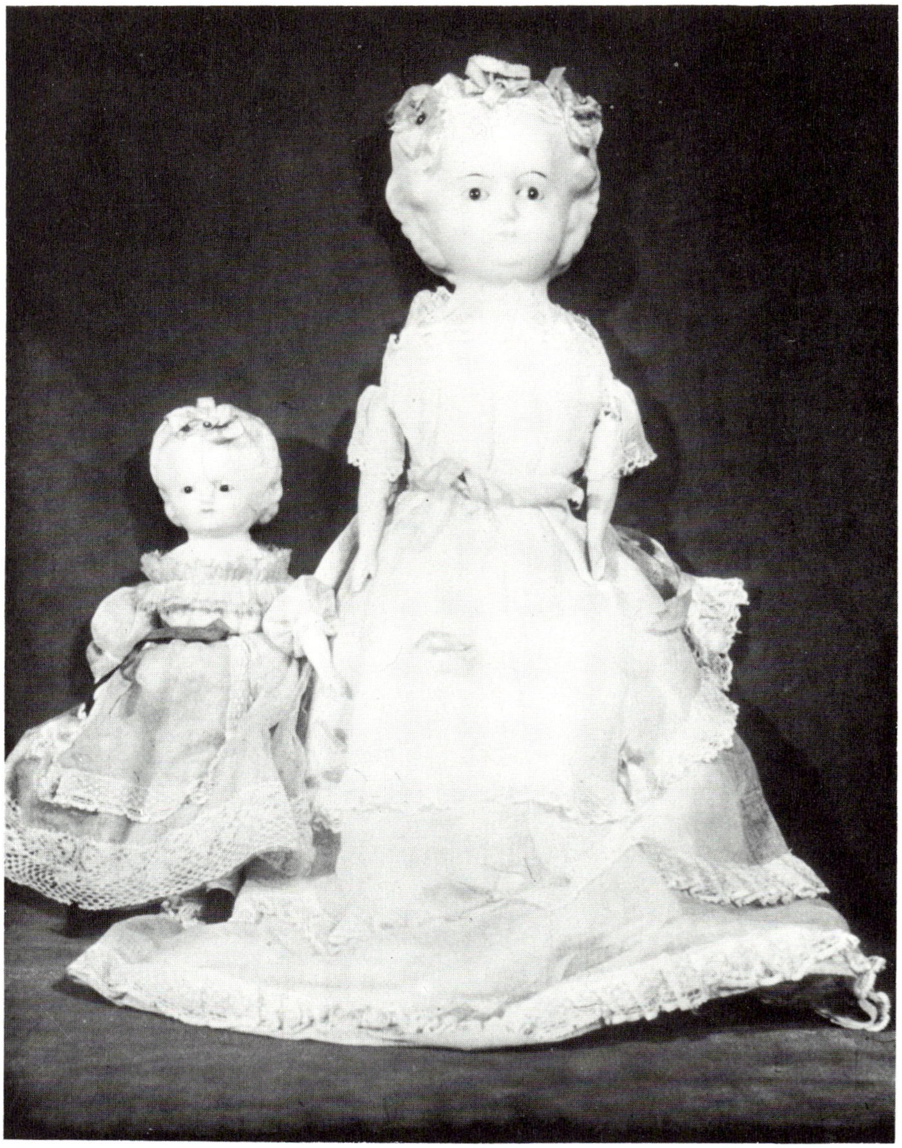

Perücken aus Angorawolle setzte man den billigeren Puppen auf – vielleicht solchen wie der rotwangigen Spielzeugpuppe auf Seite 122.

Die Herstellung des Papiermaché war ein wohlgehütetes Geheimnis. Es ist anzunehmen, daß es dazu verschiedenartiger Zutaten bedurfte. Die Fachzeitschrift *Toy and Fancy Goods Trainer* veröffentlichte 1917 unter der Überschrift «Geheimnisse deutscher Puppenmacher gelüftet» einige Rezepte mit der offenkundigen Absicht, die Engländer zur Aufnahme eines Gewerbes anzuspornen, das bisher von den Deutschen beherrscht wurde. Alle Zubereitungen verwendeten einen Brei aus eingeweichtem oder zerkochtem Altpapier, dem Weißfärber (gemahlene Kreide), Gips und Flüssigleim zugesetzt wurden. Je nach vorhandenen Abfallstoffen, Roggenmehl, Baumwollumpen (Zellulose), Faserstoffe (Matratzenfüllungen oder Lumpen), konnte der Hersteller das Volumen noch vergrößern. Ein Wiener Hersteller verwendete die Abfälle aus einer Meerschaumpfeifenfabrik und ein anderer Stoffreste aus einer Kinderhandschuhfabrik. Das Mischungsver-

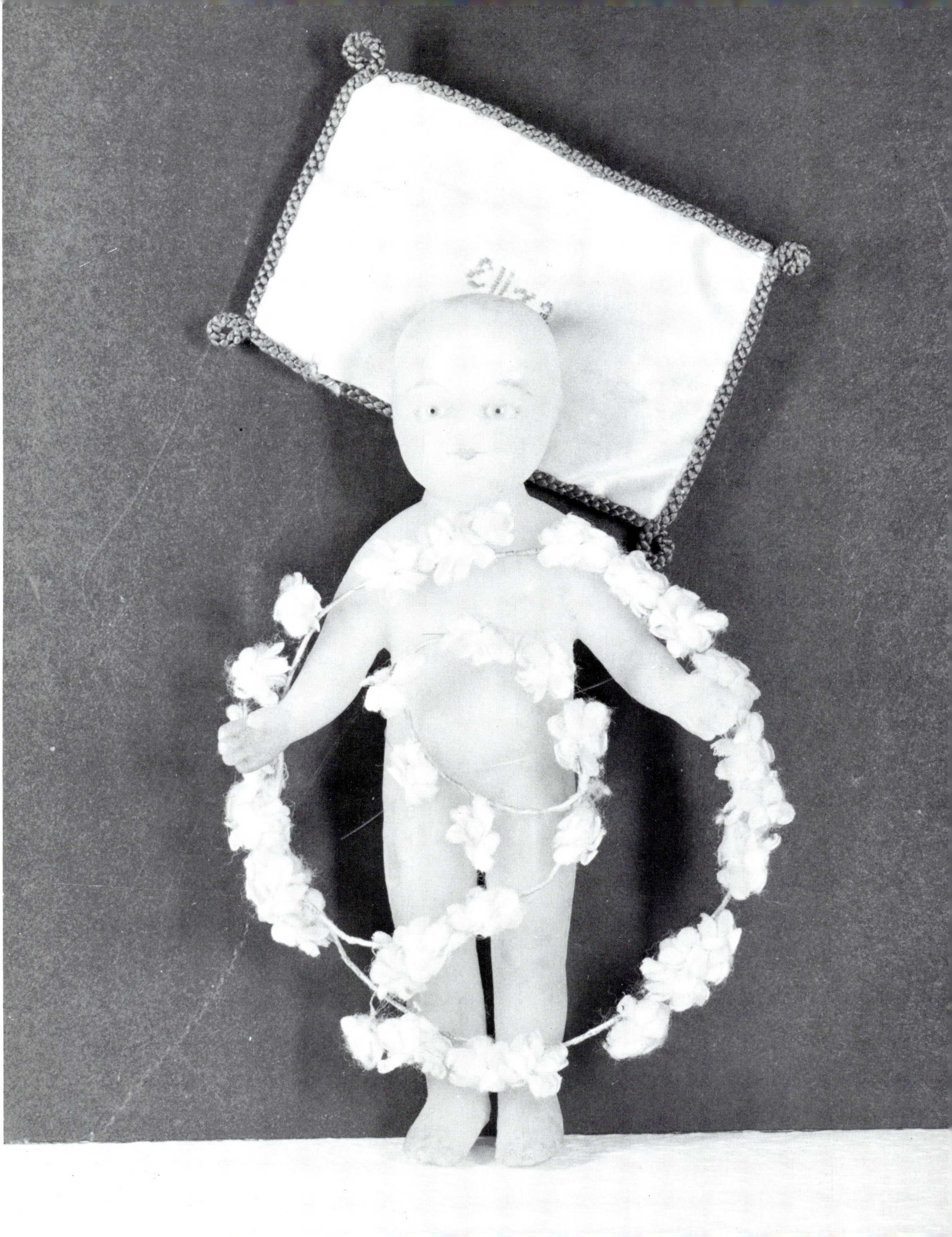
Eliza

Unten Porträtbüste auf Holzsockel von John Edwards Töchterchen Maud. Häubchen und Kleid zu realistischerem Aussehen. 1883/85. 30 cm. (Museum of London)

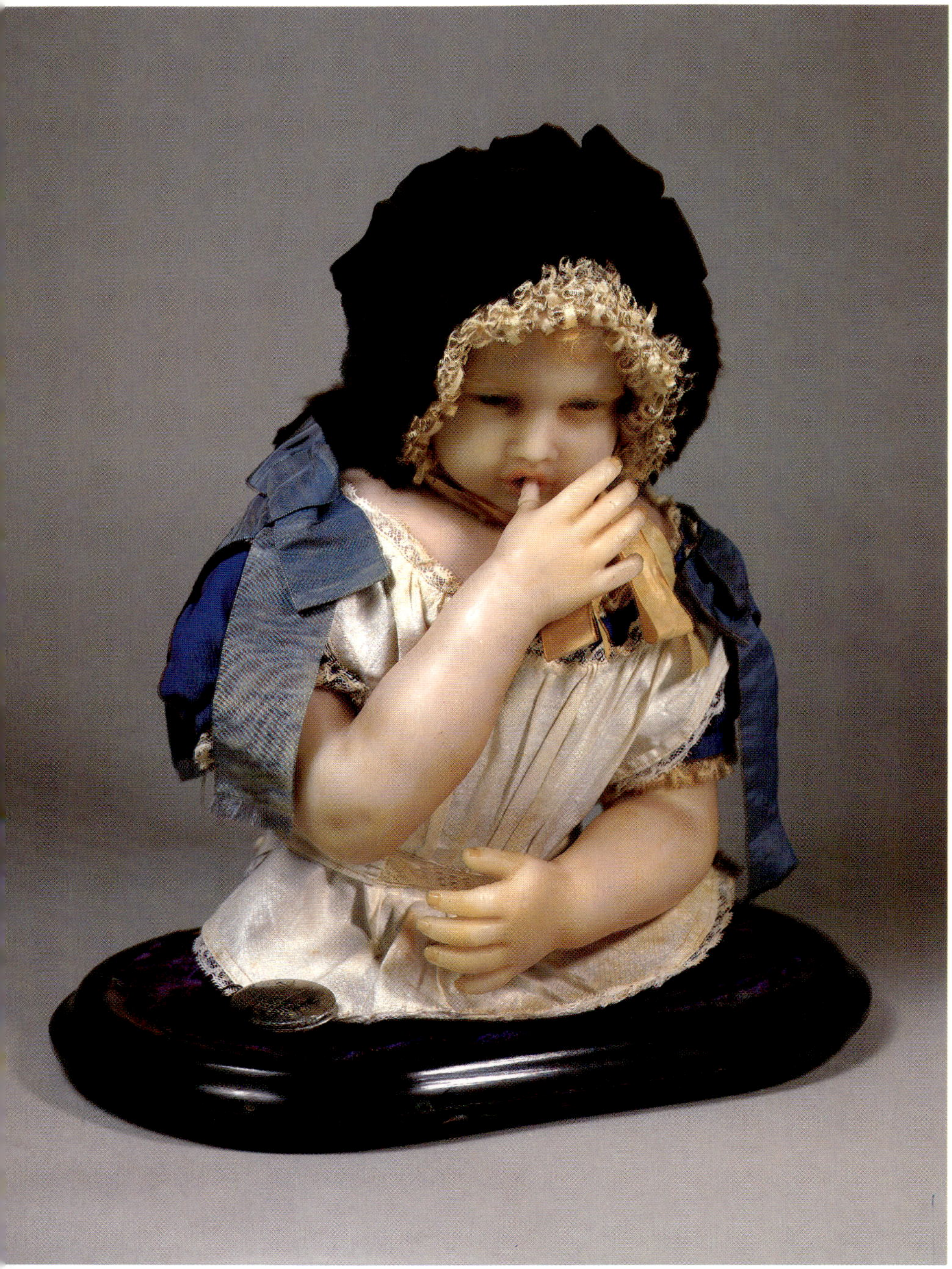

Rechts Figur von Prinzessin Louise, Tochter des Prinzen von Wales (später Eduard VII.) und Enkelin Königin Viktorias, im Hochzeitskleid. Die 1867 geborene Louise heiratete 1888 den Herzog von Fife. 61 cm. (Mrs. Graham Greene, Rotunda, Oxford)

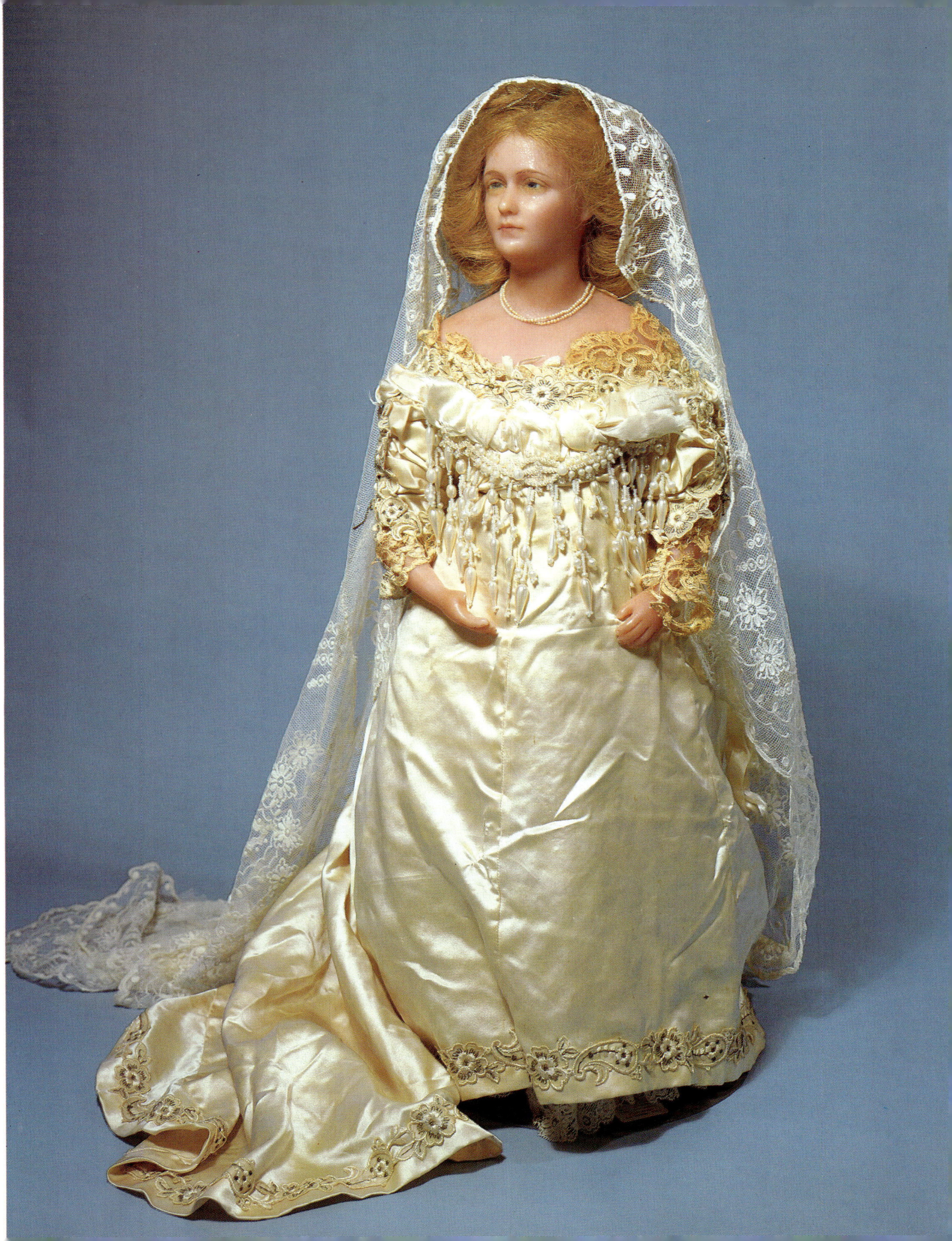

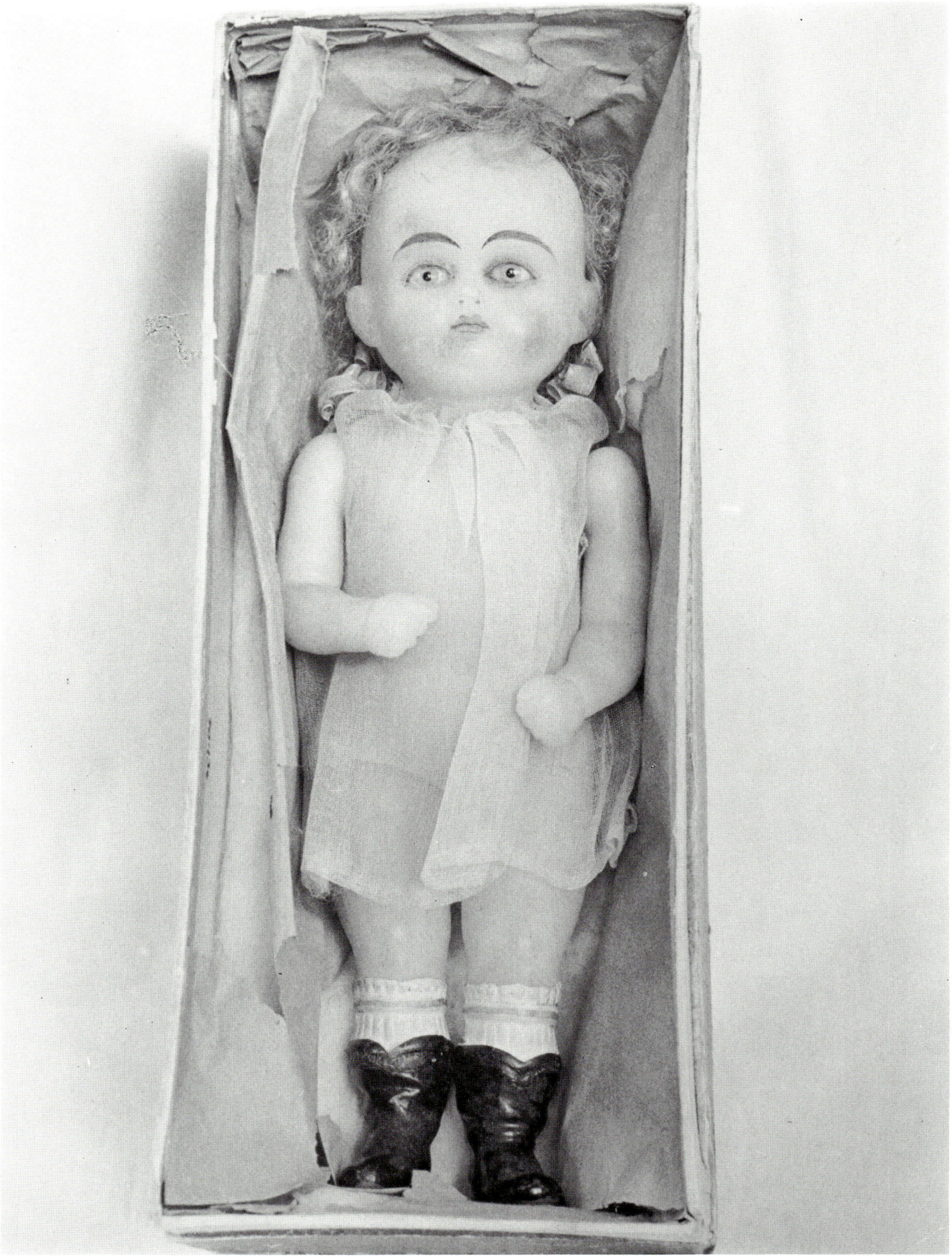

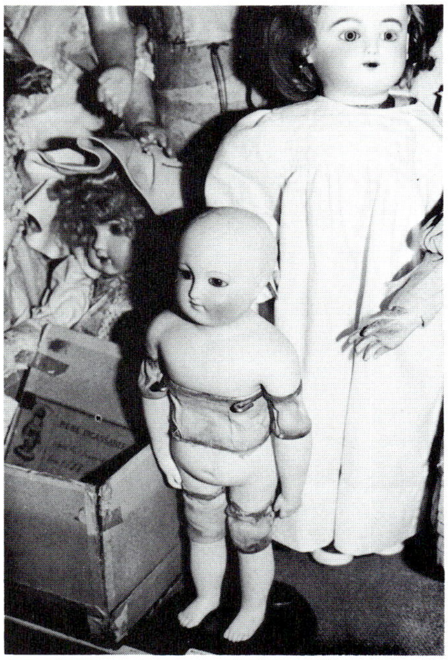

Eine Puppe mit Porzellanteilen, hier bei einer Auktion, zeigt die sogenannte Mottschmann-Konstruktion. (Sotheby's)

hältnis lautete normalerweise: zwei Teile Papierbrei, drei Teile Kreide, zwei Teile Gips und Leimwasser zum Verrühren. Um bruchfestes, nicht bröckelndes Material zu erzielen, setzte man kleine Mengen Sulfate, Alaun oder Pottasche zu (etwa zwei Prozent der Gesamtmenge). Manchmal mischte man Nikotinpulver oder Saft vom Bitterkürbis bei, um Insekten oder Ratten abzuhalten.

Als das Sonneberger Museum 1980 in London einige seiner Schätze ausstellte, darunter die berühmte Szene «Gulliver in Lilliput», die Fleischmann für die Weltausstellung entworfen hatte, führte der Katalog einige der bekanntesten «Modellierer» auf: Peter Hetzel, Heinrich und Gustav Stier, Rudolf Wagner und F. M. Schilling. Auf Heinrich Stier geht die Einführung der Schlafaugen mit Bleigewicht und der Kugelgelenke für Composition-Puppen zurück. Nach Jürgen und Marianne Ciesliks Buch «Puppen sammeln» besuchte Heinrich 1852 die USA und studierte danach die Puppenmacherei in London bei einem führenden Wachspuppenmacher, wobei er nützliche Kenntnisse über die Arbeit mit Wachs gewann. Er wandte diese in seiner eigenen Fabrik in Sonneberg an, wo er wachsüberzogene Puppenteile herstellte. Stiers Schwester Barbara heiratete ein Mitglied der Familie Schilling. Nachdem sie Witwe geworden war, eröffnete Stier mit ihr einen Betrieb in Coburg. Im letzten Viertel des 19. Jahrhunderts tauchen einige dieser Namen in Patentanmeldungen auf.

Es wäre interessant, ob sich aus den Sonneberger Registern eine Verbindung zwischen den Firmen Schmidt aus Sonneberg und Schmitt et fils (Maurice und Charles) in Paris herstellen ließe. Letztere hatten ein Atelier in Nogent-sur-Marne bei Vincennes, und einen Laden im Zentrum. Sie erhielten 1883 ein Patent

> zum Schutz der neuen Erfindung, direkt auf Biskuitporzellan eine Schicht tierisches, pflanzliches oder mineralisches Wachs aufzutragen, das allein oder mit Zusätzen wie Paraffin oder Stearin verwendet wird. Das Wachs findet Anwendung bei Puppenköpfen und -büsten sowie bei Babypuppen nach Verlassen des Ofens. Damit wird sowohl ein sehr naturgetreues Aussehen als auch bessere Haltbarkeit der Puppen erzielt.

Bereits 1878 hatten sie auf der Pariser Ausstellung für ihr «Schmitt-Bébé» eine Silbermedaille gewonnen. Diese ungewöhnlich konstruierte 46 cm große Puppe (siehe Seite 109) hat einen Körper mit Kugelgelenken, der als Marke die gekreuzten Hämmer der Schmitts sowie die Bezeichnung «Du Magasin des Enfants, Passage de l'Opéra, Paris» trägt. Der wachsüberzogene Kopf ist von oben (verdeckt durch die Perücke) mit dem Hals verbunden. Bekanntlich haben zu Beginn des letzten Jahrhunderts französische Hersteller deutsche Teile verwendet, und möglicherweise hatte Schmitt, genau wie Fleischmann, Verbindungen zu den Fabriken in Sonneberg. Die Familien der deutschen Puppenmacher waren ja recht weitverzweigt, und reichten bis in die USA, nach England und nach Frankreich.

Mottschmann-Puppen

An dieser Stelle möchte ich gerne ein paar Worte zu den sogenannten «Mottschmann»-Puppen sagen. Mit diesem Namen bezeichnet man heutzutage eine ganze Kategorie von Puppen, die in großer Stückzahl und vielfältigen Varianten vor allem um die Mitte des 19. Jahrhunderts aufkamen. Ein Exemplar aus dem Braunschweiger Museum trägt die Patentmarke:

> Patent 29 April
> A.D. 1857
> Ch. Mottschmann
> Sonneberg.

Einfache deutsche Puppe aus Composition mit Wachsüberzug in der Originalverpackung. 1850. (City Museum and Art Gallery, Worcester)

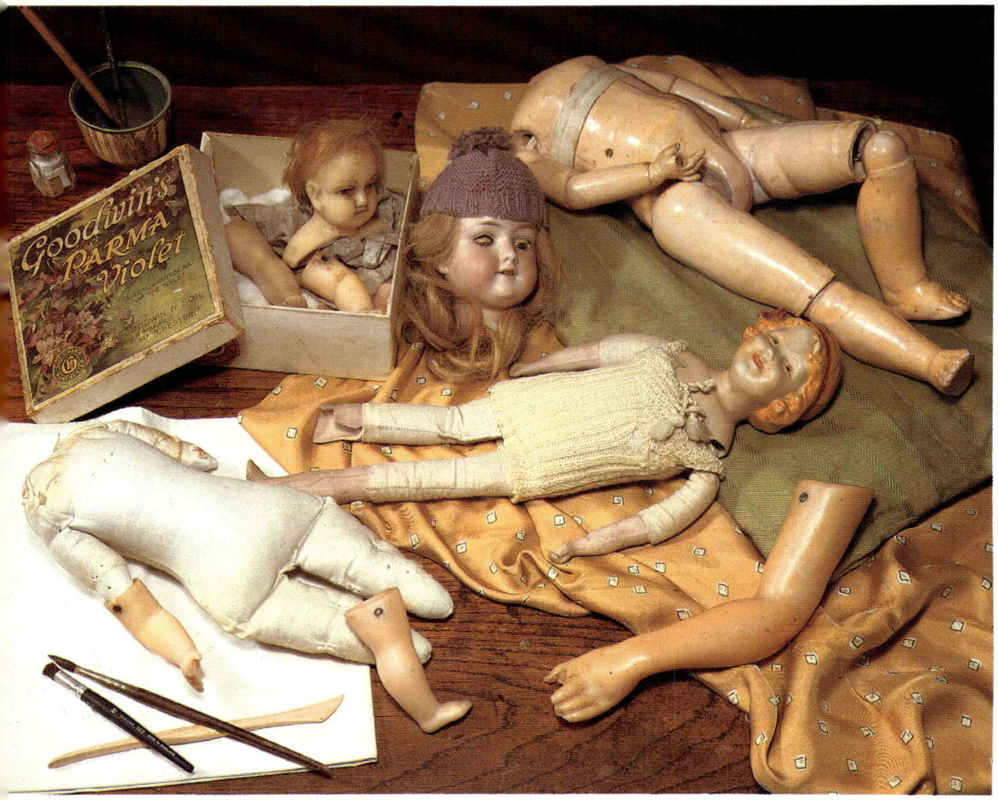

Überreste aus Lucy Pecks Puppenklinik, darunter eine zerlegte Pierotti, die zur Reparatur eingeliefert worden war, und ein einzelner «Lucy Peck» Arm. 1920.
(Mrs. Norman-Smith)

«Evangeline», die Heldin des Romans *The Vicissitudes of Evangeline* (Die Wechselfälle der Evangeline) von Elinor Glyn. 1903.
61 cm. (Heather Bond)

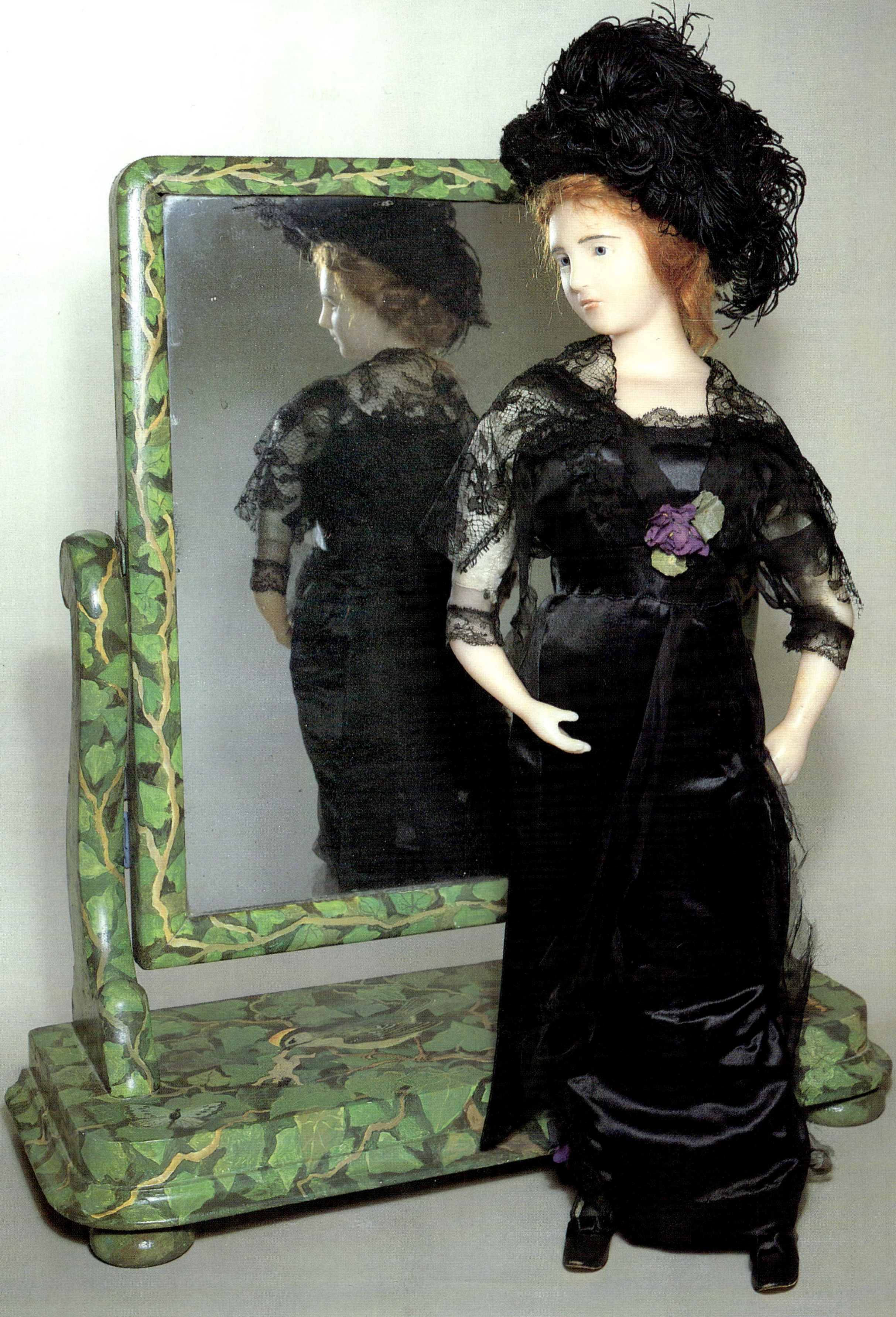

DIE SAMMLUNG TRIMPEY
«Ich liebe alte Puppen – Spielzeug eines freundlicheren Zeitalters: Mit rosigen Wangen und leuchtenden Augen fragen sie, wo denn die Kinder geblieben sind, die sie fest in den Armen gehalten haben in längst vergangenen Jahren», schrieb Alice Kent Trimpey, eine der ersten Sammlerinnen, die alte Puppen einfach aus Spaß an ihnen und aus Nostalgie anhäufte. Geboren auf einer Farm in der Sauke Prairie im Indianergebiet, war sie stolz auf ihre Pioniervorfahren, wohnte aber seit ihrer Kindheit fast ihr ganzes Leben lang in Oak St. Baraboo, das sie in ihren Büchern *Story of My Dolls* (Geschichte meiner Puppen, 1935) und *Becky: My First Love* (Becky, meine erste Liebe, 1946) beschreibt. Die Bücher haben inzwischen Sammlerwert und erst recht die Puppenfotos, mit denen sie illustriert sind. Puppen und Fotos befinden sich jetzt in den Sammlungen der State Historical Society of Wisconsin in Madison.

Alice Trimpey gab sich gern exzentrisch in Kleidung und unkonventionellem Auftreten, aber sie war eine gute Autorin, und die Fotografie ihres geliebten Gatten E. B. Trimpey konnte professionellen Ansprüchen standhalten. Ihre Erzählungen aus der Vergangenheit machten den Amerikanern warm ums Herz und haben gewiß eine neue Sammlergeneration erwachsen lassen. Einige alte Puppen aus Alice Trimpeys Besitz waren sicher europäischen Ursprungs, und interessant ist ihre Geschichte immer. Ein Zeitgenosse nannte Alice Trimpey «so altmodisch wie Hutzelbrühe». Als sie ihre Bücher schrieb, hatte man noch kaum wissenschaftliches Interesse an Puppenmachern, und ihr wäre so etwas auch ziemlich egal gewesen.

«Violet» **(unten)** hat eine interessante Geschichte. Sie ist mit 68 Zentimetern eine große Puppe, und ihr ursprünglicher Besitzer hat sehr gut auf sie aufgepaßt. Er kleidete sie neu nach der gleichen *mode de Paris* wie vorher in ein hellblaues Kostüm aus Merinowolle mit weißem Spitzenkragen und Schleifen; die Lederstiefelchen sind die ursprünglichen. Die Puppe soll ein Amerikaner für seine dreijährige Nichte in Paris im Laden von Monsieur und Madame Couchard (nicht zu eruieren) gekauft haben. Zu ihr gehört auch ein winziges perlenbesetztes Medaillon. Der interessanteste Punkt ist, daß die Puppe aus einer kleinen Fabrik in der Rue du Temple stammen soll, bei der es sich sehr wohl um die bedeutende Firma Pannier, Rue du Temple 140, handeln könnte. Das Haus Pannier gehört zu den wenigen französischen Firmen, die zwischen 1870 und 1892 Wachspuppen anboten. Blanche Panniers Putzmacher- und Perückenarbeiten hatten einen guten Ruf, und auf der Wiener Ausstellung von 1873, bei der sie die französische Schau einrichten half, gewann sie eine Medaille. Das Markenzeichen der Firma war ein kleiner Schirm, weil Charles Pannier Puppenschirmchen gebaut hatte. Die Rue du Temple liegt mitten im damaligen Puppenmacherviertel, und die dort ansässigen Firmen legten Wert auf schöne Bekleidung.

Rechts Major Dupont und Persis. Alice Trimpey hält Persis für einen Montanari-Typ. Major Dupont ähnelt Prinz Albert, wenngleich er eine amerikanische Uniform trägt.

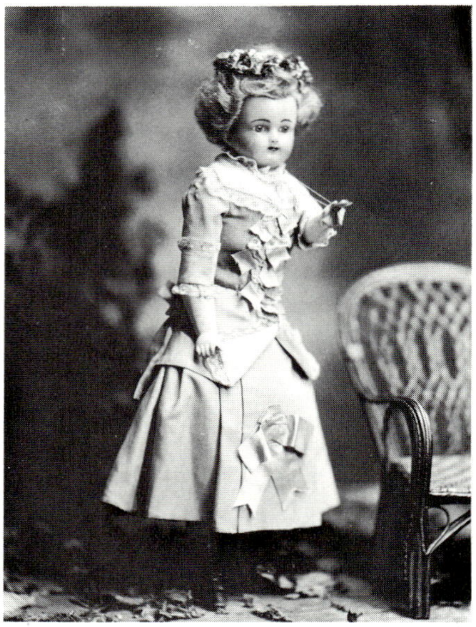

Seit das veröffentlicht wurde, hat man jede Puppe mit losen Gliedmaßen und weichem Bauch mit Sprechmechanismus in die Kategorie der Mottschmann-Puppen eingeordnet. Leider werden beim Puppensammeln häufig halb verstandene Informationen einfach übernommen und als Tatsachen ausgegeben. Ein Forscher braucht nur versuchsweise eine neue Entdeckung und eine neue Theorie herauszubringen, und schon haben andere sie begeistert den erwiesenen Tatsachen der Puppengeschichte zugesellt. So ist es auch mit Mottschmann, denn ich bin sicher, daß das Patent speziell auf den Mechanismus für die Augenbewegung und die Stimme erteilt wurde, der über an der Hüfte befestigte Doppelschnüre funktionierte und eine Verbesserung eines bereits existierenden Puppentyps darstellte.

Die erste kuriose Babypuppe dieser Art war der «Täufling». Diese Puppen wurden in einfachen Hemdchen verkauft, wie die Abbildung auf Seite 113 deutlich zeigt. Es besteht kaum ein Zweifel, daß diese Originalversion der Puppe von einer ähnlich konstruierten japanischen Puppe kopiert wurde. Ob das während der Ausstellung von 1855 geschah, bei der japanische Puppen gezeigt wurden, oder vielleicht schon früher, ist schwer zu beweisen. Um diese reizenden Püppchen ranken sich verschiedene interessante Legenden. In ihrem Buch «Schönes Spielzeug» äußert Dr. Pieske die Vermutung, daß sie von einem gewissen Finger erfunden und «Finger'sche Puppen» genannt wurden. Jürgen und Marianne Cieslik erheben Anspruch für Edmund Lindner, der anscheinend die Weltausstellung 1851 besucht hat. Entweder dort oder bei einem Aufenthalt in Köln auf der Rückreise kaufte er ein japanisches Püppchen und entwickelte nach seiner Rückkehr deutsche Püppchen nach dem japanischen Muster. Wie die japanischen Vorbilder hatten sie einen Schreimechanismus und trugen Hemdchen. Da

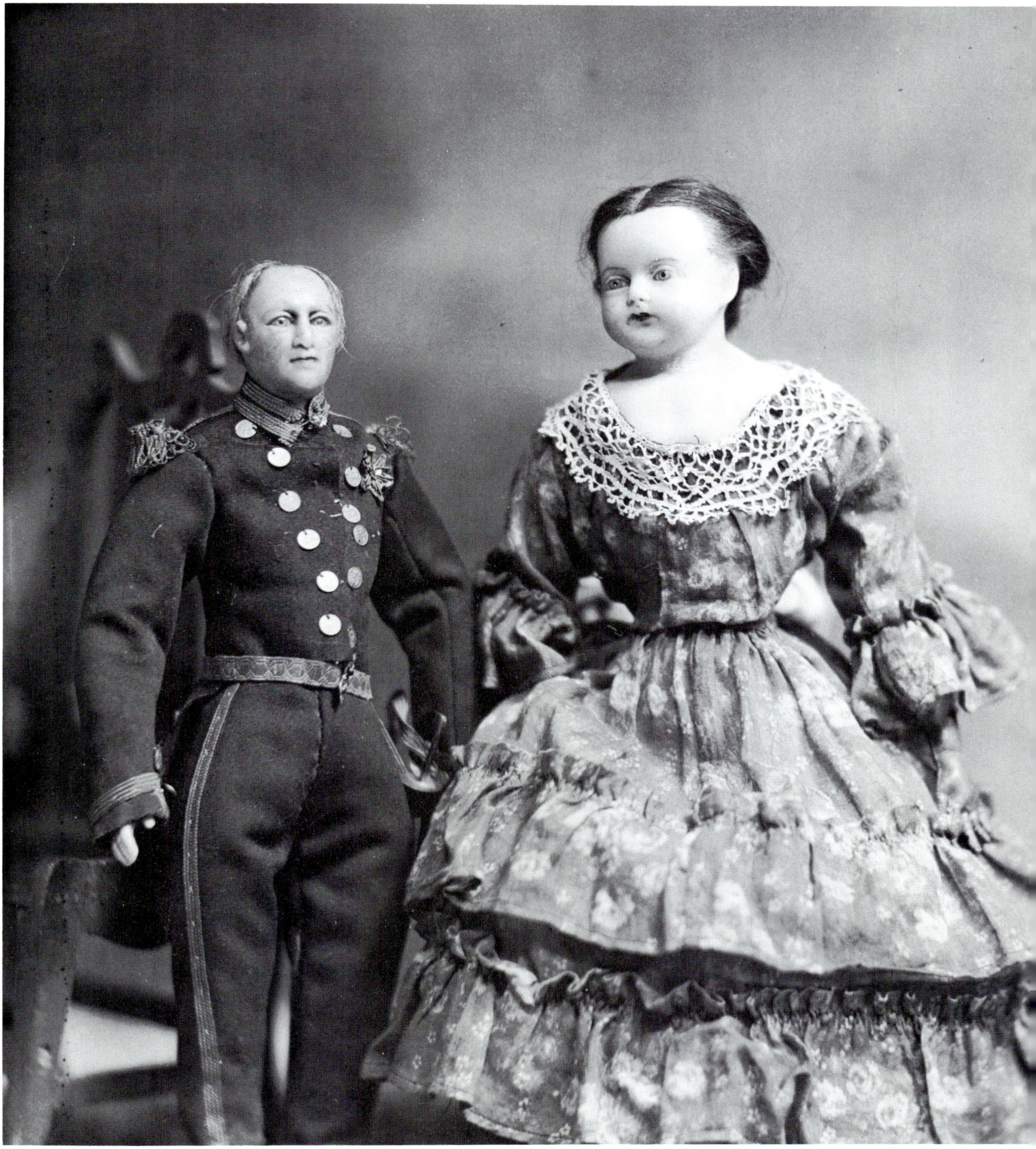

«Christopher Robin» mit den Comicfiguren Pooh und Piglet. Puppe und Kleidung von Margaret Glover. 1980. 48 cm. (Margaret Glover)

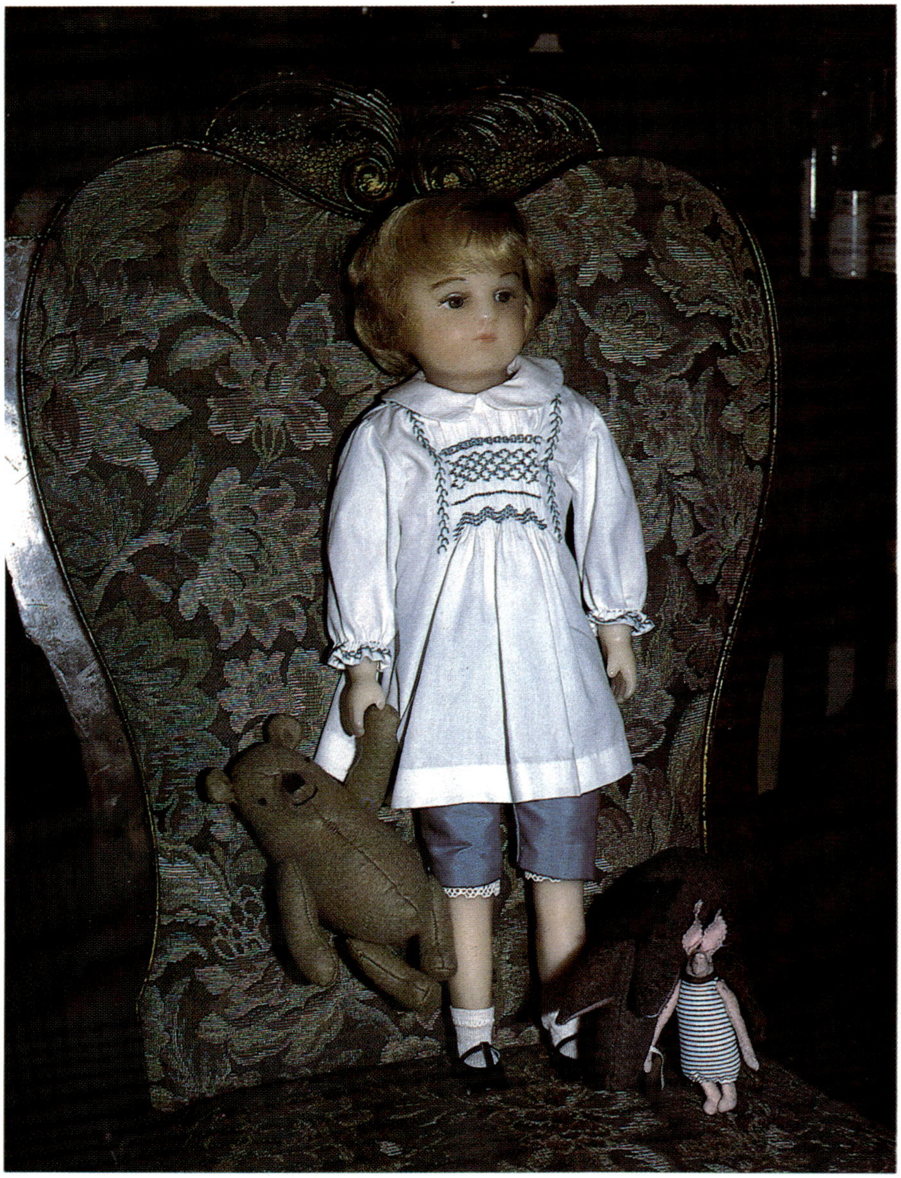

die Puppen weder Schuhe noch Strümpfe hatten, nannte man sie auch «Barfüßler». Später bauten viele Puppenmacher diese beliebte Puppe nach und brachten verbesserte Varianten heraus. Diese Version klingt recht glaubwürdig, denn die Lindners waren seit 1835 als Puppenmacher in Sonneberg ansässig und durch Heirat mit der Familie Dressel-Fleischmann verwandt. Zuletzt fusionierten sie mit Fleischmann.

Im Leidener Museum, wo die durch Dr. von Siebold aus Japan nach Holland zurückgebrachte Sammlung aufbewahrt wird, gibt es japanische Puppen dieser Art, die um 1820 hergestellt wurden. Fast immer sind es Jungenpuppen, weil die Japaner mänlichen Nachwuchs über alles schätzten. Sie haben männliche Genitalien und den typischen japanischen Bubenhaarschnitt mit einem Haarbüschel über den Ohren und auf dem Hinterkopf. Der Nachahmer dieser Puppen hat die bei deutschen Puppen unüblichen Genitalien weggelassen, aber mit aufgemalten

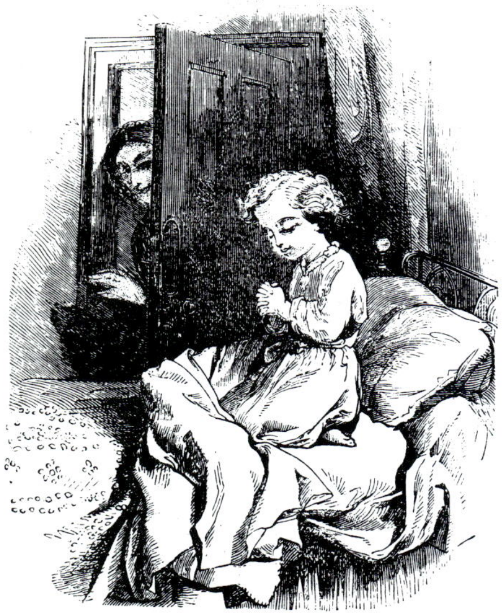

«Das Abendgebet». Illustration aus der Zeitschrift *The Playmate* (Der Spielkamerad) vom April 1864.
Gute Nacht Papa, gute Nacht Mama,
Küßt euren kleinen Mann;
Gute Nacht, ihr Freunde fern und nah,
Gute Nacht an jedermann.
(Mary Hillier)

Haarsträhnen ein leicht orientalisches Aussehen beibehalten. Weitere Merkmale für den Nachbau japanischer Puppen waren der harte Unterkörper, hohle Arme und Beine in «Pluderhosen»-Form, der Kurbelkopf sowie gegossene Hände und Füße. Die japanischen Originale haben gewöhnlich eine ausgeprägte große Zehe für den Riemen der *Geta*, der japanischen Holzsandale.

Wirklich interessant sind die Verbesserungen und Feinarbeiten, die die Puppe in Deutschland erfuhr. Man findet Exemplare mit geschnitzten Holzköpfen, mit Köpfen aus gegossenem Papiermaché oder aus Keramik mit einer ganz beachtlichen Vielfalt von modellierten, bemalten Häubchen oder Hütchen mit Wachsüberzug. Manche Varianten sind ihren Gesichtszügen nach etwas älter als Babys oder «Täuflinge» und haben Perücken und hübsche Kleidchen. Die Abbildung auf Seite 109 zeigt eine in Stil und Proportionen den Mottschmann-Puppen sehr ähnliche Puppe, der allerdings der Schnurzug-Mechanismus fehlt. Sie hat blaue Schlafaugen, sechs gemalte Zähnchen im offenen Mund, Stimm-Mechanismus, der durch Drücken ausgelöst wird, und mißt 61 cm.

Man findet auf den Original-Mottschmann-Puppen das auch im Englischen verständliche Wort «Patent» häufiger als das deutsche «geschützt». Vielleicht wollte Mottschmann seine Puppen nach England und den USA exportieren oder sie auf Messen ausstellen und befürchtete Plagiate. Die einfacheren deutschen Puppen hatten nur einen «Quietscher» im Bauch, während die teureren Ausführungen später die komplizierten «Sprechstimmen» hatten.

John Edwards

Obwohl die Namen Montanari und Pierotti allen Wachspuppenfreunden ein Begriff sind und auch gelegentlich Exemplare mit den Markungen von Meech und Marsh auftauchen, bleiben seltsamerweise die Puppen von Edwards nahezu unbemerkt. Sie sind anonym, weil sie im Herstellungsbetrieb nicht gemarkt wurden. Vielleicht haben wir es hier eher mit einem Großhandel zu tun, der die bekannten Londoner Spielzeuggeschäfte jener Zeit belieferte. Und doch wissen wir

John Edwards Töchter. Um 1885.
(Julian Edwards)

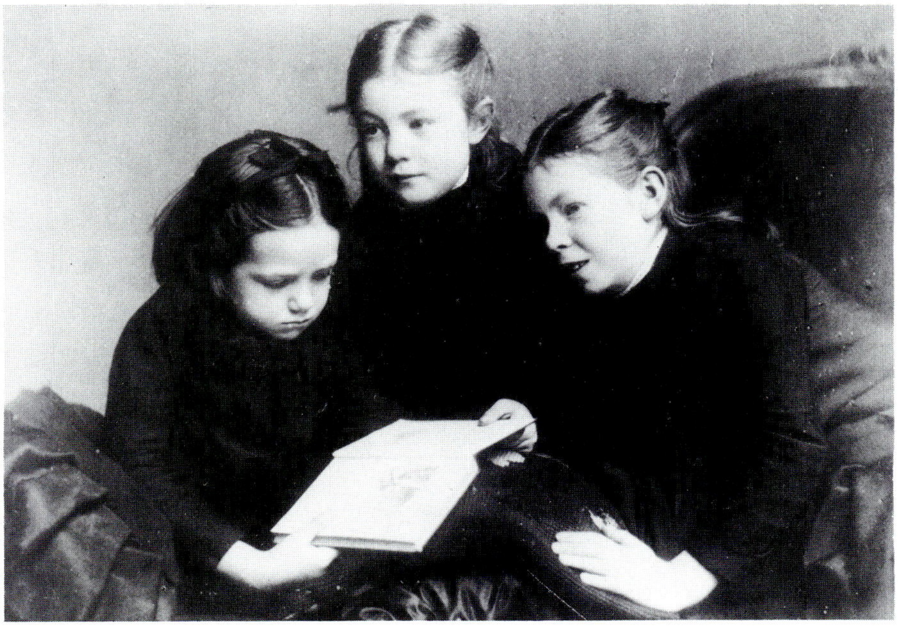

John Edwards, 1831–1907.
(Julian Edwards)

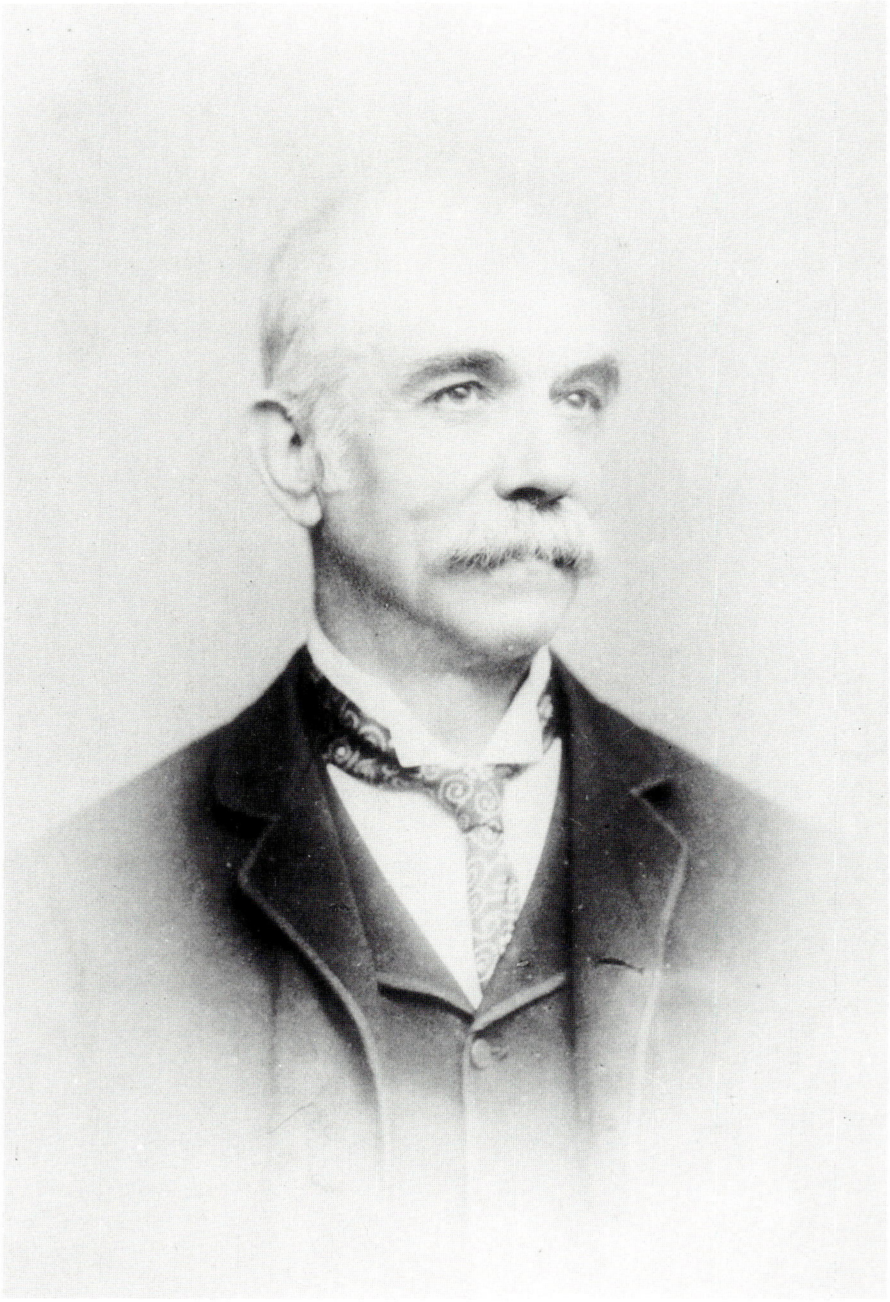

aus zeitgenössischen Aufzeichnungen, daß John Edwards mehr Wachspuppen als jeder andere Hersteller gefertigt haben muß. Seine Produktion reichte von schön gekleideten Puppen höchster Qualität bis hinunter zu rasch fabrizierten Billigpuppen.

Ich weiß nicht, ob John Edwards mit Charles und Henrietta Edwards verwandt war, die ab 1853 in wechselnden Häusern in der Goodge Street eine Puppenmacherei betrieben. Wenn ja, dann wäre das eine Erklärung, wie er zu dem Gewerbe kam. John wurde als Sohn von Thomas Edwards am 3. November 1831 in Bristol geboren. Von 1841 bis 1845 besuchte er die Queen Elizabeth

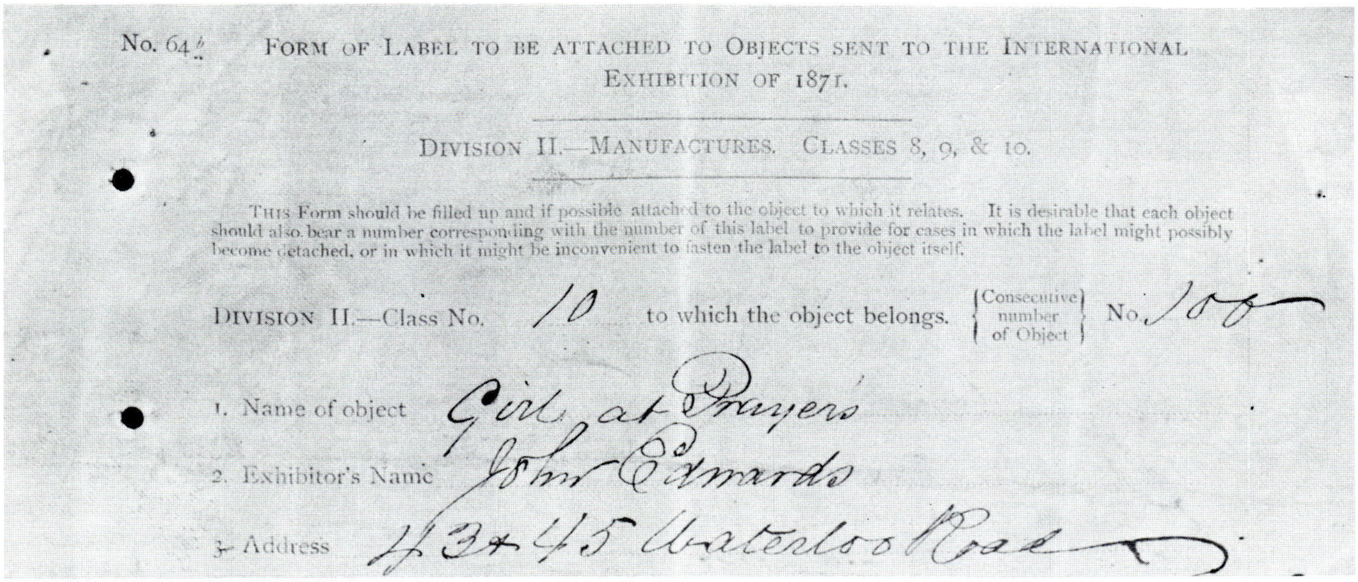

No. 64

FORM OF LABEL TO BE ATTACHED TO OBJECTS SENT TO THE INTERNATIONAL EXHIBITION OF 1871.

DIVISION II.—MANUFACTURES. CLASSES 8, 9, & 10.

THIS Form should be filled up and if possible attached to the object to which it relates. It is desirable that each object should also bear a number corresponding with the number of this label to provide for cases in which the label might possibly become detached, or in which it might be inconvenient to fasten the label to the object itself.

DIVISION II.—Class No. 10 to which the object belongs. {Consecutive number of Object} No. 108

1. Name of object Girl at Prayers

2. Exhibitor's Name John Edwards

3. Address 43 & 45 Waterloo Road

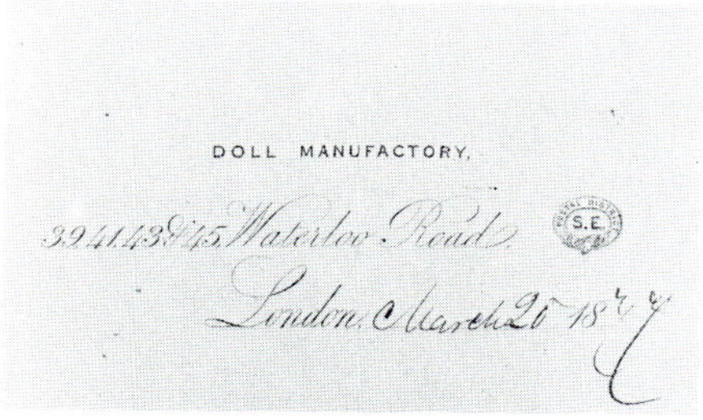

DOLL MANUFACTORY,

39, 41, 43 & 45 Waterloo Road

S.E.

London. March 20 18

Oben Von John Edwards ausgefülltes Formular für die Internationale Ausstellung von 1871. (Mary Hillier)

Unten Briefkopf von John Edwards Betrieb am Südufer der Themse in Kennington. (Julian Edwards)

Hospital Schule; später machte er eine Wachspuppe in deren Schuluniform, die in das Bristol Museum gelangte. Noch lebende Nachkommen erinnern sich, daß er in einem schönen Haus inmitten von 16.000 Quadratmeter Land in Esher, Surrey, wohnte. Ein Porträt, das ihn als etwa Sechzigjährigen zeigt, weist ihn als vornehmen und erfolgreichen Mann aus. Er war ein gottesfürchtiger Kirchgänger, wie schon das «Betende Kind» (siehe Seite 117) vermuten läßt. Das Foto auf Seite 129 wurde um 1885 aufgenommen und zeigt seine drei Töchter Gertrude (* 1878), Violet (* 1879) und Maude (*1882). Die Büste von Maud (siehe Seite 120) entstand um dieselbe Zeit. Die Familie denkt mit Stolz daran, daß Edwards' Puppen auch an die königliche Familie geliefert wurden und daß der Überbringer (nicht John Edwards selbst) sie ins Kinderzimmer bringen und dort den königlichen Kindern persönlich aushändigen durfte. (Das müssen die Kinder des Prinzen von Wales, des späteren Königs Eduard VII., gewesen sein und somit die Enkel von Königin Viktoria).

Einem Bericht in *Graphic* vom Dezember 1871 zufolge, soll Edwards wöchentlich 20000 Wachspuppen hergestellt haben. «Wir sind als Spielzeugmachernation nicht gerade bedeutend, doch zugegebenermaßen übertreffen wir die ganze Welt bei Puppen.» Kurz zuvor hatte Edwards mit seinen hochwertigen Puppen auf der Londoner Ausstellung von 1871 Aufmerksamkeit erregt (siehe Seite 117). Sein Modell war von bester Qualität, mit opakem Wachsüberzug und gelocktem Kinderhaar, das wie Brauen und Wimpern einzeln eingesetzt war. Es ist in der Art einer Puppe gefertigt – Kopf, Arme und Beine sind aus Wachsguß und an einen Stoffkörper angenäht – und folgt stark der pietistischen und gefühlsbetonten Zeitströmung.

Edwards scheint seine Fabrik um 1868 gegründet zu haben, als er bekanntgab, er sei «der Erfinder der in der Ausstellung gezeigten Wachspuppenmodelle, Wachs- und Composition-Puppen, Großhandel und Export, bekleidet und unbekleidet. Ebenso der Lumpenpuppe der Ausstellung.»

Ein anonymer Beitrag im *Little Folks Annual* beschreibt 1883 die Fabrik als sechsstöckiges Gebäude, dessen Erdgeschoß die Verkaufsabteilung beherbergte. Die Kinder drängten sich um die Fabrikfenster, um die ausgestellten Stücke zu bewundern. Die Vielfalt war beachtlich:

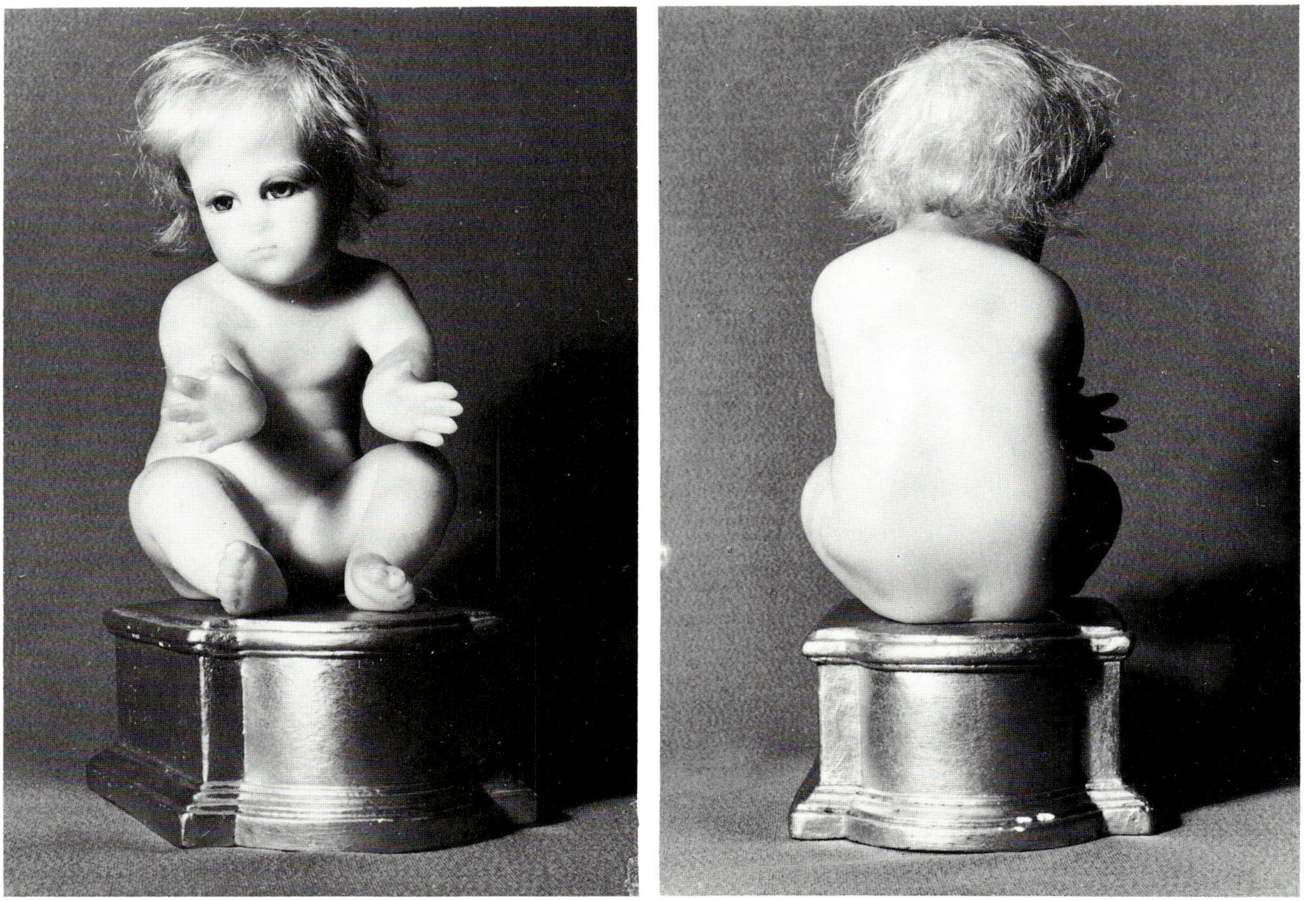

Kleiner Junge auf einem Holzpodest, Vorder- und Rückenansicht. Unsignierte Wachsfigur für eine Ausstellung, Edwards Arbeiten ähnlich. 1870. 40 cm. (Sammlung Magda Byfield)

In den Werkstätten sind Theken und Regale mit Puppen angefüllt, manche sind vollständig bekleidet, bei anderen bleibt die Einkleidung dem Käufer überlassen. Es gibt große Puppen als junge Damen in Morgen-, Abend- oder Balltoiletten; Babypuppen, sauber mit genähtem Musselin und Spitze angezogen; und Charakterpuppen wie zum Beispiel Mutter Hubbard [Figur aus einer engl. Kindergeschichte], Rotkäppchen, Schotten und Fischhändlerinnen. In einer eigenen Abteilung sind Wachsmodelle und -gruppen nach Gemälden oder Stichen zu sehen und mechanische Puppen, die mit Hilfe eines Uhrwerks den Kopf bewegen und atmen. In einem Ausstellungsraum im nächsten Stockwerk sind noch mehr Arbeiten dieser Art zu sehen, vermischt mit zahlreichem kuriosen Anschauungsmaterial zur Kunst des Wachsbildners – Wachsabdrücke von Lebenden und einige auch von Toten, Porträts von Personen, denen Ruhm oder Bekanntheit eine hervorragende Stelle eingeräumt haben, Fantasiemodelle zur Ausstellung von Hutmacherwaren oder zur Präsentation von Frisuren und so fort.

Da der Artikel keine Abbildungen enthält, ist es um so interessanter, die ganze Beschreibung zu lesen. Zur Zeit dieses Besuchs arbeitete die Fabrik gerade an einem Auftrag aus Indien. Es handelte sich um ein umfassendes Sortiment von Puppen, bekleidet im «anheimelnden Stil jener Künstler, die sich der Darstellung von Kindern und ihren Arten und Unarten verschrieben haben». Man denkt dabei sofort an Kate Greenaway und Walter Crane. Es ist anzunehmen, daß die

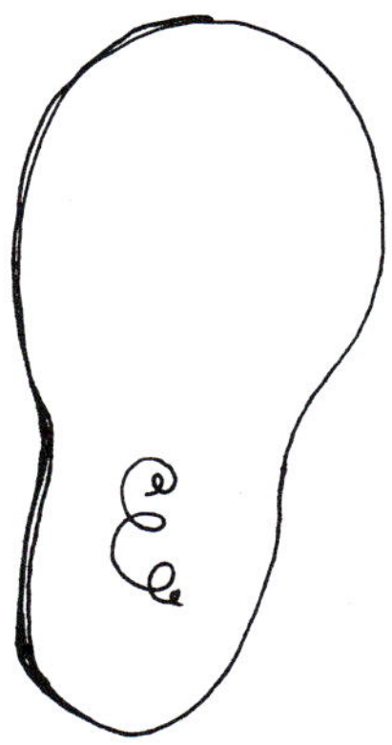

John Edwards Warenzeichen, das «E». (Julian Edwards)

Puppen für die Kinder der Kolonialherren in Indien gedacht waren, denn damals lebten viele britische Familien dort.

Ein paar Jahre zuvor, 1876, hatte George Bartley vom Victoria and Albert Museum, der Material für einen Report über die britische Spielwarenindustrie sammelte, die Fabrik besichtigt. Er vermittelt einen wertvollen und wissenschaftlich genauen Bericht von den Abläufen in den oberen Stockwerken. Man verwendete nur Wachs aus Ostindien, weil es am billigsten war und sich am besten zur Puppenproduktion eignete. Es wurde in großen Kesseln in gasbeheizten Wasserbädern geschmolzen. Es war nichts Ungewöhnliches, daß ein ganzer Zentner Wachs in einem Arbeitsgang geschmolzen wurde. Da die englischen Puppenmacher bei ihren Puppen vor allem einen typisch kindlichen Gesichtsausdruck anstrebten, wurde das Original-Tonmodell sehr sorgfältig gearbeitet. Von diesem Original machte man dann dreiteilige Gußformen aus Gips. Ein Arbeiter tauchte eine Kanne in den Kessel mit flüssigem Wachs und füllte damit einige Dutzend Formen. Das überschüssige Wachs wurde sorgfältig zurückgegossen, und in der Form verblieb der hohle Wachskopf. Arme und Beine entstanden auf dieselbe Weise, die sich kaum von dem Vorgehen der Familienbetriebe, der Pierotti beispielsweise, unterschied.

Edwards beschäftigte in seinem Betrieb angelernte Arbeiter und Arbeiterinnen, die jeweils auf einen bestimmten Fertigungsabschnitt spezialisiert waren. Bei dem rohen Wachskopf waren die Augenhöhlen nur angedeutet; ein Spezialist hatte sie dann auszuschneiden, die Glasaugen einzupassen und mit Wachs zu befestigen. Manche Puppen hatten Schlafaugen. In diesem Fall wurde das Auge mit Wachs begossen und Lider und Augenbrauen von Hand geformt. Das geschmolzene Wachs war bereits in Hauttönen gefärbt, doch mußte die Oberfläche der Gesichter geglättet und von allen Gußspuren gereinigt werden. Den Abschluß bildete «sorgfältiges Abpinseln der Oberfläche mit Veilchenpuder, was einen bemerkenswerten Effekt hervorrief», um einen mattierten Teint und Ähnlichkeit mit rosigen Kinderwangen zu erzielen.

Das Anbringen von Haaren war Frauenarbeit, und bei vielen der besten Puppen «kosteten das Haar und seine Anbringung mehr als die ganze restliche Arbeit am Puppenkopf zusammengenommen». Es war eine einigermaßen langwierige Operation. Der Kopf, den es zu verschönern galt, wurde auf einem Klotz befestigt. Die Arbeiterin hielt ein Büschel Haare in der vorgesehenen Länge in der linken Hand und preßte mit einer Art abgeflachter Stopfnadel die Haarwurzeln etwa 1½ mm tief in den Wachskopf. Nach acht bis zehn Haarbüscheln schloß sie mit einer kleinen Eisenwalze unter vorsichtigem Druck die Löcher. So wurde das Haar systematisch, immer jeweils einige Strähnen, in Reihen vom Nacken beginnend eingesetzt, bis der ganze Kopf bedeckt war. Zuletzt wurde das Haar mit einer winzigen Brennschere in Locken gedreht.

Es wurde zwar auch eine gewisse Menge schwarzen Haares importiert, aber das blonde war weitaus beliebter. Es handelte sich um flachsfarbenes Mohair und stammte von einer Londoner Firma, die nicht nur Edwards' Fabrik sondern auch die besten französischen und deutschen Hersteller belieferte, vermutlich Speights in Finsbury Court und in Dewsbury, Yorkshire. Neben der Haarherstellung war sie als Perückenmacherei bekannt. Ein anderer Spezialhersteller war die Firma Gibbs aus Clerkenwell im Norden Londons, die lederne Puppenschuhe lieferte. Eine der Edwards-Puppen trägt einen Lederschuh mit seinem Initial E. Man verwendete unter anderem gute englische Glasaugen, aber für die meisten billigeren Puppen importierte man die preiswerteren Augen aus Deutschland.

Bartleys aufschlußreicher Artikel beschreibt auch andere, billigere Puppen aus Edwards' Produktion. Einige waren aus wachsüberzogenem Composition, an-

Holzschnitt, 1882/84, von Linley Sambourne, Illustration zu *The Water Babies* (Die Wasserkinder) von Charles Kingsley, 1863.
Ein süßes Püppchen besaß ich,
Auf der Welt kein schöneres war,
Mit Bäckchen so rot und so weiß,
Ihr Lieben, und zauberhaft lockigem Haar.
(Mary Hillier)

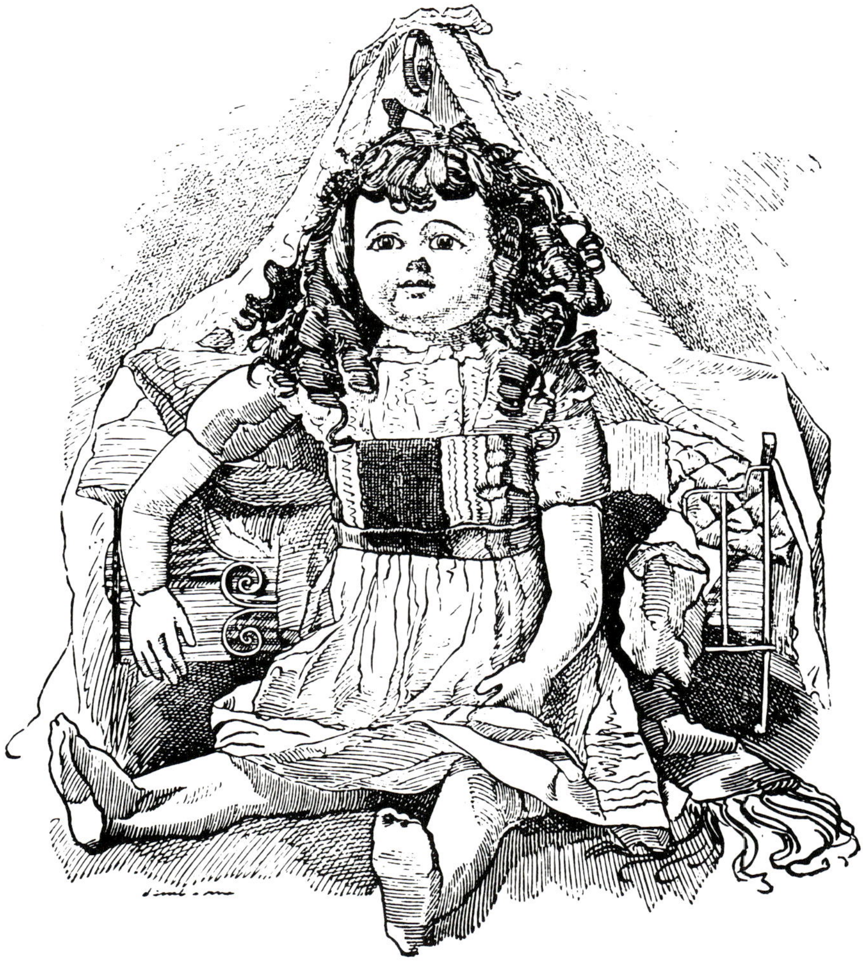

dere wurden als Londoner Lumpenpuppen bezeichnet und nach einem von den Montanaris eingeführten Verfahren hergestellt (siehe Seiten 83–95).

Composition besteht aus Packpapier, das in Stärkelösung eingeweicht wird, wodurch es beim Trocknen härtet. Die Ganz- und Halbköpfe entstanden vermutlich außerhalb der Fabrik bei Heimarbeitern, und wurden zu Hunderten auf Lager gehalten. Die Heimarbeiter preßten die feuchte Pappe über eine Metallform und drückten sie dabei mit einer Art Klöppel in jede Vertiefung. Vorder- und Hinterkopf stammten von separaten Formen und wurden nach dem Trocknen zu Ganzköpfen zusammengefügt, die bemalt und mit Wachs überzogen sich zu schönen Puppen verwandelten. Für diese billigeren Puppen bediente man sich einer Methode der Haaranbringung, die als «Schlitzkopf» bekannt ist und aus viel früherer Zeit stammt. Zwei Arbeiterinnen erhitzten an einem Gas-Stövchen mehrere Brennscheren. Eine drehte mit geübter Hand Löckchen und reichte sie der anderen, die inzwischen in der Mitte des Puppenkopfes einen tiefen Schnitt angebracht hatte, in den sie die geraden Haarenden steckte und mit einem stumpfen Messer andrückte.

Es gibt kaum noch Exemplare von «Lumpenpuppen», und die wenigen, die noch übrig sind, sind nichts besonderes, denn sie waren für kleine Kinder gedacht und sind in den Kinderzimmern weidlich verschlissen worden. Wachs wurde zum Guß einer kleinen Gesichtsmaske verwendet. Das ausgehärtete Wachs wurde auf einer zweiten Form mit einem Rundwerkzeug auf ein Stück Musselin gepreßt. Das Musselin verband sich mit dem Wachs wie eine Haut, gab ihm ein weiches, gefälliges Aussehen und machte Beschädigungen weniger wahrscheinlich. Gesichtszüge konnten aufgemalt, die Bäckchen mit Rouge gefärbt werden, und ein hübsches Häubchen verbarg die Nahtstellen am Stoffkopf. Gewöhnlich wurden die Puppen mit einem billigen Hemdchen ausgestattet, das zum Spitzenhäubchen paßte, in Silberpapier eingeschlagen und für wenig Geld in Basaren verkauft.

Auch über die wirtschaftliche Seite der Puppenmacherei sind wir von George Bartley unterrichtet. Für die Herstellung der besten Puppen hat man anscheinend Arbeiterinnen in der Fabrik beschäftigt, für die billigeren jedoch lieferten Heimarbeiterinnen aus dem Londoner East End zusammengestichelte Kalikokörper aus dem am laufenden Meter von der Fabrik ausgegebenen Material. Auch die Arme wurden von Heimarbeiterinnen genäht, deren spärliche Bezahlung folgendermaßen aussah: große Arme von 15 Zentimeter Länge 6½ Pence das Dutzend Paar; kleine Arme für Billigpuppen 1½ Pence das Dutzend Paar. Die Oberarme bestanden aus Leinen, die Unterarme aus Leder mit angedeuteten Fingern. Es war ein tristes Gewerbe, das häufig von armen, unglücklichen Frauen ausgeübt wurde, am Fortkommen durch ihre vielen Kinder gehindert, die ihrerseits, sobald sie alt genug waren, bei der Arbeit helfen mußten. Daß man solche Angaben erst in einem Bericht von 1876 findet, ist deswegen interessant, weil bisher diese Art Puppenkörper als viel älter angesehen wurde.

Die Familie Wheelhouse

Die einzige Nachricht, die wir über die Familie Wheelhouse und ihre Tätigkeit als Puppenmacher besitzen, ist ein sonderbares Interview, das Mr. Wheelhouse der Fachzeitschrift *Toy and Fancy Goods Trader* im Mai 1910 gab. Er wird darin als einer der letzten englischen Wachspuppenmacher bezeichnet. Er war der Ansicht, daß die Industrie vom Ausland ruiniert worden sei. «Bevor die deutschen Porzellanpuppen auftauchten, waren hier über hundert Leute beschäftigt – mein Vater, mein Großvater und mein Urgroßvater haben alle das Puppenmacherhandwerk ausgeübt.» Mr. Wheelhouse fügte hinzu, daß dieser sein Urgroßvater bewegliche Augen erfunden habe, und zwar nicht die mit dem primitiven Drahtzug von der Mitte des Brustkorbs der Puppe aus, sondern die Sorte mit dem Gewicht, die Schlafaugen ermöglichte. Er sagte weiter: «Jedes Haarbüschelchen wird bei unseren Puppen einzeln angebracht. Das Wachs wird zum Schmelzen gebracht, und Haare aus Kaninchen- oder anderen Fellen Stückchen für Stückchen eingesetzt, bis das Wachs wieder fest wird.» Diese Methode ist mit der anderer Wachspuppenkünstler aus viktorianischer Zeit nicht ganz in Einklang zu bringen, aber vielleicht hat der Berichterstatter etwas durcheinander gebracht.

Dieselbe Ausgabe der Fachzeitschrift enthält auch eine kurze Beschreibung der Puppenmacherei, in der ausgeführt wird, daß sich die Techniken schon seit Jahren nicht geändert hätten. Man verwende immer noch Blei oder Gipsformen, in die flüssiges Wachs gegossen werde. Wenn der letzte transparente Wachsüberzug fest sei, erhielten die Köpfe durch Eintauchen einen knallrosa Farbüberzug und ähnelten dann «einem gekochten Hummer». Die Körper dieser Puppen seien mit Kork gefüllt, soweit es sich um teure Modelle handle, für die billigeren verwende man Haar, Holzwolle, Stoffabfälle oder Sägemehl. Die Mehrzahl werde unbekleidet verkauft, da viele Mütter die Puppe für ihr Kind gerne selbst einkleiden oder aber ihren Töchtern das Schneidern beibringen wollten.

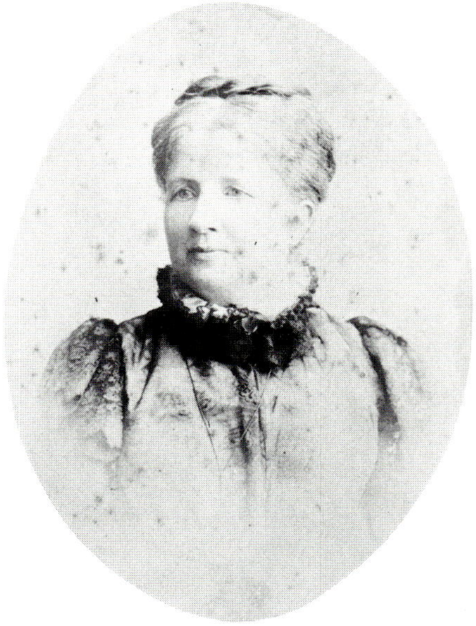

Lucy Peck. Um 1895.
(Mrs. Norman-Smith)

Lucy Peck und ihr «Puppenhaus»

Man muß sich bei Nachforschungen so oft auf das Gedächtnis anderer verlassen, daß man recht froh ist, wenn ein noch lebender Nachkomme mit Fotos und Anekdoten aufwarten kann. Ich hatte das Glück, Beatrice, die Enkelin von Lucy Peck, zu finden. Beatrice war stolz auf diese berühmte Wachspuppenmacherin – eine der letzten der viktorianischen Epoche – und ergänzte ihre Erzählung mit Informationen aus einem der Notizbücher der Künstlerin, die sich in ihrem Besitz befinden. Sie erinnert sich noch gut an ihre Großmutter (die im Alter von 84 Jahren starb), und ihre Wohnung schmücken große klassische Porträtbüsten, die die alte Dame in ihren letzten Lebensjahren modelliert hat.

Lucy Peck ist am 22. März 1846 in Islington bei London, geboren, wo ihr Vater, Benjamin Brightman, eine Metzgerei hatte. Er hatte ihre Mutter, Abigail McNamara, 1845 im Alter von 21 Jahren geheiratet. 1847 war die Familie bereits nach Adelphi in die Duke Street 18 gezogen, wo am 8. Januar 1847 ein weiteres Kind zur Welt kam, Lucys Schwester Elisabeth, «Lizzi» gerufen. Viel wissen wir nicht über die Kindheit der beinahe gleichaltrigen Geschwister, aber man nimmt an, daß sie eine Internatsschule besuchten und später Gouvernanten wurden. Wir wissen auch nicht, wo Lucy das Modellieren gelernt hat, aber da sie im Londoner Westend aufgewachsen ist, könnte sie bei einer Wachsbildnerfamilie Unterweisung erhalten haben. Von 1847 bis 1869 führten ihre Eltern ein Kaffee- und Speisehaus in der Duke Street und später (1874–1881) in der King Street 27.

1876 heiratete Lizzie William Kipps und Lucy den Apotheker Henry Peck. Die Pecks wohnten zunächst in der Derby Street 6, im Stadtteil St. Pancras. Aus der anscheinend sehr glücklichen Ehe entsprossen zwei Kinder: Lucys Tochter Ethel Francis Lucy (geboren im August 1877), die Mutter meiner Informantin, und ein Sohn, Howard (geboren 1882). Zweifellos kamen ihr die Kenntnisse ihres Mannes bei der Zubereitung von Modelliermaterial und bei einigen Techniken zugute. 1893, als ihre Kinder 16 und 11 Jahre alt waren, eröffnete sie ein schickes Geschäft in der Regent Street 131, und das «Puppenhaus», wie sie es stolz nannte, trug dazu bei, daß sie von der Goodge Street wegzog. Im Londoner Adreßbuch wird sie von 1890 bis 1892 unter der Goodge Street 5 mit einem Puppenlager geführt. Die Wachspuppenmacherei Charles Edwards befand sich in der Goodge Street 16, und so fragt man sich, ob da nicht eine Verbindung bestanden hat. Hat Lucy vielleicht dort gearbeitet und gelernt?

Die Jahresmiete für den Laden in der Regent Street betrug 500 Pfund, und die Familie bewohnte das Stockwerk darüber. Auf Fotos sieht man, daß Mrs. Peck ein gehobenes Geschäft hatte, mit großen Schaufenstern an der Ecke Heddon Street (die es noch gibt) in einem sehr eleganten Londoner Viertel. Ein Foto (nächste Seite) zeigt das «Puppenhaus» im vollen Ornat zu Feier von Königin Viktorias diamantenem Krönungsjubiläum 1897. Man kann sich gut vorstellen, daß die Umsätze in dem bekannten Spielzeugladen mit seiner patriotischen Beflaggung und den Bildern der Königin nicht schlecht waren. Eine der Spezialitäten Lucy Pecks waren Porträts der jungen Königin. Sie werden zuweilen falsch datiert und zugeschrieben. Eines der bekanntesten zeigt Viktoria als noch ganz junges Mädchen im Nachtgewand mit langem, über die Schultern fallenden Haar, in der Szene, als ihr 1837 die Nachricht von ihrer bevorstehenden Thronbesteigung überbracht wurde. Die Puppe erinnert an das bekannte Gemälde von Mary Gow in den Königlichen Sammlungen von Windsor. Leider ist diese Puppe, die einmal Lucy Pecks Tochter gehört hatte, verkauft und später von anderer Hand neu in königlichen Ornat eingekleidet worden.

Das Geschäft in der Regent Street bestand bis zum Auslaufen des Mietvertrags 1908, und das letzte Foto zeigt den geräumten Laden in seinen letzten traurigen

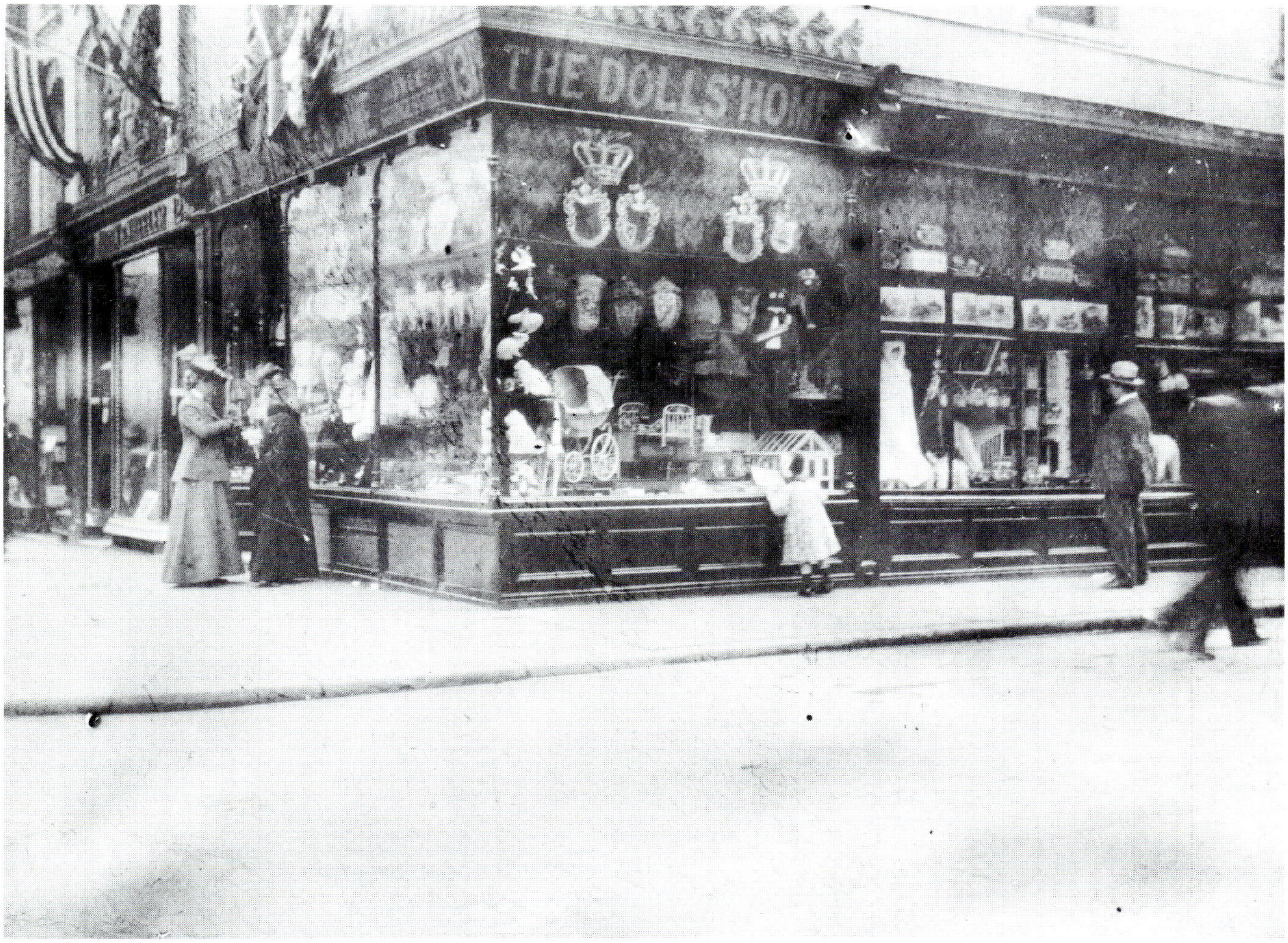

Das «Puppenhaus», im Festschmuck für Königin Viktorias Jubiläum 1897. (Mrs. Norman-Smith)

Tagen. Die Geschäftsaufgabe muß Lucy Peck sehr zugesetzt haben. Aus einem Brief an eine Freundin geht hervor, wie gut ihr ihr Londoner Unternehmen gefallen hatte:

> Natürlich hat man mehr Exklusivität, Großartigkeit und wird man vom Adel mehr gewürzt [gewürdigt?] wenn man seine Zelte in Belgravia oder in der Nähe davon aufschlägt. Aber gibt es etwas Schöneres, als einen Bummel durch die Regent Str. an einem sonnigen Maimorgen? Die Menge, die Läden, der breite, sauber gefegte Gehsteig – gibt es für einen Müßiggänger etwas in ganz London, was dem gleichkommt? Es ist vielleicht noch zu früh für den Park und wenn nicht, dann ist Rotten Row für den alten Ladenbummler ein vergleichsweise trauriges Vergnügen. Aber die [Regent-]Straße – die vornehmste Promenade in der ganzen zivilisierten Welt, gegen die sind der Grand Boulevard von Paris oder der Broadway in New York so gut wie nichts. Immer stößt man hier auf Romantik, ein Bild, eine Geschichte oder einen Spaß. Eine Menge Stoff zum Nachdenken kriegt man bei einem Spaziergang auf dieser königlichen Promenade, zu jeder Zeit.

Dieser Auszug ist vor allem deswegen von Interesse, weil er zeigt, was für ein Mensch Lucy Peck war und welche Gesellschaft sie bevorzugte. Manche ihrer

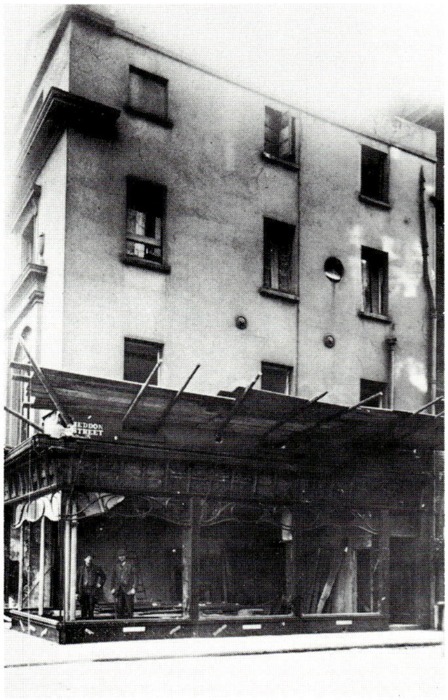

Oben Das Ende des «Puppenhauses» in der Regent Street, 1908. (Mrs. Norman-Smith)

Rechts Das «Puppenhaus», Lucy Pecks Laden in der Regent Street 131. (Mrs. Norman-Smith)

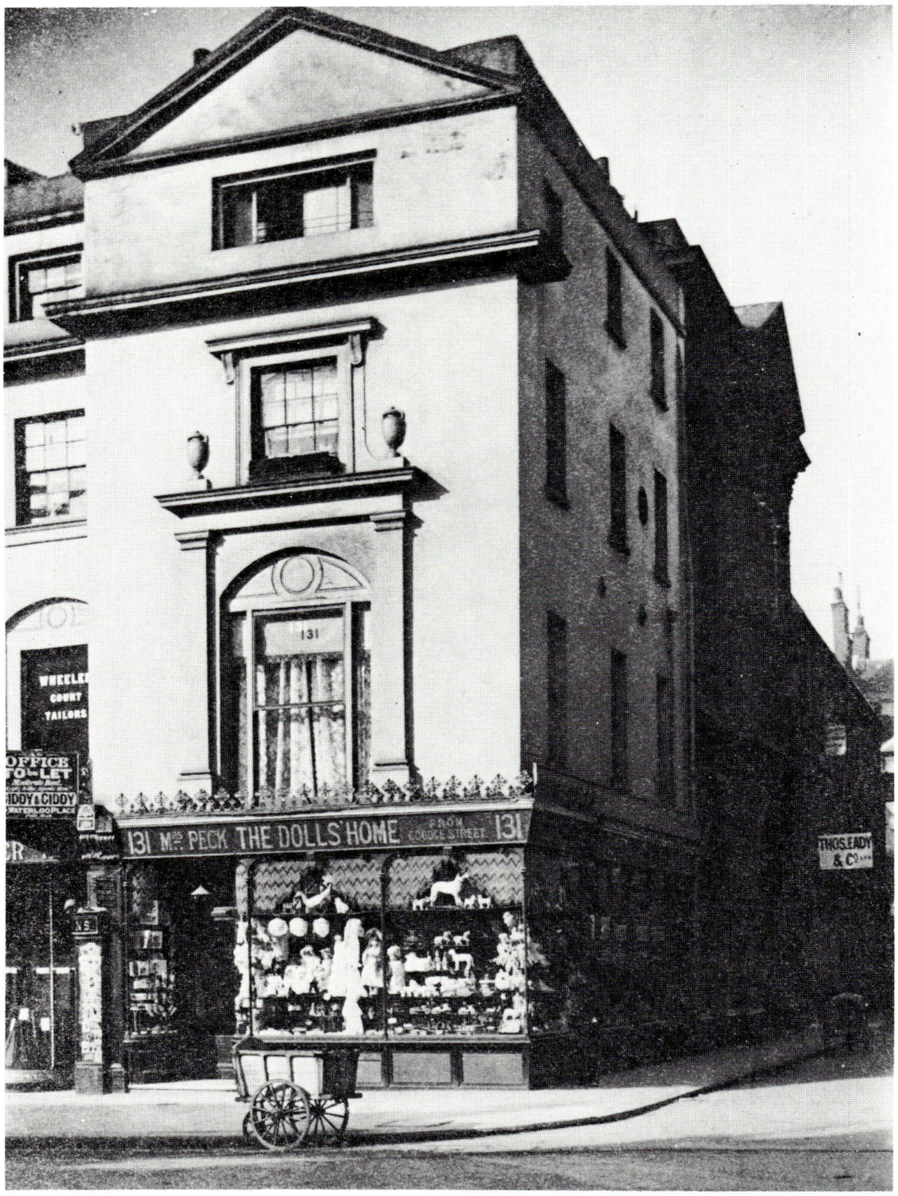

Wachspuppen sind schön gekleidet und verkörpern perfekt die spätviktorianische Mode mit Wespentaille, Puffärmeln und auserlesenen Unterkleidern. Natürlich stimmten auch die Federhüte, die hübschen Schmuckstücke und die Schirmchen, denn sie spiegeln ja die Welt wider, die am Laden der Puppenmacherin vorbeizog.

Schon bald wurde das Geschäft unter der neuen Adresse High Street 215 in Kensington wieder eröffnet. Ein Kontobuch von Lucy Peck aus dem Jahre 1912 weist «alte Lagerbestände» auf, die vermutlich noch aus der Regent Street stammen. Sie führte neben ihren eigenen Puppen ein Sortiment größerer Spielzeuge; die Fotos zeigen mechanische Spielsachen, Puppenwagen, Stofftiere, Puppenhäuser und Laternen. Dazu verkaufte sie Karten und Bilder und große Mengen Ostereier aus Hochglanzkarton aus Deutschland, in die man ein Geschenk packen konnte, ausgezeichnet als «Kartoneier 2d. 3/6d, 4/9d (2 Pence, 3 Shilling

Regent Street. Im Vordergrund Lucy Pecks Laden. (Mrs. Norman-Smith)

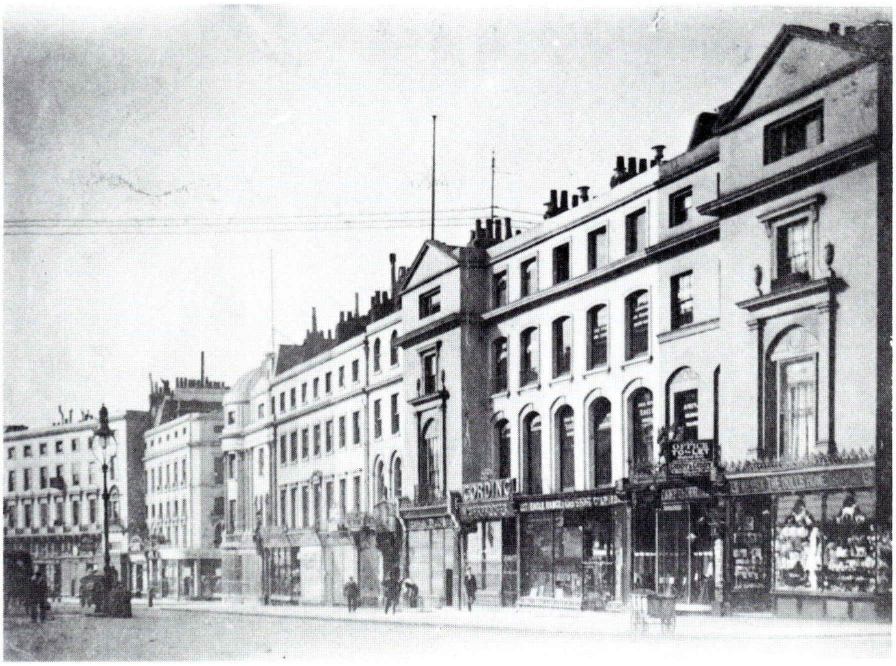

6 Pence, 4 Shilling 6 Pence)». Diese buntgemischte Auswahl läßt an einen netten Laden denken, der vollgestopft ist mit allerhand Neuheiten, aber auch mit etlichen teuren Spielsachen und Puppen. Stofftiere jeder Art wurden angeboten: ein Esel und ein Elefant zu 6 Shilling 11 Pence, Papageien zu 3 Shilling 11 Pence. Ein ständiger Artikel dürften Fähnchen gewesen sein und natürlich die verschiedenen Puppen. Für ihre Wachspuppen verlangte sie 1 Shilling 6 Pence und für Modellpuppen 8 Shilling 9 Pence. Das Zubehör umfaßte Garderobe zu 4 Shilling 11 Pence, Betten, Nähkästchen sowie Köpfe und Perücken zu 8 Shilling 9 Pence, dazu Möbel, Badewannen, Betten, Kleider, Hüte, Schuhe und Ohrringe für Puppen. Einiges davon war bestimmt handgearbeitet, denn sie war wohl eine ausgezeichnete Näherin und Stickerin und beschäftigte womöglich auch Heimarbeiter.

Dem Sammler möchte der Atem stocken, wenn er hört, daß Lucy Peck den Aufzieh-Strauß von Lehmann zu 1 Shilling 9 Pence anbot, Jumeau-Puppen mit Namen zu 16 Shilling 11 Pence und die neuartigen «Schelmenaugen»- oder Googoo-Puppen zu 12 Shilling 6 Pence. Es gab auch etliches Spielzeug für Knaben: eine Uhrwerkeisenbahn zu 17 Shilling, hölzerne Soldatenfiguren, einen Bahnhof zu 2 Shilling 6 Pence und Schienen zu 1 Shilling.

Diese Preise sind natürlich heute etwas anderes als 1912, als viele nicht mehr als 1 Pfund pro Woche verdienten, und auch Lucy Peck dürfte nicht mehr als 2 Pfund wöchentlich übrigbehalten haben – kein überwältigender Gewinn, gemessen am Umsatz.

Beim Ausbruch des Ersten Weltkriegs 1914 war Lucy Peck wieder einmal umgezogen, diesmal in die Wigmore Street 81, wo sie ein «Puppenlager» eröffnete, und nach dem Krieg inserierte sie für eine «Puppenklinik» in der Earls Court Road 306. Wachspuppen waren da schon aus der Mode, aber es wurden immer noch vereinzelt welche angefertigt und alte Stücke waren reparaturbedürftig. Ihr Notizbuch enhält 1916 Angaben über «Schulterköpfe ohne Perücke» in drei Größen – 1, 3 und 5 – zu 6 Shilling 9 Pence, 8 Shilling und 9 Shilling 7 Pence, aber das waren wahrscheinlich Ersatzköpfe aus Porzellan. Köpfe mit Perücken und

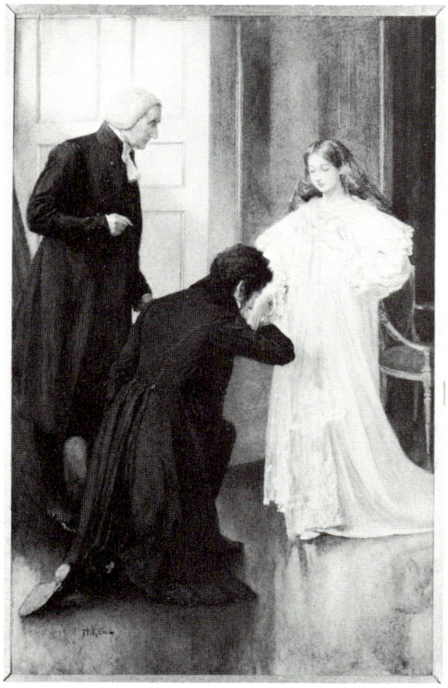

Oben *Viktoria nimmt die Nachricht von ihrer Thronbesteigung entgegen* (Windsor, 20. Juni 1837). Gemälde von Mary Gow. (Wiedergabe mit gnädiger Erlaubnis Ihrer Majestät der Königin von England)

Rechts Modellfigur der Königin Viktoria von Lucy Peck. Originalfoto der Puppe aus ihrem Schaufenster (Mrs. Norman-Smith)

hellblauen Augen waren in den Größen 9, 10 und 14 zu 14 Shilling 10 Pence, 19 Shilling 2 Pence und 23 Shilling 6 Pence lieferbar. Lucy Peck zog sich 1922 aus dem Geschäft zurück und verbrachte den Rest ihrer Tage zunächst in Wimbledon und dann in Kingston im südwestlichen London, wo sie sich ihrem Hobby, der Tonplastik, an der Kingston Art School widmete. Dem Ende ihres Notizbuchs fügte ihr Gatte Henry liebevoll hinzu: «Alles Vorangegange hat meine liebe Frau Lucy Peck geschrieben, die am Montag den 20. Oktober 1930 um ein Uhr nachmittags friedlich entschlafen ist.»

Besonders interessant ist eine Anzeige, die Lucy Peck verfaßte. Aus ihr geht hervor, daß sie auch die Dienste anderer erfahrener Wachsbildnerfamilien in Anspruch nahm. Ihrer Beschreibung nach kann es sich um niemand sonst als die Montanaris gehandelt haben (siehe Seiten 83–95). Augusta Montanaris Sohn Richard Napoleon wohnte am Rathbone Place 3, und da er ab 1886 in keinem Geschäftsverzeichnis mehr auftaucht, hat er wohl zu Hause gearbeitet und seine Produkte über die Geschenkartikelläden im Westend verkauft. Die Anzeige erwähnt eigens die Lumpenpuppen, für die Richard bekannt war, und die Ausstellung von 1851, wo seine Eltern Medaillen gewannen. Lucy Peck führt darin außerdem «Golliwoggs» in verschiedenen Größen auf, da dieser Puppentyp durch Florence Uptons 1895 erschienenes Buch *The Dutch Dolls and Golliwogg* (Die Holländerpuppen und Golliwogg) beliebt geworden war. Ein Exemplar ist auf der rechten Seite ihres Schaufensters zu erkennen (siehe Seite 138).

Lucy Peck führte schon ihr Geschäft, als gegen Ende des 19. Jahrhunderts die Beliebtheit der Wachspuppen als Spielzeug nachzulassen begann und die Kinder lieber die moderneren Biskuitporzellanpuppen haben wollten. Sie hatte sowohl solche Puppen wie auch Exemplare von Jumeau und ihre eigenen «altmodischen» Wachspuppen an Lager. Aus den erhalten gebliebenen Exemplaren läßt sich jedoch schließen, daß sie darüber hinaus mit Modellpuppen handelte – Mini-Mannequins, die nach der Mode gekleidet werden oder einen gerade aktuellen Typ vorstellen konnten.

Eines der interessantesten dieser Mini-Mannequins ist auf Seite 125 abgebildet. Es ist nach Evangeline, der Heldin eines Romans von Elinor Glyn, gekleidet. 1905, als sie 41 und schon eine Berühmtheit war, veröffentlichte Elinor Glyn *The Vicissitudes of Evangeline* (Die Wechselfälle der Evangeline; in den USA, vielleicht mit gutem Grund, unter dem Titel *Red Hair*, Rothaar, erschienen). Der Roman liest sich heutzutage recht altmodisch, ist aber eine echte Zeitschilderung der Edwardianischen Epoche. Noch mehr bedeutet allerdings die Tatsache, daß Evangeline offensichtlich autobiographische Züge trägt. Die Erstausgabe des Buchs hatte als Titelbild ein gemaltes Porträtmedaillon von Evangeline. Es war das etwas dilettantische Werk von May Dixon, der Schwester von Elinor Glyns Kindermädchen «Dixie» nach einer eigenhändigen Skizze Elinors: ein Selbstporträt mit zur Seite geneigtem Kopf, flammendrotem, von schwarzen Chiffontüchern und schwarzen Bändern gehaltenem Haar und einer Rose am Ausschnitt des schwarzen Umhangs. Elinor hatte rotes Haar und grüne Augen, milchweißen Teint und eine edle Gestalt. Im Roman ruft Evangeline aus: «Welch ein Glück, daß Schwarz mich kleidet! Meine Haut ist geradezu lächerlich weiß – ich will einen Bund Veilchen an mein Kleid stecken.» Daran hält sich das Puppenkostüm, das zudem noch mit schwarzen Federn und Silberpailletten ausgestattet ist. Der Hut trägt auf der Innenseite das Etikett: «Louise Goure, 35 Rue Godot de Mauroy». Die Rue Godot ist in der Nähe der Champs Elysées im eleganten Stadtgebiet von Paris gelegen. Der Hut scheint eigens für die Puppe entworfen zu sein und ist eine Maßarbeit, vielleicht nach einer Bestellung von Elinor Glyn, die oft in Paris war und Skizzen von Pariser Hüten in ihr Tagebuch zeichnete.

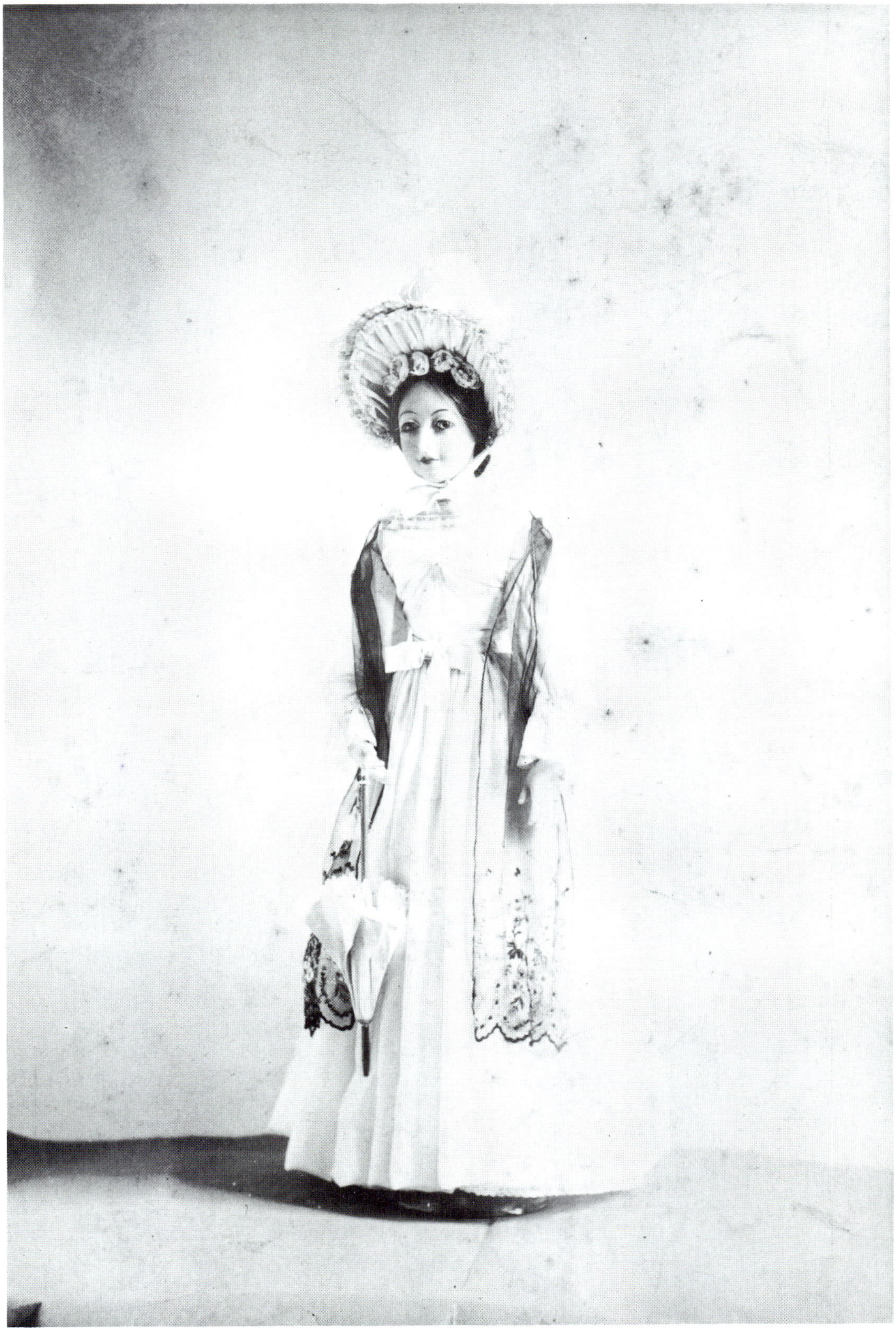

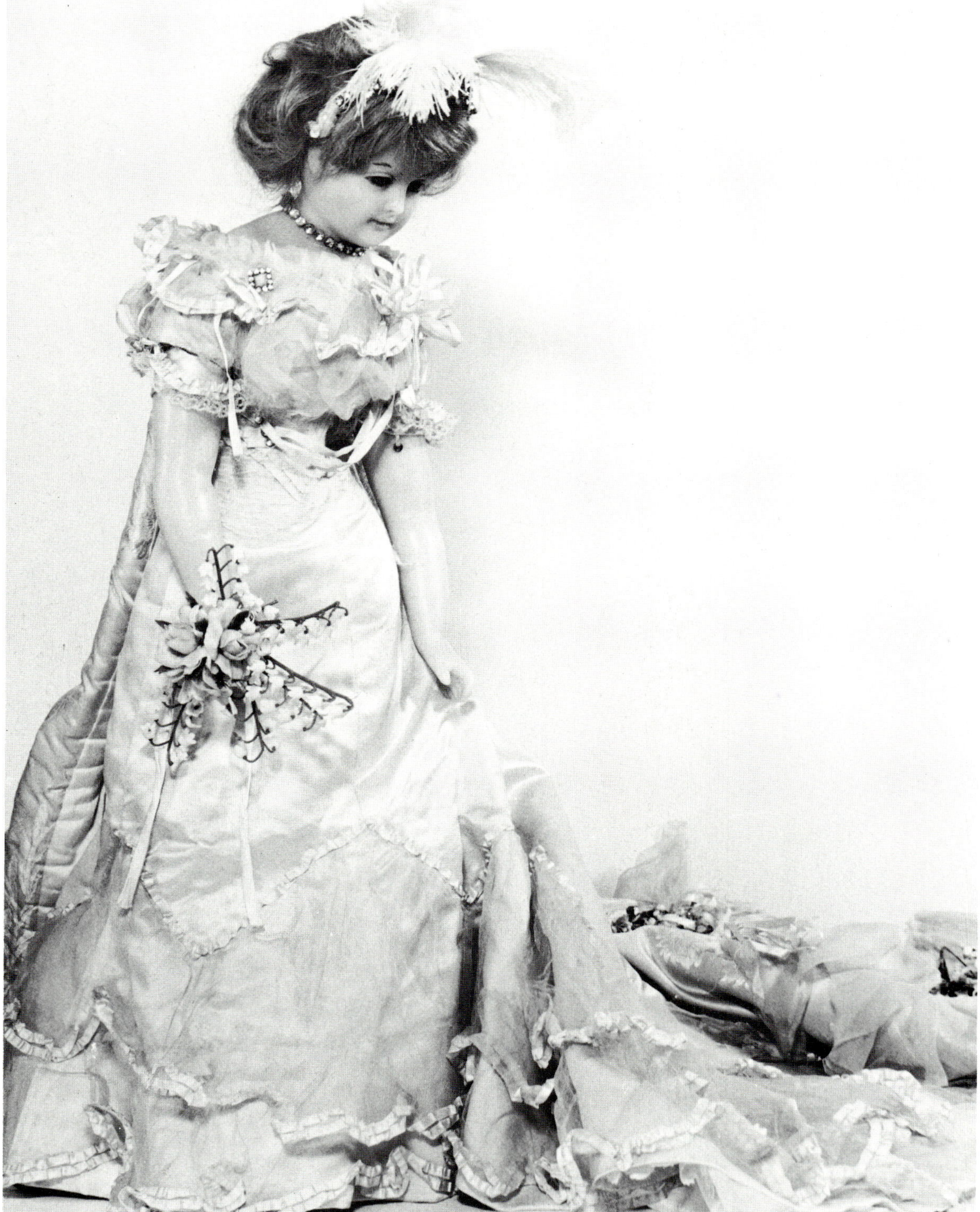

Rechts Neubeginn 1911 in der Kensington High Street 215. (Mrs. Norman-Smith)

Links Diese unter dem Namen «May» bekannte Wachskleiderpuppe von Lucy Peck stellt Katherine Mary Noel-Hill bei ihrem Debut bei Hofe 1902 dar. Wimpern am Oberlid, Haare in Schlitzen eingepflanzt, bemalte, bis fast zu den Hüften reichende Wachsbeine, Wachsarme knapp unter den Schultern beginnend, in den Armen Ösen. Dieser Puppentyp wurde als Mannequin verkauft. Die Puppe wurde von ihrer Besitzerin schön eingekleidet. Ein Etikett von Lucy Peck mit der Aufschrift «Regent Street 191» befindet sich auf dem Unterkörper. (Mrs. Graham Greene, Rotunda, Oxford)

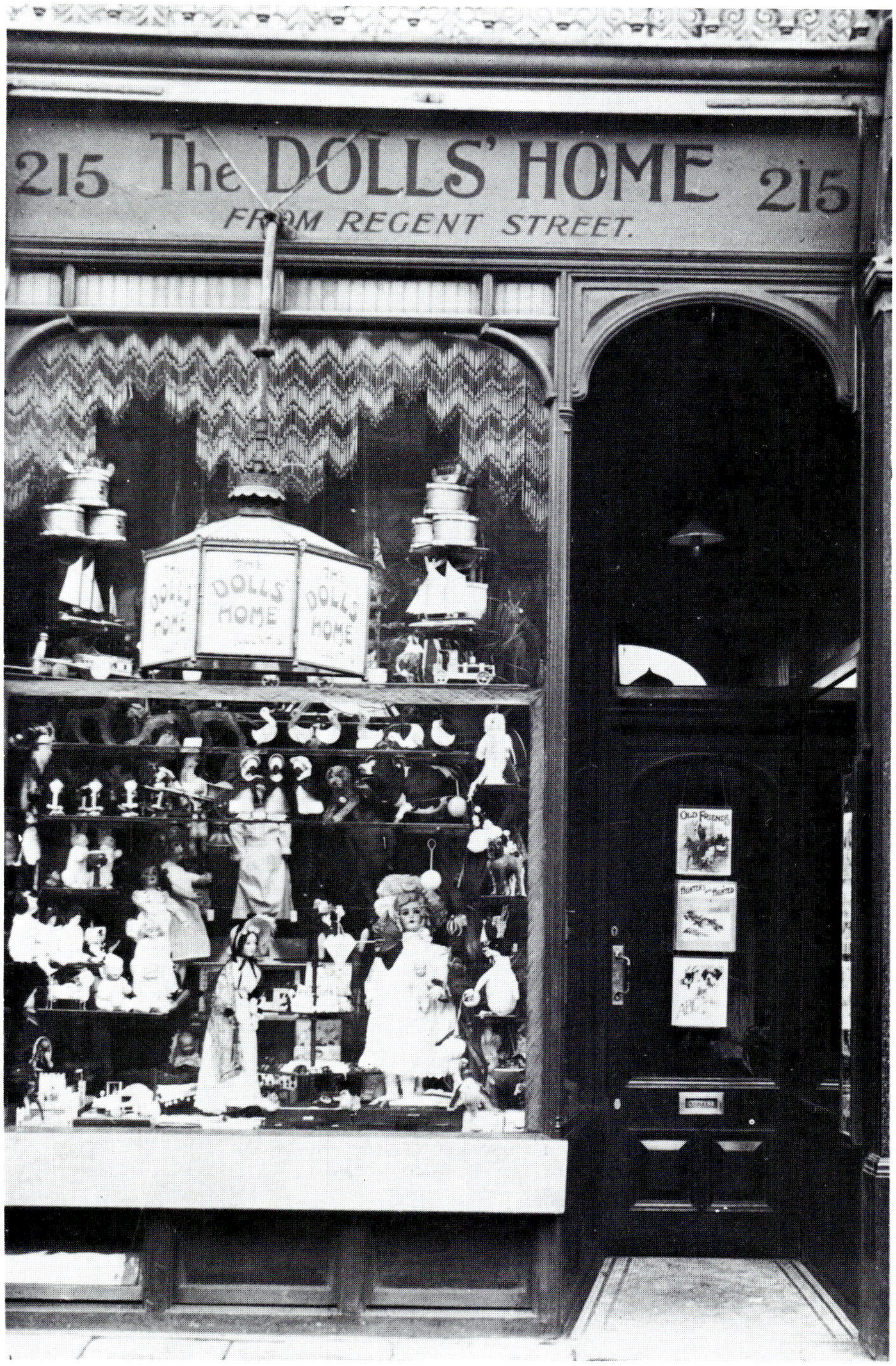

Das einzige von der Realität erzwungene Zugeständnis sind die blauen Augen der Puppe, wogegen Evangeline im Roman sagt: «Meine Augen sind grün wie heller Smaragd ... nun weißt du, daß ich von Anfang an das Mal des Bösen trage.» Kurz und gut, es war einfach nicht möglich, grüne Puppenaugen zu bekommen. Das schöne lange Haar ist echt und ist so gründlich rot, daß es sich wohl um gefärbtes Blondhaar handeln dürfte. Es ist in der von Elinor bevorzugten Fasson im Nacken zu einem Knoten frisiert.

Rezepte aus Lucy Pecks Notizbüchern:

Gipsabguß
Man nehme nur besten und reinsten Alabastergips. Beim Füllen der Form achte man darauf, die benötigte Menge Gipsmilch rasch und vorsichtig zu erhitzen, um sie nicht zu dick werden zu lassen. Beim Eingießen verwende man einen Kamelhaarpinsel um Luftblasen zu verhüten: diese dünne Gipsmasse braucht nur einen Überzug zu bilden. Währenddessen halte man dickeren Gips von sirupartiger Konsistenz bereit und fülle damit die Form auf ein Mal. Nach etwa *zwanzig Minuten* kann die Form geöffnet werden, wenn man reinen Gips in der rechten Mischung verwendet hat. Wenn man das Objekt nicht zu stark eingeölt und vom Pinsel den richtigen Gebrauch gemacht hat, findet man einen sauberen, scharfen Abguß vor.

Weinstein verwende man, um die Gipshärtung zu verlangsamen.

Alte Gipsabgüsse lassen sich durch Auftragen einer dünnen Schicht Stärkepaste auffrischen, die man in halbtrockenem Zustand wieder abschält.

[Anmerkung: Hat Lucy Peck Abgüsse älterer Wachsmodellierer erworben?]

Zum Härten von Fasergips verwende man Bleioxyd, 1 Pfund Paraffinwachs, Harz und Leinöl. In einem Eisentopf über schwachem Feuer ansetzen; in einem anderen Topf schmelze man das Wachs und gieße es dazu. Bleioxyd und Harz fügt man in Pulverform unter beständigem Rühren hinzu.
Ersatz für *Carton Pierre*: 13 Teile aufgelöster Leim, 14 Teile pulverisiertes Bleioxyd, 8 Teile Bleiweiß, 1 Teil Gips und 10 Teile sehr feines Sägemehl.

Wachsmodellieren
Man schmelze (auf kleinem Feuer) reines pulverisiertes Bienenwachs, füge den 12. Teil pulverisiertes Harz und den 10. Teil Terpentin hinzu. Gut verrühren. Nicht zum Kochen bringen. Man gebe Federweiß zu, bis die gewünschte Konsistenz erreicht ist. Man prüfe die Formbarkeit durch Kneten einer Probe.

Königin Viktoria im Nachtgewand. Puppe von Lucy Peck nach einem gleichnamigen Gemälde. 1897. 61 cm.
(Mrs. Norman-Smith)

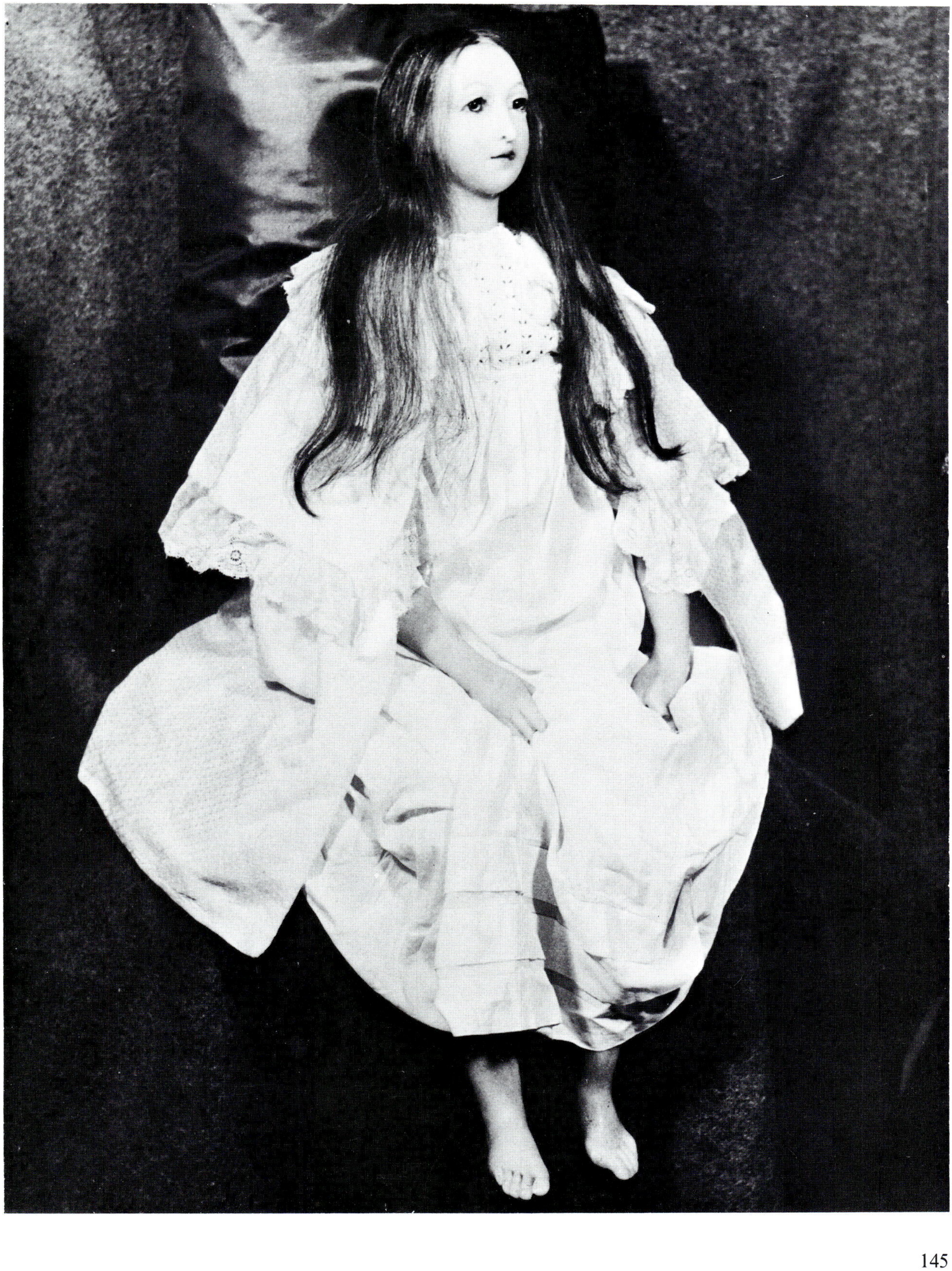

Wachspuppe «Kind mit Reif» nach einem Gemälde von Renoir. Puppe und Kleidung von Margaret Glover. (Margaret Glover)

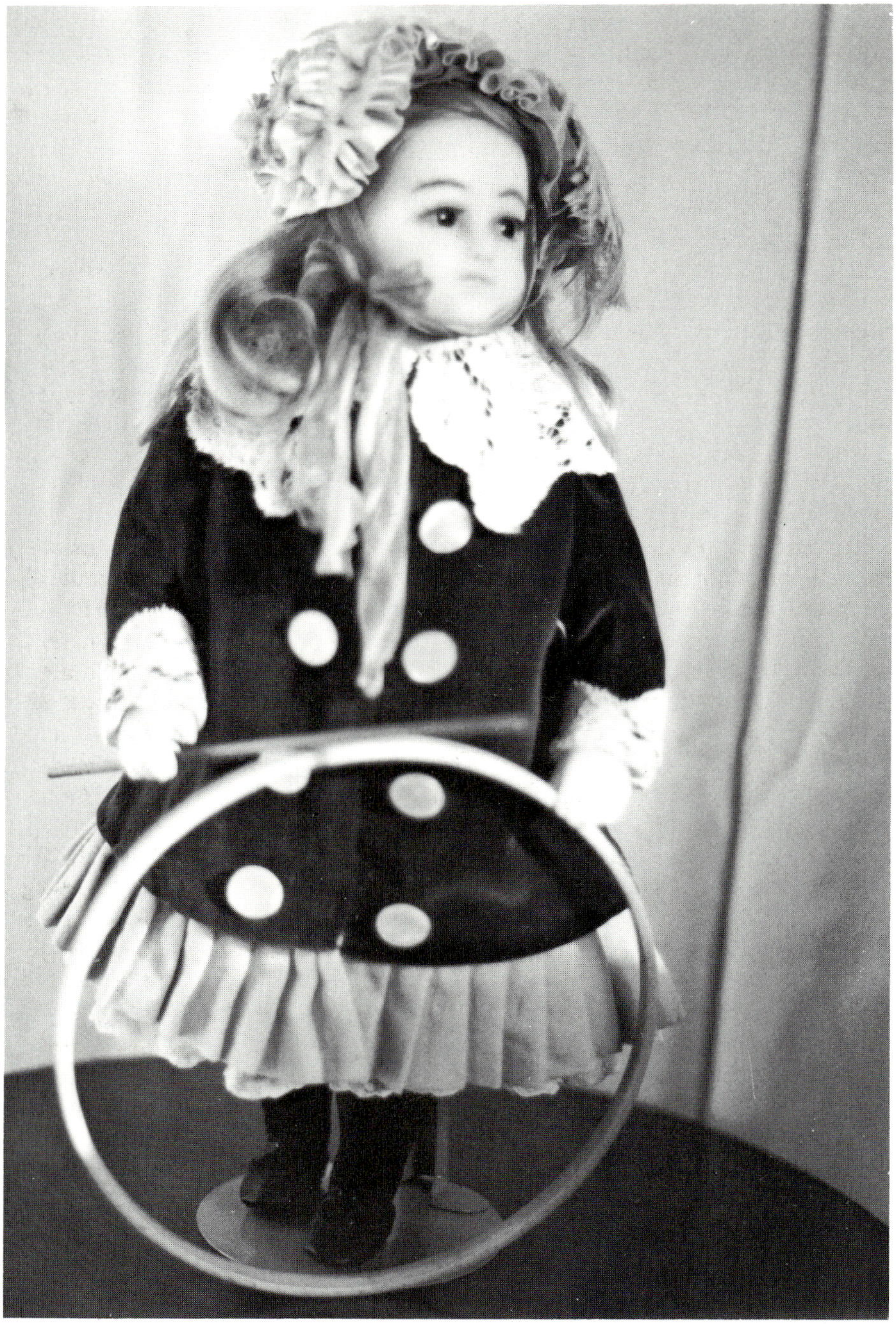

Restaurierung und Puppenmacherei heute

Wachsguß- und Wachsüberzugpuppen aus dem 19. Jahrhundert bereiten dem Sammler Probleme bei Identifizierung und Konservierung. Nichtsdestoweniger gehören sie zu den interessantesten und gefragtesten Sammelobjekten, und oft ist ihre Herkunft in Familien dokumentiert. Oft sind sie allerdings auch anonym – sie sind mit keiner Herstellersignatur oder Händleranschrift gemarkt. Häufig sind sie von ihrem Originalzustand weit entfernt, manchmal so weit, daß mehr Interesse an der Ausstattung besteht als an der arg häßlich gewordenen Puppe selbst.

Wie soll man also vorgehen? Bei den meisten alten Puppen zeigt bereits eine vorsichtige Generalreinigung Wirkung. Man achte aber darauf, nicht in das Wachs selbst einzudringen. Darüber hinaus ist die Mithilfe eines professionellen Wachspuppenrestaurators stets vorzuziehen. In England wie in den USA haben einige Hersteller heute die Kunst der Wachsbildnerei wieder aufleben lassen. Sie bedienen sich derselben Techniken und Materialien wie die viktorianischen Puppenmacher, beispielsweise die Künstler der «Puppenkliniken», und besitzen daher die beste Qualifikation für sorgfältige Arbeit bei Ausbesserungen und Ersatz von Teilen.

Die heutigen Wachskünstler haben sich nicht die Nachahmung viktorianischer Puppen von Montanari oder Pierotti zum Ziel gesetzt, sondern studieren die alten Arbeitsweisen und verwenden ihre eigenen Abgüsse und Formen zur Herstellung von Originalexemplaren für den Sammler. So fertigte zum Beispiel Margaret Glover aus Isleworth in Westlondon verschiedene sehr schöne Nachbildungen bekannter Typen, darunter «Bubbles», den seifenblasenden Jungen aus der altbekannten Reklame für Pears Seife. (Das Original der Figur malte Millais nach dem kleinen Sohn von Augustus John.) Margaret Glover verwendet Wachsköpfe und -glieder an einem Stoffkörper und kleidet ihre Modelle selbst ein. Sie modellierte auch Renoirs Mädchen mit Reifen und sein Mädchen mit Gießkanne und kürzlich das bekannte Bild «Gestiefelter Kater», ebenfalls von Millais, auf dem ein Kind mit einem Kätzchen spielt, das Puppenstiefelchen anhat. Solche Arbeiten sind sicherlich die Antiquitäten der Zukunft.

Margaret Glover befaßt sich viel mit Restaurierung und Reparatur wertvoller alter Wachspupen und betont, wie wichtig es ist, daß der Besitzer alle zerbrochenen Teile, Originalmaterialien und -kleidungsstücke einer alten Puppe aufbewahrt, denn nach ihnen kann sich die Auswahl der Ersatzteile richten. Ihre schlimmsten Reparaturaufträge sind diejenigen, bei denen vorher ein Amateur mit unzureichendem Werkzeug und Material zugange war. Die Übereinstimmung von Struktur und Farbe des Wachses ist sehr wichtig, wobei es keine einfache Aufgabe ist, eine Arbeit nachzumachen, die vielleicht schon hundert Jahre alt ist. Das Modell von M. Glover auf Seite 128 stellt die Figur Christopher Robin von A. A. Milne dar – nicht, darauf sollte man wirklich bestehen, die von Walt Disney! Sie trägt das Originalkostüm mit der gesmockten Bluse und wird von den geliebten Freunden Pooh und Piglet begleitet.

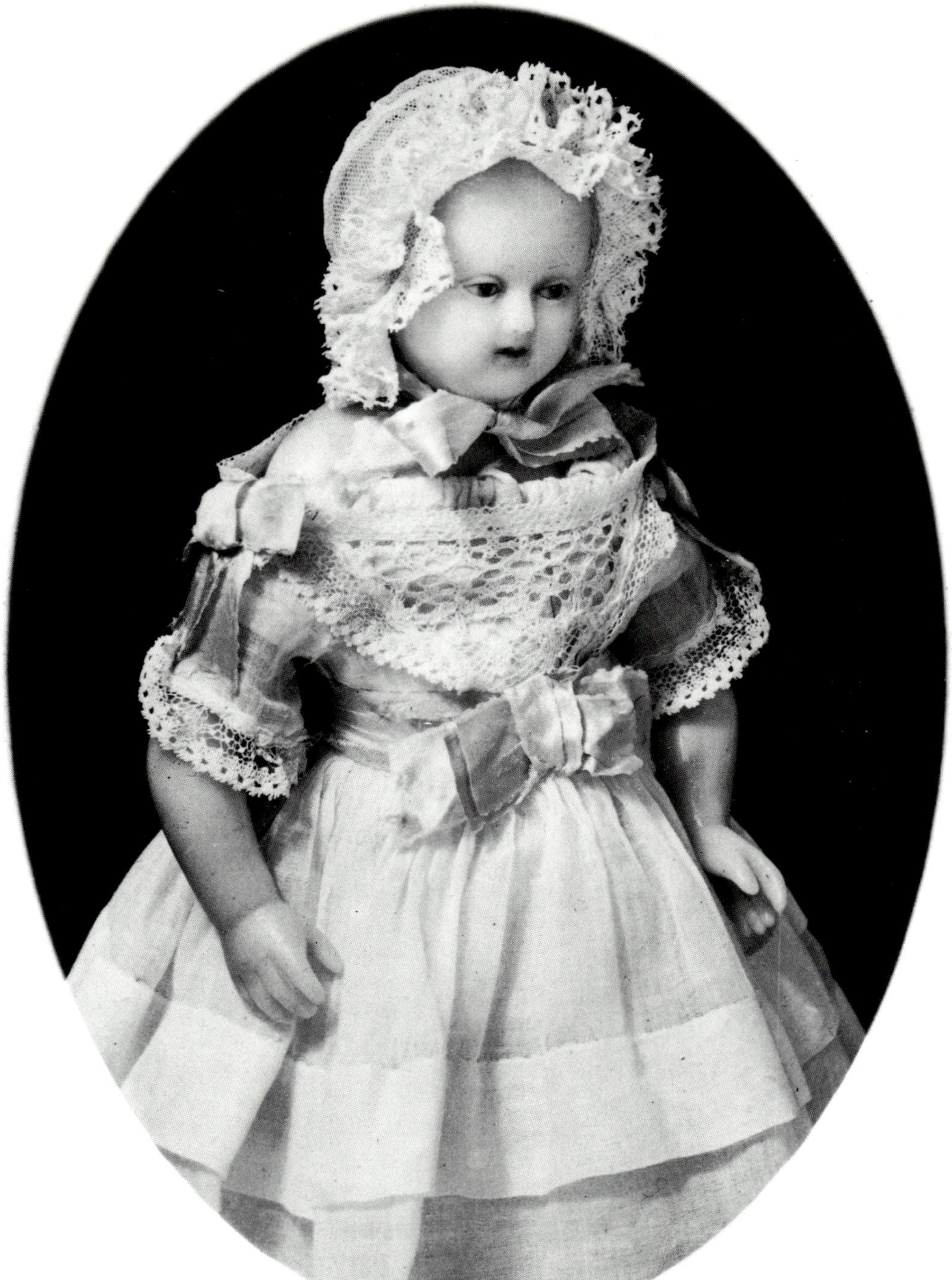

Puppe nach Prinzessin Louise auf der Londoner Ausstellung von 1853. 37 cm.
(Bethnal Green Museum)

Zeittafel der Wachspuppenmacher

Zu Beginn des 19. Jahrhunderts hatten sich in einem ausgedehnten Gebiet Ostlondons (Shoreditch, Hoxton, Clerkenwell) die kleinen Gewerbetreibenden angesiedelt, die die Geschenkartikelläden im Westend belieferten. Unter ihnen waren Uhrmacher, Juweliere und Modeschmuckhersteller und natürlich auch die Puppenmacher. Um die Jahrhundertmitte rückten Läden und Werkstätten näher ans Zentrum, nach Holborn und Soho. Um diese Zeit gab es auch südlich der Themse Puppenmacher-Ateliers. (Näheres ist dem Stadtplan auf den Vorsatzblättern dieses Buchs zu entnehmen.)

1818	John Stubbs, Brownlow Street 25, Holborn. Wachs- und *Wachee* (Wachsüberzug-)Puppen.
1820	Mary Stubbs (Witwe von John Stubbs?), Kingsgate Street 19, Holborn.
1823/24	Anthony Bazzoni, Kingsgate Street 17, Holborn. Er wurde als Hersteller der «Sprechpuppe» bekannt.
1826	Charles Butler, Aylesbury 18, Clerkenwell, und Markt in Exmouth. (1844: St. John's Square 6, Clerkenwell.)
1826	Ann Santy, Fleet Street 131 und Soho Basar. Putzmacherin.
1826	Benjamin Gay, Goswell Street, E.C.
1826	John Naylor, Markt in Hoxton.
1827	Joseph Evans (Lager), Newgate Street 5, London, E.C. Evans & Sons (Ladengeschäft), 1868–81: Newgate Street 114/116 London E.C.
1834	John Dominic Pierotti, Gower Place 21, Bedford Square.
1835	Anthony Bazzoni, High Holborn 128. Puppengroßhandel und Spielwaren.
1843	Robert Ogilwy, Tabernacle Walk 54, E. (Von 1852 bis 1856 stellte er mit George Teather Composition- und wachsüberzogene Composition-Puppen her.)
1843	James Brogden, Cross Street 5, Hatton Garden.
1843	Douglas & Hamer, Shoe Lane 56, E.C. 1848 von William Hamer übernommen.
1844	William Wheelhouse, Sandy's Brow 1, Bishopsgate. Wachspuppen.
1845	Mary Ann Pierotti, Putzmacherin, Judd Street 7, Brunswick Square. Danach bis 1852 Charlotte Street 92, Fitzroy Square.
1847	John Barton, Constitution Road 2, Gray's Inn Road. Wachspuppen.
1848	Richard Montanari, Modellierer, Frith Street 52, Soho.
1849	Erscheint als Napoleon Montanari, Wachsfiguren, Regent Street.
1852–54	Erscheint als Napoleon Montanari, Upper Charlotte Street 29.
1855–62	Erscheint als Napoleon Montanari, Charles Street 13, Soho.

1853	Charles Edwards, Goodge Street 16, Tottenham Court Road, W.
	John Shields und Frau, Mount Street 11, Lambeth.
	Henry Pierotti, Great Ormond Street 32, Queen Square.
	J.D. Pierotti, Argyle Street 8, Kings Cross. Puppenmacher.
1853–81	William Rich, Great Russell Street 14. Wachspuppen und -modelle.
1855	Augusta Montanari, Charles Street 13, Soho. Modellpuppen aus Wachs.
1855	Herbert John Meech, York Place 16, Westwood Road. Wachsfigurenmacher.
1855	Mrs. Snowball.
1855	Joseph Thorpe. Wachspuppenmacher.
1855	Thomas Bluett, Nelson Square 1, Blackfriar's Road. Wachs- und Composition-Puppen.
1855–65	John Hobbins, Market Street 47, Borough Road. Wachspuppen.
1857–65	William und Charles Wheelhouse, Waterloo Road 31, S.E. Wachs- und Wachsüberzugpuppen.
1862	W.H. Cremer, Deutsches Puppenlager, Bond Street. Danach bis 1873 W.H. Cremer and Son, Spielzeugladen, Regent Street 210. Englische und importierte Wachspuppen, Puppenmacher.
1862	William Peacock and Sons, Spielzeugladen «The Beaming Nurse», New Oxford Street 525 (Ecke Bloomsbury Street), bis 1911.
1862	Henry Pierotti, Mortimer Street 13.
1864	William Marsh, Union Street 28, Middlesex Hospital. Wachspuppen.
1864	Charles Marsh, Bolsover Street 102, Fitzroy Square. (Verkaufte mit C. Gooch und E. Moody Puppen am Soho Basar.)
1864	William Wheelhouse, Sun Street 63, Bishopsgate Street.
1865	James Wheelhouse, Waterloo Road 31, London S.E.
1866	Napoleon Montanari, Oxford Street 198.
1868	Charles und Henrietta Edwards, Goodge Street 40.
1868	John Edwards, Waterloo Road 41/43.
1868	Herbert John Meech, Kennington Road 50/52.
	Joseph Evans, Newgate Street 114/116, London, E.C. Puppenhändler bis 1881.
1868–94	William Pitfield, de Beauvoir Crescent 17, N. Wachspuppen.
1870–90	Silber & Fleming, Wood Street 57, London. Großhandelsunternehmen. Hatten britische und europäische Wachspuppen an Lager.
1870	Horace W. Morrell, Burlington Arcade 50 (seit 1820 Spielwarenladen). Wie Cremer markte auch Morrell von Pierotti und Marsh gekaufte Wachspuppen mit seinem eigenen Namen auf dem Stoffkörper. Das Geschäft wurde um 1870 von Horace W. Morrell in der Burlington Arcade 50 eröffnet und nach seinem Tod von seiner Frau Jane Arundel und seinem Sohn Charles weitergeführt, die 1880 in der Oxford Street 164 begonnen hatten und 1894 in die Oxford Street 368 zogen. 1922 führten seine Enkel Frank und Richard das Geschäft in der Burlington Arcade.
1876–83	Jane und Celia Pierotti, Baker Street Basar (Portman Räume).
1876–1900	Edward Smith, «The City Toyshop», Cheapside 8. Wachspuppen etc.
1876–1900	Frederick Aldis, Buckingham Palace Road 61, 63 und 65 und Belgrave Mansions 10–13. Puppenmacher und -importeur.

Lucy Pecks «Puppenhaus» in der Regent Street. (Mrs. Norman-Smith)

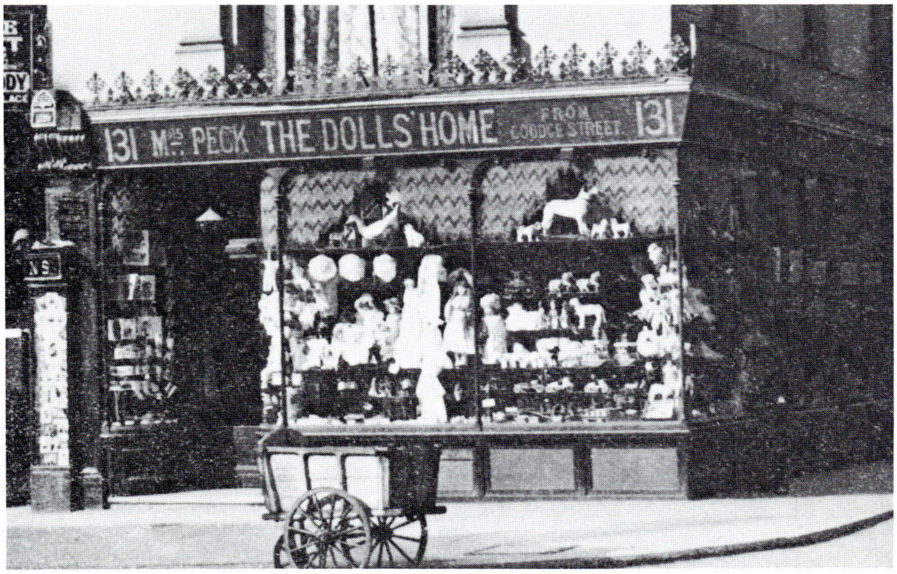

1878	Henrietta Edwards, Goodge Street 35.
1879–1912	Thomas und Marion Betts, St. John's Road 150, Hoxton; de Beauvoir Road 12, N. Wachs- und Composition-Puppen.
1880	Charles Morrell und Jane Arundel-Morrell, Puppenlager, Oxford Street 164, danach Burlington Arcade 50.
1880–1903	Thomas Aldred. Puppenmacher und -importeur.
1881	Walter Stiff, Goswell Road 181. Hersteller und Exporteur von Wachspuppen.
1887	Thomas Betts, de Beauvoir Road 12, N.
1887	Charles und Mary Ann Marsh, Fulham Road 114, S. W.
1887	Julius Ephraimson, Jewin Crescent 35, E. Hersteller von Puppenhaar und -perücken.
1890	Lucy Peck, Goodge Street 5. Wachspuppen und Modelle.
1893	Lucy Peck, «The Dolls' Home», Regent Street 131.
	Hamley Brothers, Spielwarenlager, Regent Street.
	Richard Montanari, Rathbone Place 3. Hersteller von Wachspuppen und Londoner Lumpenpüppchen.
1894	Mary Ann Marsh (vermutl. Witwe), Fulham Road 114, S. W.
1911	Jessica Marsh, Puppenklinik, Fulham Road 114.
1911	Lucy Peck, Kensington High Street 215.
1911–20	James und William Wheelhouse.
1925	Miss M. Wheelhouse.

George Bartley (siehe Seite 133) berichtet 1876, daß in London etwa 16 Wachspuppenmacher tätig seien. Von einigen aus der obigen Liste, die nach Adreßbüchern zusammengestellt wurde, ist nichts als Name und Anschrift bekannt. Doch es besteht immer die Möglichkeit, daß eines Tages ein gemarktes Exemplar auftaucht und unsere Wissenslücken in bezug auf ihre Arbeiten schließt.

Erkennungsmerkmale von Wachspuppen

Die meisten Wachspuppenmacher arbeiteten lange Zeit mit Familienmitgliedern und stellten nur für die Arbeiten, die weniger Fertigkeit erforderten, Hilfskräfte ein. Da generelle Aussagen über die Arbeitsweisen nicht möglich sind, weil im Verlauf der Jahre Gußformen und Material wechselten und sich zudem verschiedenartigste Qualitäten, Größen und Typen entwickelten, habe ich im folgenden einige Charakteristika von Puppenmachern aufgelistet, die als Hilfe bei der Identifizierung von Wachs- und Wachsüberzugpuppen dienen können. Der beste Leitfaden für Sammler ist immer noch das Studium eindeutiger Exemplare in Museen oder auf Auktionen, weil keine Beschreibung dem Charakter einer Puppe ganz gerecht wird.

HERSTELLER / TYP

Religiöse Puppen
Wachspüppchen für Puppenhäuser.

GRÖSSE UND FARBE	AUFBAU	MARKUNG / SIGNATUR
Alle Größen von winzig bis übergroß. Alte, reine Bienenwachspuppen häufig sehr nachgedunkelt.	«Geistliches» Erscheinungsbild. Oft in Kästchen, blumenbedeckt oder in stilisierter Wiege. Wachsfiguren wurden in allen römisch-katholischen Ländern hergestellt und dienten vor allem für Krippen.	Viele, gewöhnlich unbekannte Hersteller in Europa: französisch oder deutsch.

HERSTELLER / TYP

Alte französische Modepuppen, 18. Jahrhundert oder früher.

GRÖSSE UND FARBE	AUFBAU	MARKUNG / SIGNATUR
Gewöhnlich klein für Versand, überliefert aber auch lebensgroße «Pandoras». Schön gefärbtes Wachs, Glasaugen, ausgeformte Büste.	Erstklassiges Wachs für Kopf und Büste, Gießwachs für die Arme. Oft auf Rahmen aus Holz oder Draht gearbeitet, zum Halten des komplizierten Kostüms. Gesichter bemalt, Perücke.	PARIS. Diverse.

HERSTELLER / TYP

18./19. Jahrhundert, «Schlitzkopf»-Puppen aus Wachs, deutsche Holzpuppen mit Zapfengelenken.

GRÖSSE UND FARBE	AUFBAU	MARKUNG / SIGNATUR
Normalerweise 25–30 cm. Auch größer und kleiner möglich.	Hübsche Gesichter, drahtbewegte Glasaugen. Echthaar im Kopfschlitz eingesetzt. Gekonnt durch Gelenke verbundene Holzkonstruktion.	Vermutlich Sonneberg.

HERSTELLER / TYP

«Basar»-Puppen, «Höker-Baby» (billige Püppchen von Straßenhändlern und Hausierern).

GRÖSSE UND FARBE	AUFBAU	MARKUNG / SIGNATUR
Billige Püppchen, Kopf aus einfachem Wachsguß oder wachsüberzogenem Papiermaché auf roh zusammengenähtem Körper.	Oft aus kleinbäuerlicher oder vorstädtischer Heimarbeit. Auch kleine mechanische Neuheiten.	Diverse. Hausiererware.

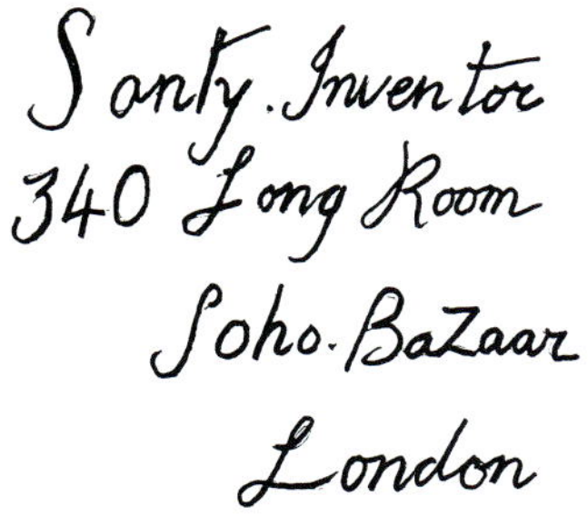

HERSTELLER / TYP

Billige Londoner Puppen aus wachsüberzogenem Papiermaché oder Pappkarton, erste Hälfte 19. Jahrhundert.

GRÖSSE UND FARBE	AUFBAU	MARKUNG / SIGNATUR
Groß, gewöhnlich 60–90 cm. Farbige Gesichter unter Wachsglasur. Angenehmer Gesichtsausdruck. Blaue, braune oder graue Glasaugen.	Stoffkörper, Köpfe hohl mit oben befestigter Perücke. Gewöhnlich drahtbewegte Schlafaugen, Draht am Kreuz oder seitlich befestigt. Sägemehlfüllung. Arme und Beine mit Wachsüberzug oder Arme aus genähtem Ziegenleder und Beine aus Stoff mit «Entenfüßen».	Puppenmacher aus Clerkenwell, z. B. Butler; Signaturen: «Butler», «Santy, doll-maker, Soho Bazaar. 1860».

HERSTELLER / TYP

BAZZONI

GRÖSSE UND FARBE	AUFBAU	MARKUNG / SIGNATUR
Kaum bekannt, aber große und teure Puppen.	Berühmt für Puppe mit «Sprechapparat». Kein Exemplar bekannt. Einziges bekanntes Exemplar einer gemarkten Bazzoni siehe Seite 71.	Stempel.

HERSTELLER / TYP

Wachsüberzugpuppen aus Sonneberg. Gelegentlich «Kürbiskopf» genannt, wegen gelbem, modelliertem Haar.

GRÖSSE UND FARBE	AUFBAU	MARKUNG / SIGNATUR
23–76 cm. Dunkle Augen ohne Pupillen.	Diverse Ausführungen, oft mit Details wie Haar, Verzierungen, Bänder, Häubchen; Köpfe aus Papiermaché oder Wachs, gefärbt und mit Gesichtszügen. Arme und Beine aus Holz oder Composition, mit Strümpfen und Schuhen. Körperfüllung Moos, Heu oder Sägemehl.	Verbreitete industrielle Produktion häufig von ungemarkten Puppen. Warenzeichen des Cremer-Ladens, 1870. Sehr viele Hersteller in Sonneberg. Mit bemalten, geschnitzten Füßen (Sonneberg). Mit bemalten, verzierten Füßen aus Composition (Deutschland). Markung «Holzmasse». Dressel. Markung «Holzmasse» der bekannten Firma C. & O. Dressel, Sonneberg (siehe Seite 108).

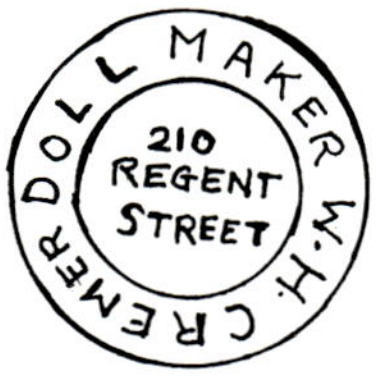

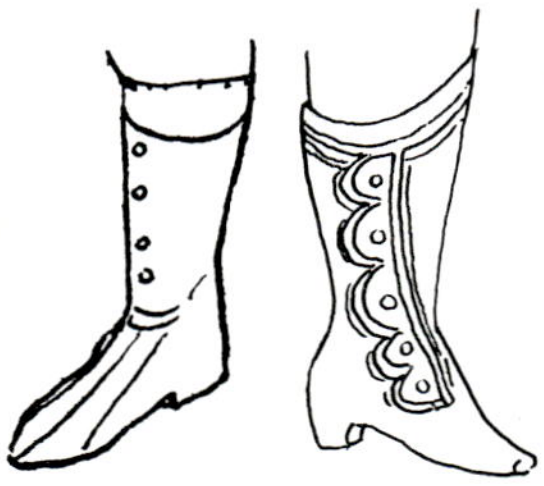

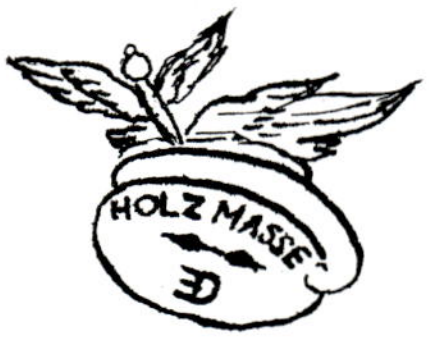

HERSTELLER / TYP

«Mottschmann»-Typ.

GRÖSSE UND FARBE	AUFBAU	MARKUNG / SIGNATUR
20–76 cm.	Babypuppe oder «Täufling» (siehe Seite 126) nach japanischen Puppen mit «Zappel»-Gliedern. Arme und Beine teilweise aus Rundholz. «Ski»-Fuß. Stimme (Quietscher) mit Zug- oder Druckbetätigung.	Sonneberg, 1850er Jahre. Mottschmann 1857 (Patent). Füße vom Mottschmann beim «Täufling» im «Skihosen»-Umriß.

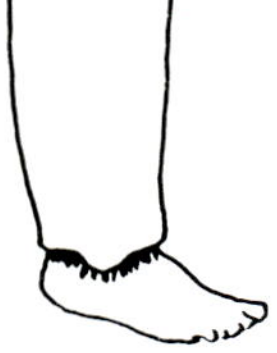

HERSTELLER / TYP

PIEROTTI

GRÖSSE UND FARBE	AUFBAU	MARKUNG / SIGNATUR
Klein bis groß, auch Figuren und lebensgroße Modelle, Büsten etc. Realistische Farbgebung, jedoch weisen einige spätere Puppen aus dieser Familie ein typisches Lachsrosa auf. 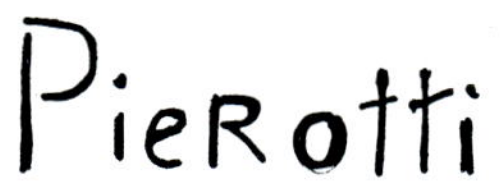	Brachte die erste Königskinderpuppe heraus – nicht die hübscheste, aber mit blauen Augen, dünnem Blondhaar und hoher Stirn unbestreitbar ähnlich. Kopf häufig etwas zur Seite gedreht, gedrungener Nacken und angedeutete Falte zwischen den Schulterblättern. Finger- und Zehennägel eingraviert. Stoffkörper taillert, nicht babyhaft, Beine gerade und richtig geformt. Spätere Modelle mit hübschen «Pierotti»-Gesichtern, tizianrotem Haar und abgewinkelten Gliedmaßen. Charles Ernest, guter Modellierer, fertigte Figuren von König Eduard VII. und seinen Generälen in schönen Uniformen.	Gelegentlich PIEROTTI am Haaransatz im Nacken eingekratzt. Auch diverse Geschäftsstempel auf dem Körper – Peacock, Aldis, Cremer, Hamley, Morrell. Selten Pierotti-Marke in Wachs eingekratzt. Gewöhnlich trotz fehlender Signatur klar als Pierotti-Arbeit zu erkennen.

HERSTELLER / TYP

MONTANARI

GRÖSSE UND FARBE	AUFBAU	MARKUNG / SIGNATUR
Große Puppen aus Wachsguß, auch Schaufiguren. Napoleon M. war ursprünglich Wachsfigurenmacher. 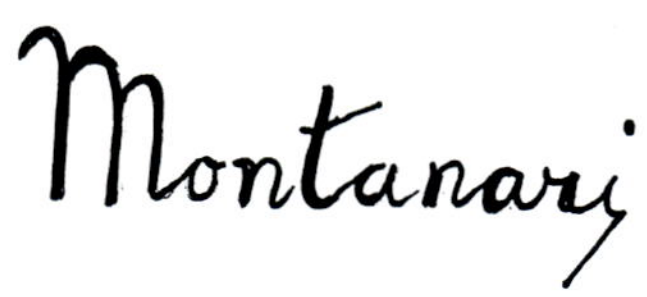	Frühe Puppen haben (gewöhnlich in Schlitz) eingesetztes Haar, für besondere Arbeiten wurden Nadeln verwendet. (Das aufgebrochene Nadelöhr diente zum Eindrücken des Haars ins Wachs.) Modelliert hat wahrscheinlich Napoleon, Augustas Stärke war die Putzmacherei. Sie verwendete teures Material, Bänder, Spitzen, Tressen, Glasperlen, Borten. Vorzugsweise Zuschnitt mit V-förmigem Brustlatz (Mode von 1850). Puppen hatten ziemlich markante Gesichtszüge, dunkles Haar, sogar Zähne. Rundliche Gliedmaßen mit Grübchen an Handgelenk und Ellbogen.	Bei einigen frühen Puppen auf dem Stoffteil des Körpers Montanari-Signatur mit Tinte. Spätere «Lumpenpuppen» häufig mit Goldmedaillen-Plakette der Weltausstellung von 1851. Puppen für den Soho Basar oft in festem Holzkasten. Montanari-Signatur mit Tinte auf Stoffkörper.

HERSTELLER / TYP

Richard Napoleon Montanari

GRÖSSE UND FARBE	AUFBAU	MARKUNG / SIGNATUR
Londoner Lumpenpuppe ca. 30–38 cm.	Spezialisert auf Babypuppen mit Wachs- oder Wachs-Musselin-Maske, eingefaßt von Spitzenhäubchen.	Hat möglicherweise auch für Lucy Peck modelliert (spätere Periode).

HERSTELLER / TYP

MEECH

GRÖSSE UND FARBE	AUFBAU	MARKUNG / SIGNATUR
Mittelgroße Wachsgußpuppen. Auch Büsten für Friseure etc. Relativ helles Wachs guter Qualität, gute Modellierarbeit. 33, 53 und 61 cm.	Meech-Puppen haben wohl Familienähnlichkeit: ausgeprägte, etwas verschlossene Gesichtszüge, schöne Augen, ausgearbeitete Lider, eingesetzte Wimpern, starke Brauen, reiches Echthaar, gefärbte, modellierte Lippen. Finger nicht getrennt, an den Handknöcheln Grübchen, «Lebenslinie» in der Handfläche. Ausstattung der Originalkleidung sehr typisch, z. B. Schleifchen auf den Schultern. (Viele Puppen sind neu eingekleidet oder repariert erhalten.)	Markung gewöhnlich mit Gummistempel. Nennt sich Hofpuppenmacher, vermutl. für König Eduard VII. Warenzeichen von HJ Meech.

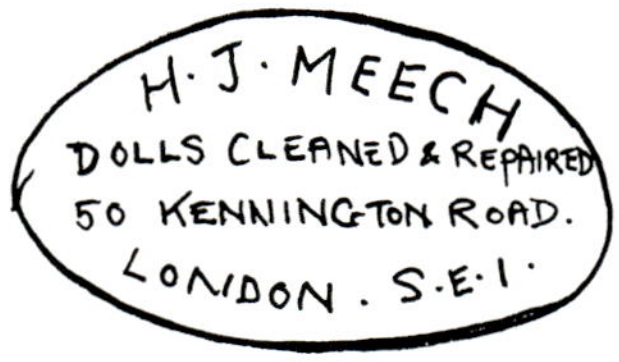

HERSTELLER / TYP

MARSH

GRÖSSE UND FARBE	AUFBAU	MARKUNG / SIGNATUR
Farbwachs, ziemlich rosa. Als einzige gaben sie ihren Puppen puppenhaftes Aussehen durch Kulleraugen, starren Blick und kräftigen Bau. Erwiesenermaßen Serienprodukt für den US-Markt.	Auf Marsh-Puppen deuten ein erkennbarer Hals und gerade Kopfhaltung hin. Haar häufig Mohair, in Büscheln gesetzt, gescheitelt und mit Haarband à la Alice [im Wunderland]. Häufig Einzelfinger, Ohren besonders gut ausgeformt. Von Marsh dürften nur Mädchen, keine Babys stammen.	Nannte sich alleiniger Hersteller. Die meisten Puppen mit Namensstempel und dazu manchmal Händlername. Puppenklinik für Reparaturen.

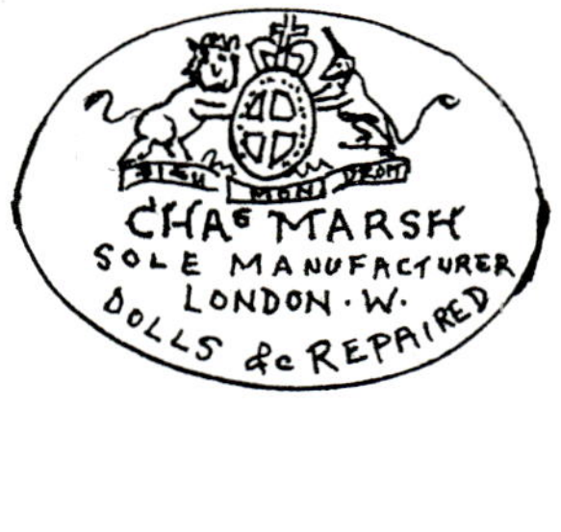

HERSTELLER / TYP

EDWARDS

GRÖSSE UND FARBE	AUFBAU	MARKUNG / SIGNATUR
Relativ hell, gut modelliert. Edwards inserierte, daß er Puppen nach bekannten Gemälden und auch mechanische Puppen herstelle. Über diesen Puppenmacher bleibt noch viel zu entdecken.	Die wenigsten Edwards-Puppen sind als solche identifiziert, da er seine Arbeiten nicht markte. Man sollte sich gründlich unter ungemarkten Puppen umsehen, denn seine Produktion war sehr groß. Er verwendete in einigen Modellen gewichtbewegte Schlafaugen.	Einzelne Modelle anhand von Begleitzetteln für Ausstellungen bekannt. «E» auf der Schuhsohle. Inserierte Wachs und Composition mit Wachsüberzug. Nannte sich «Erfinder der Wachsschaupuppe».

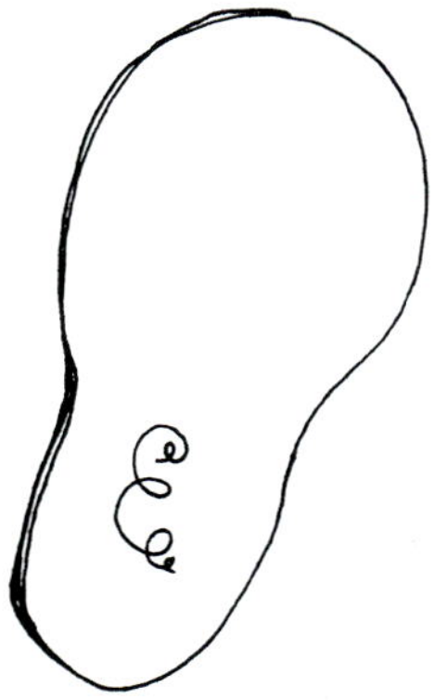

HERSTELLER / TYP

Lucy Peck

GRÖSSE UND FARBE	AUFBAU	MARKUNG / SIGNATUR
Inseraten zufolge bediente sie sich eines von der Austellung 1851 bekannten Wachsmodellierers – vielleicht Richard Napoleon Montanari? Breites Spektrum unterschiedlichster Puppen; Spielpuppen vielleicht von ihr selbst, Modepuppen von Pierotti und Montanari.	Große, hübsche Spielpuppen, Wachsguß mit Glasaugen, einige mit den alten Drahtzug-Schlafaugen. Schöne, elegante Puppen für Modenschauen. Sehr gut gekleidet und frisiert.	Stempel mit der Anschrift Regent Street, auch mit Kensington. Lucy Pecks Marke «Dolls' Home».

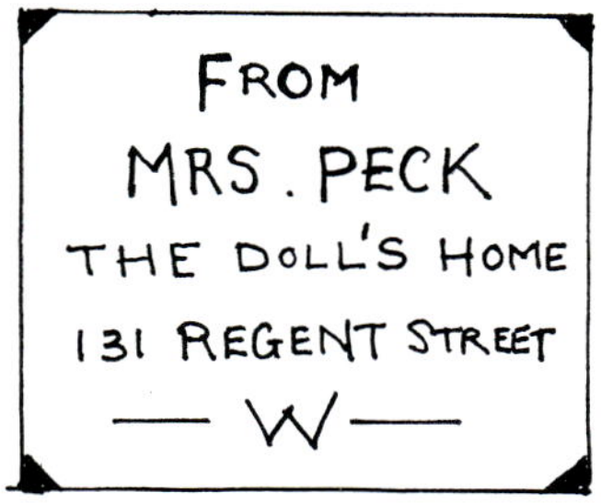

Literaturverzeichnis

Altick, Richard, *Shows of London* (1978, Bellsnap Press, Harvard)
Boehn, Max von *Dolls and Puppets* (1932, London; Übersetzung)
Cadbury, Betty, *Playthings Past* (1976, David and Charles, Newton Abbott)
Coleman, Dorothy S., Elizabeth A., und Evelyn, J., *Collector's Book of Doll Clothes* (1975, Crown Publishing, New York)
dies., *Collector's Encyclopedia of Dolls* (1968), Crown Publishing, New York)
Crane, Eva, *A Book of Honey* (1980, Oxford University Press, Oxford)
Dolls Collectors' Manual (1967, Doll Collectors of America, Inc.)
Early, Alice K., *English Dolls, Effigies and Puppets* (1955, B. T. Batsford, London)
Fraser, H. Malcolm, *Beekeeping in Antiquity* (1931, University of London Press, London)
Gerken Jo E. Clay, *Wonderful Dolls of Papier Mâché* (1970, Doll Research Associates, Lincoln, Nebraska)
dies., *Wonderful Dolls of Wax* (1964, Calico Print Shop, Wichita, Kansas)
Handmaid of the Arts (1796, London; 2 Teile)
Hillier, Mary, *Dolls and Dollmakers* (1968, Weidenfeld & Nicolson, London)
dies. (Hrsg.), *Pollock's Dictionary of English Dolls* (1982, Robert Hale, London)
Jackson, F. N., *Toys of Other Days* (1908, London)
Jacobs, Flora Gill, *A History of Doll's Houses* (1965, Charles Scribner's Sons, New York)
King, Constance Eileen, *The Collector's History of Dolls* (1977, Robert Hale, London)
Leslie, Anita, und Chapman, Pauline, *Madame Tussaud* (1978, Hutchinson, London
Longford, Elizabeth, *Victoria R. I.* (1964, Weidenfeld & Nicolson, London)
Matéaux, C. L. *Wonderland of Work* (1883, Cassell, London)
Peter Parley's Annual (1867, London)
Pyke, E. J., *A Biographical Dictionary of Wax Modellers* und Ergänzungen (1973, Oxford University Press, Oxford)
Timbs, J., *Curiosities of London* (1868, London)
White, Gwen, *European and American Dolls* (1966. B. T. Batsford, London)

Register

Kursive Seitenzahlen verweisen auf Abbildungen

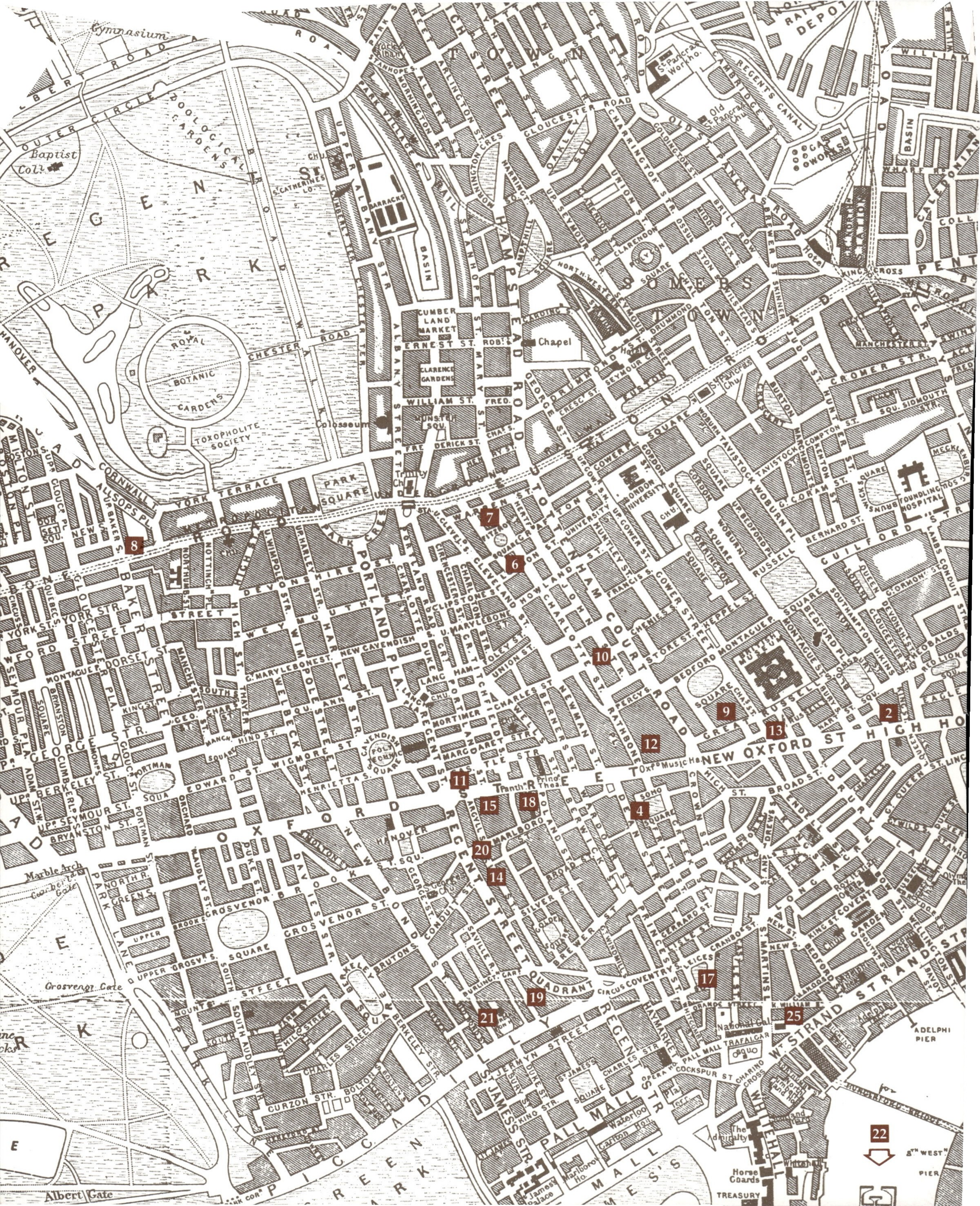

Gymnasium
Baptist Coll.
Zoological Gardens
Regent's Park
Royal Botanic Gardens
Toxophilite Society
Colosseum
Cumberland Market
Clarence Gardens
Barracks
Basin
Chapel
Somers Town
Regents Canal
Kings Cross
Foundling Hospital
York Terrace
Park Square
Portland Pla.
Baker Street
Tottenham Court Road
Gower Street
London University
Russell Square
Bedford Square
Museum
New Oxford St
High Holborn
Oxford Street
Regent Street
Soho Square
Cavendish Square
Portman Square
Hanover Squ.
Grosvenor Square
Berkeley Square
Marble Arch
Park Lane
Grosvenor Gate
Piccadilly
Quadrant
Coventry St.
Leicester Sq.
St. Martins
Covent Garden
Strand
National Gal.
Trafalgar Squ.
Charing Cross
Cockspur St.
Pall Mall
St. James Squ.
Jermyn Street
Haymarket
The Admiralty
Horse Guards
Whitehall
Treasury
Adelphi Pier
Albert Gate
St. James Palace
Green Park
Curzon Str.
2
4
6
7
8
9
10
11
12
13
14
15
17
18
19
20
21
22
25